BERNHARD WECK

Verfassungsrechtliche Legitimationsprobleme öffentlicher Kunstförderung aus wirklichkeitswissenschaftlicher Perspektive

Schriften zum Öffentlichen Recht

Band 860

Verfassungsrechtliche Legitimationsprobleme öffentlicher Kunstförderung aus wirklichkeitswissenschaftlicher Perspektive

Von

Bernhard Weck

Duncker & Humblot · Berlin

Die Deutsche Bibliothek – CIP-Einheitsaufnahme

Weck, Bernhard:
Verfassungsrechtliche Legitimationsprobleme öffentlicher Kunstförderung aus wirklichkeitswissenschaftlicher Perspektive / Bernhard Weck. – Berlin : Duncker und Humblot, 2001
(Schriften zum öffentlichen Recht ; Bd. 860)
Zugl.: Bayreuth, Univ., Diss., 1999
ISBN 3-428-10070-0

Fremddatenübernahme: Klaus-Dieter Voigt, Berlin
Druck: Werner Hildebrand, Berlin
Printed in Germany

ISSN 0582-0200
ISBN 3-428-10070-0

Gedruckt auf alterungsbeständigem (säurefreiem) Papier
entsprechend ISO 9706 ♾

Vorwort

Die vorliegende Arbeit wurde im Sommersemester 1999 von der Rechts- und Wirtschaftswissenschaftlichen Fakultät der Universität Bayreuth als Dissertation angenommen.

Die dem Druck zugrundeliegende Textfassung blieb im wesentlichen unverändert.

Großen Dank für die nimmermüde wissenschaftliche Begleitung des Entstehungsprozesses dieser Untersuchung schulde ich meinem verehrten Doktorvater, Herrn Prof. Dr. Dr. h.c. mult. Peter Häberle, der mich mit großer Geduld immer wieder ermutigt und angespornt hat.

Herrn Prof. Dr. Wilfried Berg danke ich für die Erstellung des überaus engagierten und anregenden Zweitgutachtens.

Für die mit großem Elan und Einsatz erledigten Schreibarbeiten sage ich Frau Martina Oberndorfer herzlichen Dank.

Im Gedenken an meinen Vater widme ich diese Arbeit meiner Mutter Marlies Weck und meiner Ehefrau Nora.

Bernhard Weck

Inhaltsverzeichnis

Kapitel 4

Künstlerstellungnahmen zur öffentlichen Kunst- und Kulturförderung (einschließlich besonderer Legitimationsgesichtspunkte) 72

Kapitel 5

Kunst- und kulturpolitische Positionen des politischen Parteienspektrums im Spiegel von Parteiprogrammen – Das spezielle Legitimationsproblem aufgrund parteipolitisch-ideologischer Instrumentalisierungsgefahren 88

Kapitel 6

Der besondere Legitimationsbedarf als rechtswissenschaftliche Problematik: Aufgrund verfassungsjuristischer Würdigung formulierte Bedenken gegenüber öffentlichen Kunst- und Kulturförderungsmaßnahmen 103

Kapitel 7

Historische Kontinuitätslinien als Legitimationselement und Argumentationsgesichtspunkt in der Debatte über die Zulässigkeit öffentlicher Kunst- und Kulturförderung 106

Kapitel 8

Die Problematik der staats- bzw. verfassungsrechtlichen Grundlagen der Kulturstaatlichkeit (und des Kultur(förderungs)auftrages) in der Bundesrepublik Deutschland 118

Einleitung

„Es gibt kein Land der Welt, das so viel Geld aus öffentlichen Kassen für das kulturelle Leben ausgibt wie Deutschland.“[1]

Dieser Satz, 1994 formuliert, trifft auch heute noch zu – allen Kassandrarufen und Untergangsvisionen zum Trotz und ungeachtet aller Spar- und Kürzungsmaßnahmen im Kulturbereich, die seither und letztlich schon seit Beginn der achtziger Jahre über die Bundesrepublik Deutschland hinweggegangen sind.

In der Verfassungsrechtswissenschaft ist das Kulturthema erst relativ spät als Forschungsgegenstand entdeckt worden.

Die von Helmut Ridder 1962 skizzierte Zustandsbeschreibung der damaligen Forschungslage, die sich in kulturrechtlichen Abhandlungen als Schmuckzitat großer Beliebtheit erfreut, stützt diesen Befund:

> „Im sonst so peniblen Kartenwerk der Fachliteratur über Grundrechte gibt es hier, anders als etwa beim Nachbarthema der Wissenschaftsfreiheit, fast nur weiße Flecken, von denen man sich zurückschrecken läßt, als wenn die alten Geographen ihr ‚Hic sunt leones‘ daran geschrieben hätten.“[2]

Auch wenn die Bayerischen Verwaltungsblätter[3] noch 1984 der Themenauswahl für die Jahrestagung der Vereinigung der Deutschen Staatsrechtslehrer 1983 in Köln einen Überraschungseffekt attestierten, weil deren erster Beratungsgegenstand dem „Kulturauftrag im staatlichen Gemeinwesen“ gewidmet war, – auch wenn der Bereich der Kunst- und Kulturförderung noch 1994 als die eigentliche „terra incognita“ der Kunstfreiheitsjudikatur des BVerfG[4] bezeichnet wurde –, so viel jedenfalls ist heute als Ertrag der in den achtziger und neunziger Jahren immer stärker intensivierten Forschungsbemühungen über die Gefilde des Kulturrechts bekannt: „Hic vero sunt leones, sed innumerabilis et voraces.“

---

[1] SZ Nr. 289 v. 16.12.1994, S. 13.

[2] Freiheit der Kunst nach dem Grundgesetz, 1963, S. 10.

[3] *Paul Beinhofer*, Bericht über die Staatsrechtslehrertagung 1983, BayVBl. 1984, S. 42ff. Im Sommer 1981 stellte *Peter Häberle*, Vorwort, in: ders. (Hrsg.), Kulturstaatlichkeit und Kulturverfassungsrecht, 1982, S. VII fest, daß „Wissenschaft und Politik (...) bisher Begriff und Sache ‚Kulturverfassungsrecht‘ ungewöhnlich vernachlässigt“ haben.

[4] *Joachim Würkner*, Das Bundesverfassungsgericht und die Freiheit der Kunst, 1994, S. 138f.

Meldungen über sich dramatisch zuspitzende Sparzwänge auf dem Kultursektor und immer neue Begehrlichkeiten auf Seiten der Geförderten, Botschaften, daß in den Kulturverwaltungen der Länder und Kommunen allenthalben der „Rotstift" regiere, sicherten dem Themenbereich stetig wachsende Aufmerksamkeit, – eine Tendenz, die nicht nur ungebrochen bis zum heutigen Tage andauert, sondern gerade in den nahe zurückliegenden Jahren zu aufs heftigste erregten Debatten über Zielkonzeptionen, Legitimationsfragen und Verantwortungswahrnehmung der öffentlichen Hände auf dem Felde der Kunst- und Kulturpolitik führte.

Die Gefährdungen der Kulturetats und die Furcht vor irreparablen Einsparungsfolgen sind zu einem Dauerthema geworden.

Staatliches und kommunales Engagement im Bereich des Kunst- und Kulturlebens bewegt sich in einem verfassungsrechtlich abgesteckten Handlungsrahmen. Dessen Grenzziehungen und Legitimationsanforderungen werfen Zweifelsfragen von beträchtlicher Tiefendimension auf.

Die aus dem wirklichkeitswissenschaftlichen Blickwinkel unternommenen Klärungsansätze versuchen anhand ausgewählter Gegenstandsbereiche[5] gerade aufgrund ihrer eher ungewohnten Perspektive ein weiterrreichendes Sichtfeld zu erschließen. Die Einbeziehung literarischer Stimmen aus dem Bereich des Journalismus, der Dichtung, der Kunsttheorie und des Kunstlebens strebt auf diese Weise an, zu einem besseren Verständnis der spezifischen Problemhintergründe beizutragen.

Die vorliegende Arbeit versteht sich daher auch als Versuch, durch entsprechende Untersuchungen die Notwendigkeit zu unterstreichen, daß der unmittelbaren Realitätsbezogenheit verfassungsrechtswissenschaftlicher Er-

---

[5] Angesichts der Breite des Themenfeldes war es unumgänglich, die Untersuchungsgegenstände auf ausgewählte Beispielsbereiche zu begrenzen. Die thematische Schwerpunktsetzung orientierte sich an dem Ziel, durch die exemplarische Darstellung einzelner ausgesuchter Problemkomplexe einen erweiterten – eher ungewohnten bzw. unkonventionelleren – Blickwinkel der Problemsicht zu eröffnen. Bewußt verzichtet wurde auf die Behandlung einiger mit dem Problemkreis eng verbundener grundlegender Fragestellungen, die nach Ansicht des Verf. einer eigenen, breit angelegten monographischen Erörterung bedürften (z.B. Neubewertung der Kulturförderungspolitik und Kulturförderungspraxis des Bundes vor dem Hintergrund periodisch neu entfachter Kulturföderalismusdebatten oder die jüngst geführten Kontroversen über die Inauguration eines Bundeskulturbeauftragten bzw. Kulturstaatsministers auf Bundesebene (vgl. hierzu den aktuellen Beitrag von *Peter Häberle*, Kulturhoheit im Bundesstaat – Entwicklungen und Perspektiven, AöR 124 (1999), S. 549ff.: speziell zum „Kulturbeauftragten des Bundes" s. S. 577ff.) oder die Diskussion europarechtlicher Dimensionen von kulturverfassungsrechtlichen Problemkomplexen (s. etwa *Peter Häberle*, Verfassungsrechtliche Fragen im Prozeß der europäischen Einigung, in: *ders.*, Europäische Rechtskultur, 1997, S. 75ff. (87ff.) sowie *ders.*, Verfassungslehre, 2. Aufl., S. 1066ff.: „Kultur und Europa").

örterungen des Regelungsbereichs „Kunst und Kultur“ erhöhte Aufmerksamkeit zu widmen ist.

„Recht und Rechtswissenschaft, Gesetzgeber und Richter leben nicht aus sich selbst. Sie sind auf ‚Materialien‘ angewiesen, auf ‚Anstöße‘ und ‚Stoffe‘, z.B. auf neue Gerechtigkeitselemente, neue Erkenntnisse und Erfahrungen, aber auch neue Hoffnungen und Ideale, die das bisherige Recht in neuem Licht erscheinen lassen, oder die sie zwingen, die herkömmlichen Inhalte zu verteidigen.“[6]

Diese Sätze können geradezu als Leitmotto und Begründung des Postulats angesehen werden, den wirklichkeits- und erfahrungswissenschaftlichen Ansatz[7] als unverzichtbare Komponente in das Arsenal auch des verfas-

---

6 *Peter Häberle*, Verfassungslehre als Kulturwissenschaft, 1. Aufl., 1982, S. 29.

7 *Immanuel Kants* berühmter Einleitungssatz zur „Kritik der reinen Vernunft“ lautet: „Daß alle unsere Erkenntnis mit der Erfahrung anfange, daran ist gar kein Zweifel; ...“ (Bd. 1 der von Wilhelm Weischedel hrsg. TB-Sonderausg. 1995, S. 45). Zum erfahrungswissenschaftlichen Ansatz in der Verfassungslehre und zum Wirklichkeitsbezug s. *Peter Häberle*, Vom Kulturstaat zum Kulturverfassungsrecht, in: ders. (Hrsg.), Kulturstaatlichkeit ..., S. 58 und *ders.*, Verfassungslehre als Kulturwissenschaft, 2. Aufl., 1998 (bes. S. 135ff., 407f., 460f.); grundlegend *Hermann Heller*, Staatslehre, 6. Aufl., 1983 (S. 50ff. (50): „Staatslehre ist Soziologie und als solche Wirklichkeitswissenschaft ...“). Zur „Soziologie als empirische(r) Wissenschaft“ s. Hermann Korte/Bernhard Schäfers (Hrsg.), Einführung in die Hauptbegriffe der Soziologie, 5. Aufl. 2000, S. 147ff. (S. 148: „... Soziologie als (...) empirische, d.h. auf Erfahrung sich gründende Wissenschaft (...). (...) Aus dieser programmatisch-methodischen Orientierung der Soziologie folgt (...), daß soziologische Aussagen und Theorien (...) immer wieder an der Wirklichkeit geprüft werden müssen (...).“); vgl. auch *Hans Peter Hennecka*, Grundkurs Soziologie, 7. Aufl., 2000, S. 12 (Bezeichnung „der Soziologie als Wissenschaft von der sozialen Wirklichkeit“, wobei soziale Wirklichkeit erfahrbare Wirklichkeit meint.); S. 13 („Soziologie ist eine empirisch-rationale Sozialwissenschaft“; „ihr Gegenstand ist die erfahrbare soziale Wirklichkeit“.). In der Rechtswissenschaft unterstreicht z.B. *Hans-Martin Pawlowski*, Methodenlehre für Juristen, 1981, S. 141ff. daß dem „Recht als ‚Erfahrungswissenschaft‘“ Aufmerksamkeit zu widmen sei; er erörtert die Bedeutung „seinswissenschaftlicher Methoden“ (der empirisch-analytischen Sozialwissenschaften) für die Rechtssoziologie (S. 142), betont deren „kritische und anregende Funktion“ für die Rechtswissenschaft (S. 143) und schließt sich der Auffassung an, daß „sozialwissenschaftliche Erkenntnisse für die rechtswissenschaftliche Diskussion eine ‚Sensibilisierungsfunktion‘“ besitzen (S. 145; hier findet sich auch die Charakterisierung der Rechtswissenschaft als einer „besonderen Sozialwissenschaft“.); in der konzeptionell grundlegend veränderten 2. Aufl. (1991) des Werkes sind diese Ausführungen nicht mehr enthalten. Im Zusammenhang mit der Darlegung der Aufgaben und Gegenstände einer juristisch orientierten Rechtstatsachenforschung stellt *Andreas Voßkuhle*, Verwaltungsdogmatik und Rechtstatsachenforschung, VerwArch 1994, S. 567ff. (S. 568) heraus, daß „die ‚Juristen‘“ danach streben, „den Realitätsbezug der Rechtswissenschaft durch entsprechende Untersuchungen der Rechtswirklichkeit zu erhöhen.“ (mit Verweis auf die übersichtliche Darstellung der „Abhängigkeit des Rechts von den Tatsachen“ bei *W. Dreher*, Grundlagen der sozialrechtlichen Rechtstatsachenforschung, Vierteljahresschrift für Sozialrecht 1990, 21 (29ff.).). Daß ein „praxisorientierte(r) Wissenschaftsbegriff“

sungsrechtswissenschaftlichen Methodenbestandes aufzunehmen oder ihn – bei schärferer Betrachtung – als längst vorhandenes, verwendetes und wirksames Element verfassungsjuristischer Begriffsinterpretations- und Entscheidungsprozesse aufzudecken.

Dies gilt selbst dann, wenn dem die Entscheidungen treffenden Rechtswissenschaftler die Verwendung außerjuristischer Realien und Kriterien nicht immer im vollen Umfang bewußt sein sollte oder aber von ihm selbst die Berücksichtigung externer Lebenswirklichkeiten – aus welchen Gründen auch immer – abgelehnt werden würde: Etwa weil ihm diese Vorgehensweise suspekt und unvereinbar mit der Findung des juristisch determinierten objektiven Rechts[8] erschiene.

Die Bezugnahme auf ein wirklichkeitswissenschaftlich orientiertes methodisches Fundament erschöpft sich indes nicht in der bloßen Deskription empirischer Befunde, sondern es kann vor allem auch zum Prüfungsraster für die Beantwortung der Frage werden, ob der Staat in der Verfassungswirklichkeit seinen verfassungstheoretisch begründeten normativen Voraussetzungen überhaupt gerecht wird und ob letztere (i. S. d. Rechtsidee Gustav Radbruchs: Gerechtigkeit, Zweckmäßigkeit und Sicherheit des Rechts (Rechtssicherheit))[9] in Anbetracht der faktischen Lebensrealitäten (auch Fakten schaffen Normativität!) Geltungsmacht beanspruchen und sich zu behaupten vermögen:

> „Auch die Äußerung des Nichtjuristen zu Verfassungsfragen ist ein Beitrag zum ‚Konzert‘ des Ganzen in den Prozessen der ‚Erfindung‘ von Orientierungswerten, wie auch der inhaltlichen Bestimmung der Grundbegriffe des Verfassungsstaates.“[10]

Ganz besondere (methodische) Bedeutung für den verfolgten Untersuchungsansatz gewinnt die Beachtung von Verfassungstexten im weiteren Sinne, wobei den Texten von Klassikern[11] ein hoher Grad an Aufmerksamkeit zu widmen ist: Gerade der Bereich des Kunst- und Kulturrechts ist wie kein anderes juristisches Problemfeld dazu prädestiniert, auf den Prüfstand

---

bereits zu den „Theorieelemente(n)“ des Späthumanismus zählte, hebt *Dietmar Willoweit*, Deutsche Verfassungsgeschichte, 3. Aufl., 1997, S. 150 hervor.

[8] *Gustav Radbruch*, Rechtsphilosophie, 8. Aufl. 1973, S. 205 bezeichnet die „systematische, dogmatische Rechtswissenschaft, (...) als die Wissenschaft vom objektiven Sinn positiver Rechtsordnungen ...“.

[9] *Gustav Radbruch*, o. Fußn. 8, S. 164 ff. (S. 164 und 165); s. vor allem auch S. 119: „Recht ist die Wirklichkeit, die den Sinn hat (...) der Rechtsidee zu dienen.“ – sinngem. Verwendung dieser Formel auch auf S. 91; Radbruch verweist auf S. 94 vor allem auch auf die „Stoffbestimmtheit der Idee“.

[10] *Peter Häberle*, Verfassungslehre 1. Aufl., S. 41.

[11] Grundlegend: *Ders.*, Klassikertexte im Verfassungsleben, 1981; s. auch *ders.*, Das Grundgesetz der Literaten, 1983.

des „Sinnpotenial(s)“ gestellt zu werden, das in den Werken von Dichtern und anderen Künstlern gespeichert ist.[12]

[12] *Peter Häberle*, Aspekte einer kulturwissenschaftlich-rechtsvergleichenden Verfassungslehre in „weltbürgerlicher Absicht“ – die Mitverantwortung für Gesellschaften im Übergang, JöR 45 (1997), S. 555 ff. (S. 561).

Kapitel 1

Begründung und definitorische Bestimmung eines im Rahmen der Kultursubventionsproblematik verfassungsrechtlich operationablen Kulturbegriffs

I. Notwendigkeit der Offenlegung des Verständnisses vom Begriff der Kultur zur Abgrenzung des Gegenstandsbereichs von Kunst- und Kulturförderungsmaßnahmen

Der Versuch einer präzisen Definition des Begriffs Kultur begegnet wegen der außerordentlichen Vielschichtigkeit der mit diesem Wort verbundenen Bedeutungsinhalte und seiner im deutschen Sprachgebrauch besonders ausgeprägten Mehrdeutigkeit beträchtlichen Schwierigkeiten[1].

Die Untersuchung der rechtstheoretischen Grundlagen öffentlicher Kunst- und Kulturförderung durch den Staat – bundesstaatlicher Gesamtstaat, Bundesländer und Kommunen (insbesondere durch Städte und Landgemeinden) – bedarf deshalb, ebenso wie die Problemerörterung der Praxis öffentlich-rechtlicher Kunst- und Kulturförderungsgewährung aus empirisch-wirklichkeitswissenschaftlicher Perspektive, zur Gewinnung wissenschaftlich aussagekräftiger und praktisch verwertbarer Resultate eines tragfähigen methodischen Fundaments. Ein solches kann nur durch die möglichst genaue Umgrenzung des in Frage stehenden überaus weitgespannten Gegenstandsbereichs gebildet werden. Die Festlegung der Förderungegegenstände der Kunst- und Kulturförderungspraxis hängt entscheidend von dem Inhalt der zugrundegelegten Kulturdefinition ab, durch die die Grenzziehung beschrieben wird.

II. Kulturphilosophische Begriffsklärungsansätze

Auf dem wissenschaftlichen Feld der Philosophie der Kultur ist in sehr pointierter Weise dargelegt worden, daß die definitorischen Eingrenzungsbemühungen des Kulturbegriffs dann von vornherein zum Scheitern verurteilt sind, wenn sie eine allgemein akzeptierte, schlüssige und universell gültige Begriffserklärung bzw. -festschreibung anstreben.

---

[1] Siehe hierzu: *Wilhelm Schneemelcher*, Stichwort Kultur, in: Evangelisches Staatslexikon, Bd. I, 3. Aufl. 1987, Sp. 1911 ff. (1911 f.).

Schlaglichtartig beleuchtet eine nicht ohne ironische Brechung formulierte Aussage des Philosophen Carl-Friedrich Geyer dieses Dilemma: Geyer sieht die kulturphilosophischen Reflexionen der Phänomenologie des Kulturbegriffs in einer postmodernen Szenerie diskutiert, deren vielstimmiger Jargon des Ästhetischen und Kulturellen – durch die Vielfalt der Kontexte und der diesen jeweils zuzuordnenden Stimmen – den Kulturbegriff zu einem semantischen Passepartout mit universeller Verwendung zu stilisieren scheint.[2]

Angesichts der Pluralität und Interessegeleitetheit der Kulturbegriffe[3] besteht die kaum zu bannende Gefahr, daß die Begriffshülle bzw. das Begriffsgefäß, deren materiell-inhaltliche Substanz dem Wesen nach bestimmt werden soll, willkürlich mit nahezu jedem beliebigen Inhalt gefüllt werden kann.

Eine handhabbare begriffliche Klärung mit Aussagekraft kann daher nur durch eine streng kontext- und begriffsverwendungsbezogene Interpretation erfolgen, deren Aussagewert sich dann auf den zuvor genau umrissenen kategorialen Gegenstandsbereich beschränkt.

Traditionellen und konventionellen kulturphilosophischen Positionen verpflichtete Erklärungsansätze verstehen unter der Kultur selbst häufig einen Inbegriff aller geistigen Energien.

Andere Begriffsunterscheidungen – etwa diejenigen zwischen einem „symbolisch-interaktionistischen"[4] und einem „funktionalistisch-anthropologischen"[5] Kulturbegriff – neigen zu einer derart hoch angesetzten theoretischen Abstraktionsebene, daß die hieraus folgende weitgesteckte Bandbreite

---

[2] *Carl-Friedrich Geyer*, Einführung in die Philosophie der Kultur, 1994, S. 3, 6ff. (S. 6) und 22; – s. dort auch die Ausführungen zur Wortgenese (und zum Gegensatz des „status naturae" und des „status culturae" (S. 14f.)); vgl. weiterhin zu diesem Problemkreis *Franz Steinbacher*, Kultur – Begriff – Theorie – Funktion, 1976, S. 17ff. (Die allgemeine Problematik des Kulturbegriffs: „Divergenzen" (S. 17ff.), „Geschichte" (S. 20ff.) und „Geschichtsbezogene Kulturtheorien" (S. 24ff.)). Im kulturverfassungsrechtlichen Schrifttum hat jüngst *Peter Häberle*, Kulturhoheit im Bundesstaat – Entwicklungen und Perspektiven, AöR 124 (1999), S. 549ff. (552) darauf hingewiesen, daß „derzeit fast alles als Kultur ausgegeben" und „das Wort [Kultur] inflationär verwendet" wird.

[3] *Carl-Friedrich Geyer*, ebd., S. 23.

[4] *Ders.*, ebd. (hierunter ist „die Summe all jener Bedeutungen und Werte" zu verstehen, „die jeweils unsere Handlungen leiten und uns befähigen, Regelhaftigkeiten im Verhalten anderer Individuen festzustellen bzw. vorherzusagen.").

[5] *Ders.*, ebd. („In der Tradition anthropologischer Fragestellungen nicht nur seit Darwin, sondern generell von der Einsicht in den Mangelcharakter des Menschen an, der entsprechende Kompensationen erforderlich macht, also seit der Antike," steht „die These von der Bedürfnisbefriedigung und Umgebungsanpassung im Vordergrund, eine Definition, die (...) ‚Kultur' zum Inbegriff primär sozialer Symbolteilnahme" werden läßt.

möglicher Subsumtionsvarianten beträchtliche Detailunschärfen der Interpretationsresultate vorprogrammiert.

Im Bereich der das Subventionsvergabewesen der öffentlichen Hände einschließenden Kunst- und Kulturpolitik, wo eher die Verständigungsversuche über einen im Alltag anwendbaren Kulturbegriff und weniger die begriffliche Trennschärfe strikter theoretischer Axiomatik[6] im Vordergrund steht, kann indessen ein pragmatisch orientiertes Definitionsfundament[7] als durchaus hinreichende Grundlage angesehen werden, sofern eine zweckentsprechende begriffliche Zielsetzung beschrieben worden ist.

Worüber aber ohne allzu große Abstriche weitestgehende Übereinstimmung zu erzielen sein dürfte, ist die existenzielle Bedeutung, die das Phänomen Kultur, hinter dessen Begriffsspektrum zahllose – bisweilen einander auch widersprechende – Synonyme verborgen sind, für die Realität der menschlichen Lebenswelt besitzt: „Ohne Kultur kein Ethos, keine gemeinsame Wertbasis, keine zivilisatorischen Fortschritte, Kultur – im weitesten Sinne des Wortes – ist also keineswegs nur Überbau oder Verzierung des Alltags. Sie ist eine lebensnotwendige Dimension des menschlichen Zusammenlebens."[8]

III. Der im öffentlichen Recht zur Anwendung gelangende Begriff der Kultur

Trotz der „schillernden"[9] Vielgestaltigkeit des Begriffs Kultur kann weder die Dogmatik des Kulturverfassungsrechts[10] noch die des Kulturver-

[6] *Karla Fohrbeck/Andreas Wiesand*, Von der Industriegesellschaft zur Kulturgesellschaft? – Kulturpolitische Entwicklungen in der Bundesrepublik Deutschland, 1989, S. 11.

[7] Ein Beispiel für einen – allerdings für den oben genannten Zweck zu weit gezogenen – „pragmatischen Definitionsversuch" formulierte *Ernst H. Gombrich*: „Es geht mir nicht darum, wie T.S. Elliot ‚Beiträge zur einer Definition des Kulturbegriffs' zu leisten, denn ich bin überzeugt, daß wir uns alle, ob wir nun dieses Wort mögen oder eine andere Bezeichnung vorziehen, klar darüber sind, was es zu beschreiben sucht. Oder vielleicht genauer: Diejenigen von uns wissen es, die je von einem Land in ein anderes gereist sind oder sich in verschiedenen Gesellschaftsschichten bewegt haben und dabei am eigenen Leibe erlebt haben, was es heißt, sich fremdartigen Lebensgewohnheiten, Beziehungsstrukturen oder Wertsystemen, mit einem Wort, einer anderen Kultur gegenüber zu sehen." (Zit. nach: *Carl-Friedrich Geyer*, S. 19).

[8] Laudatio des Bundespräsidenten anläßlich der Verleihung der Goethe-Medaille u.a. an Ralf Dahrendorf durch das Goethe-Institut im März 1998 in Weimar (*Roman Herzog*, Wider das deutsche Mittelmaß, SZ Nr. 68 v. 23.3.1998, S. 14.).

[9] *Peter Häberle*, Vom Kulturstaat zum Kulturverfassungsrecht, in: ders. (Hrsg.), Kulturstaatlichkeit und Kulturverfassungsrecht, 1982, S. 1 ff. (27).

[10] *Ders.*, ebd.

waltungsrechts[11] eine juristisch faßbare und rechtlich handhabbare Begriffsbestimmung entbehren.

Der hier zu gewinnende Kulturbegriff muß ungeachtet anderer – philosophischer[12], anthropologischer oder soziologischer[13] – begrifflicher Herkunft, Wurzeln oder Inhalte[14] zumindest auch ein Rechtsbegriff sein[15], um in kategorial einwandfreier Weise in juristischen Argumentationszusammenhängen verwendet werden zu können[16]. Die weitgesteckte Interpretation der Kultur durch die moderne Anthropologie, derzufolge mit diesem Begriff „alle nicht natürlich determinierten, insbesondere alle naturverändernden Aktivitäten des Menschen"[17] erfaßt werden, erweist sich als zu unspezifisch für die Rechtswissenschaft[18], da in der Konsequenz dieses Verständnisses schon beliebige Alltagsereignisse als Kulturphänomene gelten. Die traditionell im deutschen philosophischen Begriffsverständnis gebräuchliche Unterscheidung von Kultur und Zivilisation trägt letztlich ebensowenig zu einer Erhellung des juristischen Kulturbegriffs bei[19]. Jurisprudenz und Rechtsprechung bleiben auf eigene spezielle Wege der Begriffsfindung verwiesen.

---

[11] *Thomas Oppermann*, Kulturverwaltungsrecht, 1969, S. 6.

[12] Zur philosophischen Begriffsdeutung siehe auch: *A. Halder*, in: H. Krings/H. M. Baumgartner/C. Wild (Hrsg.), Handbuch philosophischer Grundbegriffe, Bd. 3, 1973, S. 823; vgl. hierzu auch: *Thomas Oppermann*, Kulturverwaltungsrecht, S. 6 (s. insbes. Fn. 2).

[13] Eingehende Auseinandersetzungen mit anthropologischen und soziologischen Kulturbegriffen finden sich bei: *Peter Häberle*, Vom Kulturstaat ..., S. 28ff.; *ders.*, Verfassungslehre als Kulturwissenschaft, 1. Aufl. 1982, S. 10ff. Zum soziologischen Begriffsverständnis s. z.B. *Gabriele Klein*, Kultur, in: Hermann Korte/Bernhard Schäfers (Hrsg.), Einführung in die Hauptbegriffe der Soziologie, 2000, S. 217ff. (insbes.: S. 218ff.: „Geschichte des Begriffs"; S. 220ff.: „Klassiker der Kultursoziologie"; S. 224ff.: „Kultur und Zivilisation"; S. 226ff.: „Natur und Kultur: Anthropologisch fundierte Kulturtheorien").

[14] *Michael Mihatsch*, Öffentliche Kunstsubventionierung, 1989, S. 17 spricht sich für eine „Reinigung" des juristischen Kulturbegriffs von anthropologischer, soziologischer und philosophischer Überfrachtung aus.

[15] *Thomas Oppermann*, Kulturverwaltungsrecht, S. 6.

[16] *Peter Häberle*, Vom Kulturstaat ..., S. 31 weist darauf hin, daß sich anthropologische und soziologische Ansätze nicht problemlos für das Verfassungsrecht operationalisieren lassen. Siehe auch: *Thomas Oppermann*, Kulturverwaltungsrecht, S. 7.

[17] *Dieter Grimm*, Kulturauftrag im staatlichen Gemeinwesen, Mitbericht, VVDStRL 42 (1984), S. 46ff. (59).

[18] *Ders.*, ebd.

[19] Siehe hierzu *A. Halder*, o. Fußn. 12., S. 827f.; *Wilhelm Schneemelcher*, a.a.O., Sp. 1912. Vgl. auch *Carl-Friedrich Geyer*, S. 6ff. (S. 6: „Mit der zivilisatorischen Sphäre der Profaneität des Effizienten und Nützlichen konfrontierte man die ‚Kultur' als den Bereich höherer Errungenschaften und Leistungen, jenseits von Naturbeherrschung und politischem Tagesstreit dem ‚Wahren, Guten und Schönen' verpflichtet.").

Eher formelhafte Definitionsbemühungen etwa in der Judikatur des Bundesverfassungsgerichts[20] verbleiben in allzu vager Unverbindlichkeit und entheben nicht der Suche nach greifbareren Konkretisierungen. Auch von der Rechtswissenschaft entwickelte Begriffsbildungen wie z. B. von Dieter Grimm, die auf der Grundlage einer funktionalen Differenzierung die Funktion der Kultur in der ideellen Reproduktion der Gesellschaft sieht, und hierzu alles hinzurechnet, „was sich auf Weltdeutung, Sinnstiftung, Wertbegründung, -tradierung und -kritik sowie deren symbolischen Ausdruck bezieht", unter Einschluß sogenannter Gegen- und Subkulturen[21], gewinnen erst durch eine Verminderung der Abstraktionshöhe an Konturenschärfe.

Selbst der dem offenen Kulturkonzept[22] unterlegte (er-)weite(rte) Kulturbegriff, der in dezidierter Abkehr von überkommenen „bildungsbürgerhaften" Anschauungen pluralistisch „Kultur für alle" (im Sinne Hilmar Hoffmanns[23]) postuliert, erfordert – bei aller grundsätzlichen[24] Zustimmung – für die Zwecke der Erforschung der Kulturförderungspraxis eine nähere Eingrenzung.

Die Zuordnung des Sports zum Bereich der Kultur und der Kulturpflege, die mitunter in der Folge eines soziologischen Begriffsinhalten geöffneten, weiten juristischen Kulturverständnisses[25] anzutreffen ist, und die auch in

---

[20] BVerfGE 10, 20 (36): „... Kultur als Gesamtheit der innerhalb einer Gemeinschaft wirksamen geistigen Kräfte, die sich unabhängig vom Staat entfalten und ihren Wert in sich tragen ...".

[21] *Dieter Grimm*, S. 49 f. Auch *Klaus Stern*, Das Staatsrecht der Bundesrepublik Deutschland, Bd. III/1, 1988, S. 884 ordnet „wesentliche Teile dessen, was Kultur ausmacht (nämlich Kunst in ihrer ganzen Vielfalt, Wissenschaft und Bildung)" ... „der geistig-schöpferischen Sphäre des Menschen" zu. Einer kritischen Analyse unterzog *Martin Bauer*, Kultur und Sport im Bundesverfassungsrecht, 1999, S. 30 ff. (insbes. S. 35 f.) das „Verständnis der Kultur in der Rechtsprechung des Bundesverfassungsgerichts"; die Judikatur des BVerfG erhält hier das wenig schmeichelhafte Prädikat „zum Kulturbegriff selbst zu kursorisch und oberflächlich" zu sein" (S. 36).

[22] *Peter Häberle*, Vom Kulturstaat ..., S. 31 ff. Zur „Erweiterung des traditionellen Kulturbegriffs" und der „Öffnung des Kunstbegriffs" s. *ders.*, Kulturhoheit im Bundesstaat ..., S. 563 f.

[23] Zur grundlegenden Entwicklung dieses Konzepts s. *Hilmar Hoffmann*, Kultur für alle, 2. Aufl., 1981. Paraphrasen dieses Begriffs bei *Peter Häberle*, Kulturhoheit im Bundesstaat ..., S. 564 („‚Kultur von allen', vielleicht auch ‚mit allen'".).

[24] Vgl. etwa: *Gerald Kreißig/Jürgen Grabbe*, Anmerkungen zum Kulturbegriff und seiner statistischen Abgrenzung, der städtetag 4/1989, S. 266 ff. (267) zur Ausdehnung des Kulturbegriffs aufgrund gesellschaftlicher Entwicklungstendenzen; siehe im übrigen auch S. 267, wo die Autoren auf der Basis der Kulturstatistik den Entwurf eines Gesamtbildes der Kulturbereiche bzw. -begriffe unternommen haben: z. B. kommunaler, staatlicher, statistischer, internationaler und wirtschaftswissenschaftlicher Kulturbegriff.

[25] *Udo Steiner*, Kulturpflege, in: J. Isensee/P. Kirchhof (Hrsg.), HdbdStR, Bd. III, 1988, Rn. 17, 26 f. (27); *ders.*, Kulturauftrag im staatlichen Gemeinwesen, Bericht

das Konzept der Kulturpolitik des Bundes zur Pflege der Beziehungen zu auswärtigen Staaten Eingang gefunden hat[26], reicht über die herkömmlich vorgenommene Begriffsfestlegung des öffentlichen Rechts hinaus[27]. Das öffentlich-rechtliche Kulturverständnis geht nämlich häufig von einem die Bereiche der Trias Bildung, Wissenschaft und Kunst[28] umschließenden Kulturbegriff „im engeren Sinn“[29] aus.

Beurteilt an Hand der Zielsetzung der vorliegenden Arbeit und den ihr entsprechenden speziellen Untersuchungsgegenständen der gemeindlichen Kulturförderung, erzeigt sich allerdings auch dieser „engere“ Kulturbegriff des öffentlichen Rechts als zu ausgedehnt: Eine einschränkende Modifizierung ist im Hinblick auf die Ausgrenzung nahezu des gesamten Wissenschafts- und teilweise des Bildungssektors unumgänglich.

IV. Der „spezifisch kunstorientierte“ Kulturbegriff

Die Entwicklung eines zusätzlich spezifizierten, weitgehend auf den Teilbereich der Kunst verengten Kulturbegriffs, aus dem die Gebiete der Wissenschaft und der Bildung ausgegrenzt sind, und dessen Kennzeichnung durch die Verwendung der begriffskombinierenden Formeln „Kunst und Kultur“, beziehungsweise „Kunst und Kulturpflege“[30], weist die Richtung, in der die Festschreibung des mit der thematischen Vorgabe dieser Arbeit korrelierenden Kulturverständnisses geschehen kann.

Die im Mittelpunkt der Untersuchung stehende Zielbestimmung der Erfassung und Analyse typischer und als vorrangig verstandener kulturfördernder Aktivitäten der öffentlichen Hände und insbesondere auch von städtischen und ländlichen Gemeinden, führt zwangsläufig zur generellen Ausgliederung des primär staatlich getragenen Wissenschaftsbereiches; aus

---

VVDStRL 42 (1984), S. 8ff. (8); *Peter Häberle*, Kulturverfassungsrecht im Bundesstaat, 1980, S. 55 sowie jüngst unterstrichen in: *ders.*, Kulturhoheit im Bundesstaat ..., S. 564. – Zum umfassenden UNESCO-Konzept siehe: *Gerald Kreißig/Jürgen Grabbe*, o. Fußn. 24, S. 268, nach denen unter starker Annäherung an eine enzyklopädische Kulturauffassung Sport und Erholung ebenfalls einbezogen sind.

[26] *Udo Steiner*, Kulturpflege ..., Rn. 17; *ders.*, Kulturauftrag im staatlichen Gemeinwesen, S. 8.

[27] *Udo Steiner*, Kulturpflege ..., Rn. 26 (S. 1257 unten).

[28] Grundlegend: *Thomas Oppermann*, Kulturverwaltungsrecht, S. 9 und 29.

[29] Siehe nur: *Michael Mihatsch*, S. 17f. Nähere Darlegungen und Kritik zu dieser Begriffsverwendung bei: *Udo Steiner*, Kulturauftrag ..., S. 9f. und: *Dieter Grimm*, S. 59f.

[30] Siehe die Nachweise bei: *Udo Steiner*, Kulturauftrag ..., S. 9 – Den wiedergegebenen Sprachgebrauch kritisiert *Michael Mihatsch*, S. 18f. – Zur Verengung des Begriffs s. auch *Friedhelm Hufen*, Gegenwartsfragen des Kulturföderalismus, BayVBl. 1985, S. 1ff. (S. 2).

diesem Grunde bleibt auch die Behandlung „kommunaler Wissenschaftsförderung"[31] ausgespart. Die – teilweise – Ausklammerung des Bildungswesens kann wegen der vergleichbaren Sach- und Rechtslage, die für den Wissenschaftssektor gilt, mit verwandten Argumenten begründet werden: Die hierunter vornehmlich zu begreifende schulische Bildung steht zu weiten Teilen gleichfalls in der Trägerschaft des Staates; wo dies nicht der Fall ist, sind die Kommunen strengen staatlichen Maßgaben und Aufsichtsmaßnahmen unterworfen.

Unter dem Stichwort der „kulturellen Bildung" ist jedoch der – hier ausgeblendete – Stellenwert einer Programmdiskussion über „bildungspolitische" Kontexte auch auf der kommunalen Ebene in den letzten Jahren ständig gewachsen[32].

Gegenstände des hier vertretenen „spezifisch kunstorientierten" Kulturbegriffs sind solche Erscheinungen des kulturellen Lebens, die als Ausübung, Ausdruck und Resultate aktiver künstlerischer Tätigkeiten verstanden werden können oder aber Einrichtungen (Institutionen), die der Vermittlung der Möglichkeit der Teilhabe am Geschehen und den Ergebnissen (Hervorbringungen) künstlerischer Betätigung dienen.

Ungeachtet dieser „spezifisch kunstorientierten" Begriffsbeschreibung wird im folgenden an der Verwendung des Begriffs Kulturförderung im Sinne eines Oberbegriffs festgehalten, um eine größtmögliche Offenheit bei der Handhabung des eingeführten Terminus sicherzustellen und die Möglichkeit der Einbeziehung unter Umständen strittiger Grenzbereiche der Kunstförderung offenzuhalten. Obschon die denkbar enge Anbindung an den Kultursektor Kunst, an künstlerisch-ästhetische Gesichtspunkte kreativen Schaffens im Vordergrund der hier umschriebenen Kulturkonzeption und der zu analysierenden Förderungsgegenstände stehen, bleibt auf diese Weise neben den Kernbereichen der klassischen, modernen und avantgardistischen Gattungen der einzelnen Kunstgebiete (Theater, Musik, Malerei, Dichtung, bildende Kunst und neue Mischformen) – unabhängig von ihrer professionellen oder laienhaften Ausübung – Raum für die Integrierung verwandter und angrenzender Bereiche, denen städtisches oder dörfliches Kulturengagement Betätigungsfelder erschließen und Förderung angedeihen lassen können: Archive, Museen, Bibliotheken, Einrichtungen der Erwachsenenbildung, Denkmals-, Landschafts-, Brauchtums- und Heimatpflege[33].

---

31 Zu diesem „Spezialproblem" siehe: *Ernst Pappermann*, Zu den kulturellen Aufgaben der Kommunen, insbesondere Bibliotheken, Museen, Förderung der Wissenschaft, VR 1983, S. 41ff. (49f.).

32 Siehe: Konzeption kulturelle Bildung – Positionen und Empfehlungen des *Deutschen Kulturrates*, 1988 (siehe insbes. S. 11ff.).

33 *Udo Steiner*, Kulturauftrag ..., S. 9. – Zu den vielfältigen „infrastrukturellen" Bereichen des kulturellen Sektors, die kommunalen Kulturträgern Aufgabenfelder

Die engen Verknüpfungen und Interdependenzen der einzelnen Teilbereiche Kunst, Wissenschaft und Bildung, die vor allem zum Beispiel an Institutionen wie Museen[34] und Volkshochschulen[35], die im Schnittpunkt aller Teilbereiche angesiedelt sind, sichtbar werden, verbieten – bei aller angestrebten Methodenklarheit – allzu starre Abgrenzungen.

Über die Einbeziehung von Grenzfällen in den zu untersuchenden Förderungsbereich entscheidet letztlich das Kriterium, ob sich – wenn auch im weiteren Sinne – ein „Kunst- beziehungsweise künstlerisch ausgerichteter Kreativitätsbezug“ herstellen läßt. Beispielsweise kann bei Volkshochschulen die Berücksichtigung aufgrund dieses Kriteriums positiv festgestellt werden[36]. Die Pflege der regionalen Heimat (etwa durch volkskundliche und heimatkundliche Museen) und der in der Heimatregion angesiedelten traditionellen Bräuche stellt besonders bei kleinen, dörflich geprägten Landgemeinden das Hauptbetätigungsfeld kulturfördernder Leistungen dar[37].

Gerade nach der Vornahme der gebotenen definitorischen Festlegung eines hinlänglich umrissenen, für die juristisch-interpretatorischen und empirisch-pragmatischen Problemstellungen öffentlicher Kulturförderung instrumentierbaren Begriffs der Kultur[38] scheint es angebracht – gleichsam

---

eröffnen, siehe auch: *Peter Häberle*, Kulturpolitik in der Stadt – ein Verfassungsauftrag, 1979, S. 7, der unter anderem auch die Funktion der Gemeinden als Gründer von „Kristallisationspunkten“ (Kultur in kleinen Gruppen) erwähnt, als welche sie durch eigene Veranstaltungen etwa die Stadtteilkultur beleben.

[34] Die Einrichtung von Museen illustriert dies besonders anschaulich: Sie dienen nicht nur der Bewahrung und Ausstellung von Kunst- und sonstigen Kulturgegenständen, sondern sind auch vielfach Ort wissenschaftlicher Forschung und pädagogischer Unterweisung; insbesondere zur Bildungsarbeit in Museen: Vgl. Konzeption kulturelle Bildung ..., o. Fußn. 32, S. 113ff. (121ff.: Museumspädagogik).

[35] Nebenaspekten der Weiterbildung kommt hier eigenen musischen und künstlerisch-kreativen Betätigungen (Theaterspiel, Malkursen, Ausstellungen von eigenen Kunstprodukten etc.) hoher Stellenwert zu. Siehe hierzu: *Wolfgang Zorn/Marcus Kleiner*, Bayern als Kulturstaat, in: Bernd Rill (Hrsg.), Bavaria Felix, 1986, S. 149ff. (162). – Zur kulturellen Bildungsarbeit der Volkshochschulen siehe ferner: Konzeption kulturelle Bildung ..., o. Fußn. 32, S. 168ff. und *Hilmar Hoffmann*, Kultur für alle, S. 182ff.

[36] Zur Zuordnung der Weiterbildung als kulturrelevanter Sachverhalt zum kommunalen Bereich siehe: *Gerald Kreißig/Jürgen Grabbe*, S. 269.

[37] *Werner Heinrichs*, Kulturarbeit im ländlichen Raum – ein Handbuch für die Praxis, 1988, S. 94ff. (148ff.).

[38] Da die wissenschaftliche Diskussion in Bezug auf die grundlegenden Fragen der Definition des Kulturbegriffs bereits oben behandelt worden ist, kann es nach Maßgabe der Themenstellung nicht Aufgabe dieser Arbeit sein, den erreichten Stand der Erörterungen weiter zu vertiefen. Dem Verf. kommt es lediglich darauf an, einen im Rahmen der Kulturförderung handhabbaren Kulturbegriff darzulegen. Im übrigen liegt es in der „Natur der Sache“ des proteushaften Begriffs der Kultur, daß eine begriffliche Festlegung ohne Friktionen nicht zu erreichen ist.

als austarierendes Gegengewicht zu dieser „rechtstechnischen" Begriffsbildung" – auf die darüber hinausgehenden anthropologischen Dimensionen zu verweisen, deren Sinngehalt sich jedes kulturfördernde Engagement bewußt sein sollte: das Verständnis der Kultur und kultureller Freiheiten als Ausdruck einer „humanen Bedürfnisstruktur"[39].

Die Sehnsucht nach Erfüllung solcher „elementaren Lebensbedürfnisse"[40] beschränkt sich weder auf Angehörige „arrivierter" sozialer Schichten, noch auf besondere gesellschaftliche Gruppen, denn „Kultur ist nicht der Paradiesgarten geistiger und künstlerischer Eliten. Kultur ist Lebensweise des Menschen."[41]

---

[39] *Peter Häberle*, Vom Kulturstaat ..., S. 21.

[40] *Michael Schöneich*, Kultur für wen – Kultur wozu?, der städtetag 1988, S. 388 ff. (390).

[41] *Richard v. Weizsäcker*, Die politische Kraft der Kultur, 1987, S. 11.

Kapitel 2

Grundlegende Begriffe des Rechts der Kunst- und Kultursubventionen

I. Der Rechtsbegriff der Subvention und der Einfluß der grundrechtlichen Kunstfreiheitsgarantie des Art. 5 Abs. 3 S. 1 GG

Nach wie vor besteht über den Rechtsbegriff der Subvention keine völlige Einmütigkeit[1]. Der Rückgriff auf eine allgemein verbindliche oder verwendbare gesetzliche Definition ist nicht möglich. Eine entsprechende universell gültige subventionsrechtliche Norm existiert nicht. Vereinzelt anzutreffende Legaldefinitionen wie beispielsweise § 264 Abs. 7 StGB (Subventionsbetrug) oder § 12 Abs. 1 StabG, eignen sich wegen ihrer engen terminologischen Ausrichtung auf ihre speziellen Regelungsbereiche nicht als Grundlage für die Bildung einer Begriffsbestimmung, die Geltung für den außerordentlich weitgesteckten[2] Bereich des Subventionswesens beanspruchen könnte.[3]

Der Wortlaut des § 264 Abs. 7 StGB erfaßt lediglich Leistungen, die der Förderung der Wirtschaft dienen sollen.[4] § 12 Abs. 1 StabG bleibt begrifflich beschränkt auf die Vergabe von Bundesmitteln. Auch enthält diese Vorschrift keine Festlegungen im Blick auf den Kreis der Empfänger der Lei-

---

[1] Zum Problemkreis s. *Wilfried Berg*, Wirtschaftsverwaltungsrecht, in: *Berg/Knemeyer/Papier/Steiner*, Staats- und Verwaltungsrecht in Bayern, 6. Aufl., 1996, S. 537 ff. (Rdnr. 41 ff.); vgl. auch *Hartmut Maurer*, Allgemeines Verwaltungsrecht, 12. Aufl., 1999, Rdnr. 3 zu § 17; zu den zahlreichen Facetten der subventionsbegrifflichen Definitionsansätze s. weiterhin *Rolf Stober*, Besonderes Wirtschaftsverwaltungsrecht, 11. Aufl., 1998, S. 279 ff. („Zur Vielfalt des Subventionsbegriffs") und *Olaf Reidt*, Subventionen und Abgaben, Realförderung, in: *H.D. Jarass*, Wirtschaftsverwaltungsrecht, 3. Aufl., 1997, S. 150 ff. (Rdnr. 17).

[2] *Albert Bleckmann*, Ordnungsrahmen für das Recht der Subventionen, Gutachten für den 55. Deutschen Juristentag, in: Verhandlungen des 55. Deutschen Juristentages, 1984, S. 7, weist – allerdings bezogen auf den Wirtschaftsbereich – darauf hin, daß die Zahl der Subventionsarten allein für die Bundesrepublik auf etwa 700 geschätzt wird.

[3] Ähnlich: *Christoph Gusy*, Subventionsrecht, JA 1991, S. 286 ff. (287 f.).

[4] Das Subventionsgesetz vom 27.7.1976 (BGBl. I S. 2037) ergänzt § 264 StGB; es bietet aber keinen Definitionsansatz für einen allgemeinen Subventionsbegriff; vgl. *Hartmut Maurer*, o. Fußn. 1, Rdnr. 3 zu § 17.

stungsgewährungen und die Förderungszwecke und erweist sich daher als zu vage[5].

Über die systematische Einordnung der verschiedenen Arten und Formen möglicher Förderungsvergaben in subventionsrechtliche Begriffsraster[6] oder Typologien[7] bzw. über die „Reichweite"[8] der Subvention gehen die Ansichten auseinander.

Jenseits der unterschiedlichen Auffassungen kann aber ein „Definitionskern"[9] ausgemacht werden, der vier Wesensmerkmale enthält. Hiernach sind unter Subventionen im verwaltungsrechtlichen[10] Sinne vermögenswerte Zuwendungen zu verstehen, die der Staat oder ein anderer Träger öffentlicher Verwaltung an eine Privatperson leistet, um hierdurch einen im öffentlichen Interesse liegenden Zweck zu fördern[11].

Zwischen Subventionsgeber und Subventionsnehmer entsteht mit der Bewilligung der vom Bürger beantragten Förderung ein öffentlich-rechtliches Schuldverhältnis[12], das die wechselseitigen Pflichten beider Seiten nach Maßgabe der genannten subventionsrechtlichen Essentialia regelt und die Modalitäten der Abwicklung der jeweiligen Subventionsansprüche ausgestaltet[13].

Es gehört indessen zum Wesen der Subvention, daß der Subventionsnehmer, dem die öffentliche Hand mit der Subventionsgewährung ja eine Hilfe-

---

5 S. *Christoph Gusy*, Subventionsrecht, S. 288.

6 Gebräuchlich ist die – allerdings nicht einheitlich gehandhabte – Differenzierung zwischen Begriff und Art (wobei es mitunter zu Überlagerungen kommt) vgl. *Hans J. Wolff/Otto Bachof*, Verwaltungsrecht III, 4. Aufl. 1978, Rdnr. 1ff., 10ff. zu § 154; *Rolf Stober*, Besonderes Wirtschaftsverwaltungsrecht, S. 279ff.

7 *Hans Peter Ipsen*, Subventionen, HdbStR Bd. IV, 1990, S. 357ff.

8 *Hartmut Maurer*, Rdnr. 4 zu § 17.

9 *Michael Mihatsch*, Öffentliche Kunstsubventionierung, 1989, S. 19.

10 *Hartmut Maurer*, Rdnr. 4 zu § 17.
Ausgeklammert bleiben in dieser Arbeit die sogenannten „wirtschaftswissenschaftlichen" Subventionsbegriffe; s. dazu *Dieter Bös*, Gedanken zum Subventionsbegriff in den Wirtschaftswissenschaften, in: Karl Wenger (Hrsg.), Förderungsverwaltung, 1973, S. 43ff. sowie *Hans Peter Ipsen*, Rdnr. 25f.

11 *Hartmut Maurer*, Rdnr. 5 zu § 17; *Hans J. Wolff/Otto Bachof*, o. Fußn. 6, Rdnr. 1 zu § 154; *Hans F. Zacher*, Verwaltung durch Subventionen, VVDStRL 25 (1967), S. 308ff. (317).

12 *Christoph Gusy*, Subventionsrecht, S. 327; *Karl Wenger*, Funktion und Merkmale eines verwaltungsrechtlichen Subventionsbegriffs, in: ders. (Hrsg.), Förderungsverwaltung, o. Fußn. 10, S. 15ff. (31). Zum Subventionsverhältnis s. auch *Rolf Stober*, Besonderes Wirtschaftsverwaltungsrecht, S. 284ff.

13 Zum Subventionsverhältnis als einer verwaltungsrechtlichen Sonderverbindung im Sinne des Verwaltungsverhältnisses s. *Peter Häberle*, Das Verwaltungsverhältnis – eine Problemskizze, in: *ders.*, Die Verfassung des Pluralismus, 1980, S. 248ff. (253, 258). Vgl. desweiteren *Wilfried Berg*, Subventionsverfahren und Subventionsvergabe zwischen Effizienz und Formalismus, GewArch 1999, S. 1–11.

stellung angedeihen lassen will, nicht zu einer gleichwertigen Gegenleistung verpflichtet wird[14].

Als rechtlich verbindliche Obliegenheit wird ihm zwar aufgebürdet, die ihm zugestandene Leistung zur Erfüllung des Förderungszwecks zu verwenden, aber hierin darf gerade nicht die Erbringung eines Äquivalents im Sinne eines schuldrechtlichen („synallagmatischen") Austauschvertrags gesehen werden, wenn die Leistungserbringung des öffentlichen Verwaltungsträgers als Subventionierung behandelt werden soll. Zur näheren systematischen Aufschlüsselung des Subventionsbegriffs[15] bzw. der Subventionsarten[16] wird im rechtswissenschaftlichen Schrifttum eine Unterscheidung zwischen Subventionen im engeren und im weiteren Sinne vorgenommen: Den Subventionen im engeren Sinne[17] (direkte oder offene[18] bzw. Leistungssubventionen[19]) werden unter anderem verlorene Zuschüsse, zinsgünstige Darlehen, Bürgschaften und die Realförderung (im Kulturbereich Auftragsvergabe, Ankauf von Kunstwerken etc.)[20] zugerechnet.

Als Subventionen im weiteren Sinne (indirekte oder verdeckte[21] bzw. Verschonungssubventionen[22]) gelten mittelbar gewährte Vorteile wie etwa Steuervergünstigungen oder die Minderung sonstiger allgemeiner Abgabeleistungen[23].

---

[14] *Michael Mihatsch*, S. 22f.

[15] *Hans J. Wolff/Otto Bachof*, Verwaltungsrecht III, Rdnr. 11ff. zu § 154 nehmen die Differenzierung nach Art des gewährten Vorteils vor; *Hartmut Maurer*, Rdnr. 6 zu § 17 spricht insoweit ebenfalls von „Arten der Subvention"; *Michael Mihatsch*, S. 20, hingegen von „Formen" der Zuwendung.

[16] Die Trennung nach den geförderten Lebensbereichen ermöglicht die Abgrenzung von Wirtschafts-, Kultur-, Sozial- und Sportsubventionen, vgl. *Hans J. Wolff/Otto Bachof*, Verwaltungsrecht III, Rdnr. 10 zu § 154.

[17] Z.B. *Rolf Stober*, Besonderes Wirtschaftsverwaltungsrecht, S. 283ff. (S. 283).

[18] *Fritz Rittner*, Wirtschaftsrecht, 2. Aufl. 1987, S. 499.

[19] *Hans F. Zacher*, S. 317.

[20] *Michael Mihatsch*, S. 21.

[21] *Rolf Stober*, Besonderes Wirtschaftsverwaltungsrecht, S. 282; s. auch *Olaf Reidt*, Rdnr. 9 und 14 („Influenzierende Wirkung").

[22] *Hans F. Zacher*, S. 318; *Olaf Reidt*, Rdnr. 11ff. („Mittelbare Verhaltenssteuerung").

[23] *Hans J. Wolff/Otto Bachof*, Verwaltungsrecht III, Rdnr. 2 zu § 154; anderer Ansicht *Hartmut Maurer*, Rdnr. 4 zu § 17, der den Subventionsbegriff auf Leistungssubventionen beschränkt.

II. Die Anwendung und Modifikation subventionsrechtlicher Begriffe im Bereich der Kunst- und Kultursubventionen

Herkömmlicherweise wird der Subventionsbegriff und der mit ihm verbundene Regelungsbereich überwiegend mit dem Recht der Wirtschaftssubventionen identifiziert. Diese Zuordnung und auch der Umstand, daß das begriffliche Instrumentarium des Subventionsrechts im Rahmen des Wirtschaftsverwaltungsrechts entwickelt und insbesondere durch die Bedürfnisse der Wirtschaftsförderung stark geprägt worden ist, stehen der Anwendbarkeit der subventionsrechtlichen Regelungen auf dem Gebiet des Kulturverwaltungsrechts grundsätzlich nicht im Wege.

Durchgreifende Bedenken gegen eine Subsumtion der Kunst- und Kultursubventionen unter den skizzierten verwaltungsrechtlichen Subventionsbegriff sind nicht ersichtlich, sodaß es insofern keiner grundlegend neuen Kategorisierungen oder Begriffskreationen bedarf[24].

Allerdings gebietet die gem. Art. 5 Abs. 3 Satz 1 GG anerkannte und von öffentlichen Hoheitsträgern zu berücksichtigende Eigengesetzlichkeit[25] des Kunst- und Kulturlebens zweck- und sachgerechte Modifikationen von subventionsrechtlichen Detailbegriffen bei der rechtlichen Gestaltung und Handhabung von Förderverhältnissen[26]. Nur durch eine behutsame Auslegung und Anwendung der einschlägigen Rechtsbegriffe wird die Leistungen darreichende öffentliche Hand in die Lage versetzt, den spezifischen Erfordernissen des durch Art.5 Abs. 3 Satz 1 GG geschützten Kultursektors gerecht werden zu können. Einige typische Einzelprobleme seien exemplarisch schon an dieser Stelle herausgegriffen. So wäre es beispielsweise verfehlt, den Subventionsbegriff im Anwendungsbereich der kulturellen Förderungspraxis „primär als Lenkungsinstrument" anzusehen, wie dies hinsichtlich des wirtschaftsrechtlichen Subventionsbegriffs der Fall ist[27].

Eine der vornehmsten Aufgaben der Kunst- und Kulturförderung ist dagegen in der Schaffung von Freiräumen zu sehen, die inhaltlich – und dies bedeutet im hier behandelten Kontext: durch künstlerisches Wirken – von den Kunst- und Kulturschaffenden selbständig und unreglementiert ausgefüllt werden können[28].

---

24 So auch *Michael Mihatsch*, S. 31 f.

25 *Peter Häberle*, Die Freiheit der Kunst im Verfassungsstaat, AöR 110 (1985), S. 577 ff. (590 ff., 608); *Friedhelm Hufen*, Die Freiheit der Kunst in staatlichen Institutionen, 1982, S. 180 ff.

26 Zum autonomen Lebensbereich „Kunst" s. o. Kap. 3 II.

27 *Fritz Rittner*, S. 500.

Lenkungswirkungen, die im Kunstbetrieb – und hier vor allem verwirklicht im Kunstmarkt – eintreten mögen[29], gehören nicht zu den primären Zielsetzungen kultureller Förderungspolitik.

Die Betonung des Charakters von Subventionen als typischen mitwirkungsbedürftigen Interventionen des Staates, die im Gegensatz zu Eingriffsakten auf die Kooperation mit den Betroffenen angewiesen sind[30], ist demgegenüber nachdrücklich zu unterstreichen, denn der Erforderlichkeit einvernehmlichen Zusammenwirkens kommt gerade im Bereich der Kultursubventionierung herausragender Stellenwert zu. Durch kooperativ erzielte Absprachen und Durchführungsvereinbarungen kann bereits im Vorfeld der Subventionsgewährung eine effiziente Realisierung des Förderzwecks sichergestellt werden[31].

Entschiedener Widerspruch ist jedoch Versuchen entgegenzusetzen, durch die Berufung auf das Übermaßverbot die Erforderlichkeit und damit die verfassungsrechtliche Zulässigkeit von Forderungsgewährungen am Maßstab von Kosten-Nutzen-Analysen überprüfen und beurteilen zu wollen[32].

Eine solche rein technokratisch orientierte Vorgehensweise kann kulturpolitisch nur in Sackgassen enden.

Die Erfolge von Kulturförderungsmaßnahmen können nicht nach merkantilem, finanziell kalkuliertem Ertrag gemessen und bewertet werden. Ihr Erfolg zahlt sich nicht kurzfristig in konkret bezifferten DM-Beträgen aus, sondern wirkt langfristig im „geistigen Bereich".

Risikoförderung des Neuen, Unbekannten, der avantgardistischen Kunstformen und die Ermutigung zum Experiment sind unverzichtbare Komponenten engagierter und sachgerechter Kulturpolitik.

Auch der in der Literatur zumeist zu eng oder aber allzu konturenlos umrissene und mit unterschiedlichen Inhalten versehene Detailbegriff der „Realförderung"[33] muß spezifisch auf den Alltag der kommunalen Kultur-

---

[28] Dazu *Hilmar Hoffmann*, Kultur für alle, Tb-Ausg. März 1981, S. 29ff., *ders.*; Kultur für morgen, Tb-Ausg. 1986, S. 47ff. (52); *ders.*, Kultur als Lebensform, Tb-Ausg. 1990, S. 13ff., 119ff.

[29] *Lothar Romain*, in: Kunst und Gesellschaft – Bericht über die Tagung der Kulturpolitischen Gesellschaft e.V., 1978, S. 6.

[30] Zum Unterschied gegenüber imperativen Einwirkungen s. z.B. *Olaf Reidt*, Rdnr. 14.

[31] Allgemein zum Subventionszweck s. *Wilfried Berg*, Wirtschaftsverwaltungsrecht, S. 1f.

[32] So allgemein für die Subventionsvergabe: *Manfred Froch/Christoph Gusy*, Das Übermaßverbot als Maßstab staatlicher Subventionsvergabe, VerwArch 1990, S. 512ff. (527ff.).

[33] *Hartmut Maurer*, Rdnr. 6 zu § 17.

arbeit zugeschnitten werden. Für die gemeindliche Kulturförderungspraxis – und hier insbesondere die dörflichen Landgemeinden betreffend – ist die „Realförderung" von großer Wichtigkeit: der Begriff ist nicht nur so weit zu fassen, daß er z. B. auch das Auftreten der Gemeinde als Veranstalter kultureller Ereignisse umfaßt[34]; sondern er ist vor allem auch dahingehend zu erweitern, daß die Unterstützung der Organisation und Durchführung kultureller Ereignisse durch andere Kulturträger (ortsansässige Vereine, Kirchengemeinden, Musik- und Theaterspielgruppen ohne vereinsmäßigen Status, Projektgruppen, Kindergärten etc.) im Ort seitens der Kommunalverwaltung im Wortsinne durch die Gewährung nicht finanzieller „realer" Vorteile bewirkt wird: beispielsweise durch kostenlose (mietfreie) Zurverfügungstellung von Räumen, Plätzen und Einrichtungsgegenständen (Bestuhlung etc.), Zurverfügungstellung von Energie (Strom, Heizung) und Materialien (Baustoffe, Holz aus dem gemeindeeigenen Wald etc.), Hilfe durch Arbeitskräfte (Mitwirkung von Gemeindearbeitern beim Aufstellen von Einrichtungen).[35]

---

[34] *Werner Heinrichs*, Kommunale Kulturpolitik im ländlichen Raum, 1988, S. 32ff., 91ff., 146ff.

[35] S. die Beispiele etwa in: „Spielbusse und Theaterfestivals – Wie kulturelle Interessen Jugendlicher gefördert werden", SZ Nr. 90 v. 19.4.1990, S. 28; über die Zurverfügungstellung von Sachleistungen und Räumen berichtet auch der Artikel „Zuschußrichtlinien für alternative Kultur", Mainpost Würzburg, Nr. 36 v. 13.2.1990, S. 13 (In den von der Stadt Würzburg gemäß dem gesetzlichen Auftrag des Art. 57 Abs. 1 GO erlassenen „Richtlinien zur Förderung kultureller Vereinigungen in Würzburg", die am 1.3.1980 in Kraft getreten sind, bestimmt Ziffer „3. Förderungsmöglichkeiten/3.1. Als Förderungsmöglichkeiten kommen insbesondere in Betracht:/Allgemeine Zuschüsse; Zuschüsse zu Veranstaltungen; Gewährung von Sachleistungen."); ein typisches Beispiel ist auch die kostenlose Zurverfügungstellung des großen Saals der Philharmonie in München für die Veranstaltungen des „Münchner Klaviersommers" durch das städtische Kulturreferat, die mit 15.000,– Mark pro Abend zu Buche schlägt (SZ Nr. 163 v. 19.7.1993, S. 13). Zu verweisen ist außerdem auf die Beispiele in der an der Hochschule für Verwaltungswissenschaften Speyer entstandenen empirische Studie: *Helmut Klages/Peter Schäfer*, Organisation kommunaler Kulturverwaltung, 1983.

Kapitel 3

Die Legitimationsbedürftigkeit öffentlicher Kunst- und Kulturförderung

I. Rechtliche und außerrechtliche Aspekte der Legitimation öffentlicher Kunst- und Kulturförderung (Die Dimensionen der Problematik)

Die kulturfördernde Tätigkeit der öffentlichen Hände[1] bedarf einer besonderen Legitimation[2].

Zu den grundlegenden Problemen des Kunstlebens und der Kulturpolitik zählt die essentielle Frage, wieviel an staatlicher Intervention Kultur überhaupt verträgt, und ob nicht der Staat, um die Unabhängigkeit der Künste zu wahren, auf diesem Gebiet „gar nichts zu organisieren" habe[3].

Die Fragwürdigkeit leistungsstaatlicher Förderungsgewährung an Kulturinstitutionen und Künstler führt unmittelbar in das Zentrum der Kontroversen über das antagonistische Verhältnis zwischen Kunst und Staat.

---

1 Die im Nachfolgenden verwendete und auch in der rechtswissenschaftlichen Literatur anzutreffende Bezeichnung „Staat" (als Kulturförderungsgeber) umgreift in diesem Kontext alle den Bindungen des öffentlichen Rechts unterliegenden kulturfördernden Hoheitsträger und insbesondere als Gesamtstaat die Bundesrepublik Deutschland, die Bundesländer und die Gemeinden; zur Begriffsverwendung s. die Klarstellung z.B. bei *Ulrich Scheuner*, Die Bundesrepublik als Kulturstaat, in: Bitburger Gespräche Jahrbuch 1977–1978, S. 113ff. (116); ebenso *Peter Häberle*, Das Problem des Kulturstaats im Prozeß der deutschen Einigung – Defizite, Versäumnisse, Chancen, Aufgaben, in: JöR 40 (1991/1992), S. 291–499 (348). Dieses Begriffsverständnis ist bereits in der Zeit der Weimarer Republik (Gemeinden, Länder, Deutsches Reich) gebräuchlich gewesen, – s. hierzu *Eugen Schöndienst*, Kulturelle Angelegenheiten – A Theater und Orchester, in: K. Jeserich/H. Pohl/G.-C. Unruh (Hrsg.), Deutsche Verwaltungsgeschichte, Bd. 4. Das Reich als Republik und in der Zeit des Nationalsozialismus, 1985, S. 373ff. (377).

2 Zum spezifischen Legitimationsproblem hoheitlicher Kunstförderung s. *Wolfram Höfling*, Zur hoheitlichen Kunstförderung – Grundrechtliche Direktiven für den „neutralen Kulturstaat" –, DÖV 1985, S. 387ff.; *Werner Heinrichs*, Kulturpolitik und Kulturfinanzierung, 1997, S. 25 weist ebenfalls auf die besondere Begründungsbedürftigkeit der Legitimation der (vor allem kommunalen) Kulturförderung hin.

3 So die dezidierte Aussage in einer polemischen Abrechnung mit der „Ära" des ehemaligen französischen Kulturministers Jack Lang („Zwölf Jahre Vulgarität" im „Figaro Magazine"), zit. nach SZ Nr. 68 v. 23.03.1993, S. 11.

Den spannungsgeladenen Gegensatz beider „Lebenswelten" vermag kaum eine andere Äußerung deutlicher zu illustrieren als etwa die in einem Zeitungsinterview provozierend plakativ formulierten Sätze des früheren Burgtheaterdirektors und heutigen Chefs des Berliner Ensembles (B.E.) Claus Peymann: „Kunst ist immer staatsfeindlich. Es gibt keine Kunst, die den Staat bejaht. Kunst ist immer subversiv."[4]

Aber auch das Verdikt des Schriftstellers Thomas Bernhard, dessen Bühnenstücke Peymann häufig uraufgeführt hat, belegt in beredter Sprache die tiefsitzende Aversion mancher „Protagonisten der Kunst" gegenüber einer (allzu engen) Symbiose zwischen den Lebenssphären des Künstlertums und der Staatlichkeit.

In der für ihn typischen heftigen Anklagerhetorik läßt Thomas Bernhard in der Komödie „Alte Meister" seine Figur Reger künstlerisch und kunsthistorisch bedeutendste, in der Gemäldegalerie des kunsthistorischen Museums zu Wien ausgestellte Werke von Malern mit Weltgeltung verwerfen, weil sie ihm als „Staatsauftragskunst" verachtenswert erscheinen: „Immer wieder nur ein Antlitz, (...) kein Gesicht. Immer wieder nur ein Haupt, kein Kopf. Alles in allem immer nur die Vorderseite ohne die Kehrseite, immer wieder doch nur die Lüge und Verlogenheit ohne die Wirklichkeit und die Wahrheit. Alle diese Maler waren doch nichts als durch und durch verlogene Staatskünstler, die der Gefallsucht ihrer Auftraggeber entsprochen haben ...".[5]

Selbst wenn diese von theatralisch übertreibendem Gestus offenbar nicht freien Zustandsbeschreibungen in die Kategorie der Zerrbilder einzuordnen wären, so bezeichnen sie doch mit mehr als nur einem Korn Wahrheit das Wesen der Beziehung, das von dem Hamburger Kunstgeschichtler Martin Warnke auf die wissenschaftlich-undramatische Formel: „Staat und Kunst sind heute eher oppositionelle Größen"[6] gebracht worden ist.

---

[4] Interview in der Wiener Tageszeitung „Die Presse", zit. nach SZ Nr. 91 v. 20.04.1995, S. 13 (Ebenfalls wiedergegeben in: NK v. 19.04.1995, S. 31).

Claus Peymann, hat seine Theaterphilosophie jüngst in einem Brief an das österreichische Magazin „profil" mit dem Bekenntnis umrissen: „Wir kriegen das Geld vor allem, um Widerstand zu leisten gegen die Mächtigen, gegen die schlechten Sitten, gegen die Korruption, gegen das Verbrechen, gegen den Faschismus, gegen den Antisemitismus." (zit. nach NK v. 15.12.1998, S. 8).

Andrzej Szczypiorski bekannte in seiner Rede „Von der Schlauheit, dem Egoismus und der Verachtung" vor dem Urheberrechtssymposium in Berlin über Medien und Massenkultur (SZ Nr. 59 v. 12.3.1999, S. 16): „Wenn wir eines mit Sicherheit wissen, dann dies, daß jeder Kunstschaffende, zu jeder Zeit, vor jedem Publikum gegen den Strom schwimmen muß, daß er ein Ketzer sein muß, der sich mit dem Rest der Welt duelliert."

[5] *Thomas Bernhard*, Alte Meister – Komödie, Tb.-Ausg. 1988, S. 61f.

Der von Warnke konstatierte und auch weitgehend konsensfähige Befund des status quo stellt sich als das Resultat historischer Wandlungsprozesse dar, in denen die „Lebensrealität“ Kunst allmählich die Gestalt eines autonomen „(Sub-)Systems“ annahm.[7]

Auf dem Weg zu einer „staats- und gesellschaftskritischen“[8] avantgardistischen Moderne[9] sind die markantesten kunst- und sozialgeschichtlichen

---

[6] *Martin Warnke*, Das Bild als Bestätigung, in: Werner Busch (Hrsg.), Funkkolleg Kunst – Eine Geschichte der Kunst im Wandel ihrer Funktionen, Bd. II (Die politische Funktion von Kunst u. a.), 1987, S. 483ff. (S. 492).

Die oppositionelle Position kulminiert – erweitert auf das gesamte gesellschaftliche Leben – in der „Anti-Kunst-Bewegung“ (vgl. hierzu: *Werner Hofmann*, Die Grundlagen der modernen Kunst, 3. Aufl., 1987, S. 388ff. („Künstlerische Anti-Kunst“)) des „Dadaismus“: vgl. etwa *Wieland Herzfelde*, Zur Einführung in die Erste internationale Dada-Messe, abgedr. in: Karl Riha (Hrsg.), Dada Berlin – Texte, Manifeste, Aktionen, 1991, S. 117ff. (S. 119: „An sich ist jedes Erzeugnis dadaistisch, das unbeeinflußt, unbekümmert um öffentliche Instanzen und Wertbegriffe hergestellt wird, sofern der Darstellende illusionsfeindlich, aus dem Bedürfnis heraus arbeitet, die gegenwärtige Welt, die sich offenbar in Auflösung in einer Metamorphose befindet, zersetzend weiterzutreiben.“ (1920)) und noch schärfer *Richard Huelsenbeck*, Dadaistisches Manifest, abgedr. in: Klaus Schuhmann (Hrsg.), sankt ziegensack springt aus dem ei – Texte, Bilder und Dokumente zum Dadaismus, 1991, S. 185ff. (S. 186: „Der Dadaismus steht zum erstenmal dem Leben nicht mehr ästhetisch gegenüber, indem er alle Schlagworte von Ethik, Kultur und Innerlichkeit, die nur Mäntel für schwache Muskeln sind, in seine Bestandteile zerfetzt.“ (1918)).

[7] *Martin Warnke*, Das Bild als Bestätigung, S. 490ff. (vor allem S. 493, 496ff.).

[8] Zu ihrer Entwicklung s. etwa *Walter Koschatzky*, Die Kunst der Karikatur, in: ders. (Hrsg.), Karikatur und Satire – Fünf Jahrhunderte Zeitkritik, 1992, S. 11ff.; zur Herausbildung der Literaturgattung Satire s. *Helmut Arntzen*, Satire in der deutschen Literatur: Geschichte und Theorie, Bd. 1., Vom 12. bis zum 17. Jahrhundert, 1989; s. ferner *Peter Häberle*, Das Grundgesetz der Literaten: der Verfassungsstaat im (Zerr)-Spiegel der Schönen Literatur, 1983, S. 13ff. (Zur literarischen Kritik am Grundgesetz und seiner Verfassungswirklichkeit).

[9] Vertiefend zur Problematik dieses Begriffs: *Hans Belting*, Das Ende der Kunstgeschichte: eine Revision nach zehn Jahren, 1995, S. 139ff. (Kunstwissenschaft und Avantgarde); vgl. auch *Heinrich Klotz*, Kunst im 20. Jahrhundert: Moderne-Postmoderne-Zweite Moderne, 1994, mit der markanten Feststellung zu den höchst komplexen Wechselbeziehungen zwischen Kunst und Leben (S. 27f.): „Die historischen Avantgarde-Bewegungen finden darin ihr konzentriertes Ziel, das im Ästhetizismus des endenden 19. Jahrhunderts autonom gesetzte, von der Lebenspraxis abgehobene Kunstwerk in die Lebenspraxis zu überführen: Moderne heißt, die ästhetische (...) Erfahrung (...) ins Praktische zu wenden. Das was der zweckrationalen Ordnung der bürgerlichen Gesellschaft am meisten widerstreitet, soll zum Organisationsprinzip des Daseins gemacht werden'(Peter Bürger): ‚Kunst ist Leben'“. Damit ist zugleich klargestellt, daß im Sinne der „Entgrenzungsthematik“, die „das zentrale Fortschrittsdogma der Avantgarde war“ (S. 29), die Kunst „ihren Illusionscharakter aufgeben und im Aufbruch der Avantgarde an der Gestaltung des Lebens in der Weise teilhaben (sollte), daß sie nicht länger eine nur von außen einwirkende Position innehatte, sondern selbst Leben wurde.“ (S. 29); s. weiterhin zur populären Er-

Entwicklungsschritte in der Künstleremanzipation seit dem 15. Jahrhundert[10] und in der durchgreifenden Entfremdung zwischen Künstlern und Gesellschaft im 19. und 20. Jahrhundert[11] zu sehen.

Die Entwicklungsprozesse verliefen nicht geradlinig; sie sind vielmehr untrennbar mit dem allmählichen Aufstieg des Bürgertums als künftig tonangebender gesellschaftlicher Macht verwoben.[12] Bürgerliche Kultur avancierte zum Widerpart höfischer Adelskultur.

Der nicht zuletzt durch die Aufklärung in Gang gesetzte und durch Säkularisationsschübe beflügelte „revolutionäre Prozeß der Verbürgerlichung der Künste“ (Thomas Nipperdey)[13] trug maßgeblich zur Selbstbehauptung der Autonomie der Künste und zur Herausbildung des neuen Selbstverständnisses der Künstler als nunmehr „freier Künstler“ bei.[14] Die durch nachrevolutionäre Kriegswirren und napoleonische Feldzüge ausgelösten Umbrüche der europäischen Staaten- und Gesellschaftsgefüge bewirkten zugleich fundamentale Wandlungen der mäzenatischen Rolle der Fürstenhöfe und der Kirche. Das Leitbild des radikal subjektivistisch am Selbstzweck ausgerichteten modernen Künstlertums kollidierte mit der tradierten Stellung und Funktion von Hofkünstlern[15], deren Schaffen auf den Feldern der Baukunst, der bildenden Künste, der Musik und selbst der Literatur fürstliche Reprä-

---

weiterung des Kunstbegriffs *Richard Shusterman*, Kunst leben. Die Ästhetik des Pragmatismus, 1994; zu den Ausprägungen der avantgardistischen Strömungen in Kunst und Literatur nach der Wende des 19. zum 20. Jahrhundert s. *Corona Hepp*, Avantgarde – Moderne Kunst, Kulturkritik und Reformbewegungen, 2. Aufl., 1992.

[10] *Sieghart Ott*, Kunst und Staat – Der Künstler zwischen Freiheit und Zensur, 1968, S. 46ff. und 88. Über den allmählichen Wandel der Beziehungen zwischen Künstler und Auftraggeber s. desweiteren: *Margot* und *Rudolf Wittkower*, Künstler – Außenseiter der Gesellschaft, 1989, S. 33ff. (Vor allem „Auftraggeber aus Handel und Finanz und die Emanzipation der Künstler“ (S. 48ff.)) sowie *Arnold Hauser*, Kunst und Gesellschaft, TB-Ausgabe 1988, S. 118ff. („Die Rolle des Künstlers im Leben der Gesellschaft.“) und S. 153ff. („Die Stellung des Künstlers im Wandel der Geschichte.“); *ders.*, Sozialgeschichte der Kunst und Literatur, Ausgabe 1987, S. 159ff. („Feudalismus und romanischer Stil.“), S. 249ff. („Das Publikum der bürgerlichen und der höfischen Kunst des Quattrocento.“), S. 279ff. („Die gesellschaftliche Stellung des Künstlers in der Renaissance.“), S. 437 („Die Auflösung der höfischen Kunst.“).

[11] Vgl. *Sieghart Ott*, Kunst und Staat, S. 61ff. und 87.

[12] *Wolfgang Ruppert*, Bürgerlicher Wandel. Die Geburt der modernen deutschen Gesellschaft im 18. Jahrhundert, Taschenbuchausgabe 1984, S. 31ff. (insbes. S. 43ff.).

[13] *Thomas Nipperdey*, Wie das Bürgertum die Moderne fand, 1988, S. 48.

[14] *Ders.*, ebd., S. 33f. und S. 44.

[15] S. hierzu die grundlegende Studie von *Martin Warnke*, Hofkünstler. Zur Vorgeschichte des modernen Künstlers, 1985 (insbes.: S. 142ff. („Die Stellung der Künstler am Hofe“) und S. 308ff. („Rückblick im Zorn: Abhängigkeit und Freiheit am Hofe“)).

sentation „demonstrativ zur Steigerung des eigenen Glanzes“[16] eingesetzt hatte.

Die Loslösung aus den Diensten des Staates, das Postulat weitestgehender Unabhängigkeit von gesellschaftlichen Gruppen und Institutionen und die Negation jeder Bevormundung durch die staatliche Obrigkeit, konstituieren die Grundsatzpositionen moderner künstlerischer Selbsteinschätzung.[17]

Das gegenwärtig verbreitete Kulturverständnis betrachtet die Autonomie der Kunst als „unverzichtbaren Bestandteil“.[18]

Daß die Entwicklungswege der abendländischen Kunst bis hin zu unserer Gegenwartsrealität bereits vom Mittelalter ausgehend beschritten worden sind, hat schon der Kunstwissenschaftler Max Dvorák auf eindrückliche

---

[16] *Paul Münch*, Lebensformen in der frühen Neuzeit. 1500 bis 1800, Taschenbuchausgabe 1996, S. 85f.

[17] *Martin Warnke*, o. Fußn. 6, S. 492. Besonders deutlich kommt die Distanz auch in der Haltung der künstlerischen Boheme Münchens (1880–1918) zum Ausdruck, die zwar von der bürgerlichen Gesellschaft finanziell getragen wurde, aber gleichwohl in ihr das „Angriffsobjekt“ sah und ihr zugleich die Gewährung des Freiraums für provokatorische Abweichung abverlangte (Vgl. hierzu: *Elisabeth Kleemann*, Zwischen symbolischer Rebellion und politischer Revolution – Studien zur deutschen Boheme zwischen Kaiserreich und Weimarer Republik, 1985, S. 27 und 243). – Den wohl radikalsten Standpunkt eines bis ins Extreme gesteigerten, von der Gesellschaft und vom Staat und seinen Institutionen emanzipierten Künstlertums vertrat der „Erzbohemien“, anarchistische Poet und Schulfreund Gustav Radbruchs, *Erich Mühsam*, der mit seinem in Karl Kraus' legendärer Zeitschrift „Die Fackel“ publizierten Aufsatz „Der Künstler im ‚Zukunftsstaat'“ zugleich ein wichtiges Dokument des künstlerischen Selbstverständnisses aus der Blütezeit der „Boheme-Bewegung“ (in den wichtigsten deutschsprachigen Zentren Berlin, München und Wien) geliefert hat: S. 16f. („Alle staatlichen Gemeinschaften werden aufgrund ethischer Übereinkommen geschlossen. (...) ... jede Gesellschaftsordnung ist auf ethischen Prinzipien aufgebaut, und jedes Tun innerhalb der Rechtsgrenzen einer bestehenden oder zugunsten einer neu zu errichtenden Gesellschaftsordnung wird von ethischen Prinzipien geleitet. Ebenso wird jede Handlung aller Menschen von der ethisch erzogenen und ethisch handelnden und denkenden Masse von ethischen Prinzipien aus beurteilt.

Hier liegt die entscheidende Differenz zwischen Masse und Künstlern. Das Kennzeichen des Künstlers ist nämlich sein von Grund aus unethischer Charakter. Seine Handlungen, die Betätigungen seines Wesens, haben keinen ethischen, keinen Nutzzweck, sondern sind Selbstzweck. Jede Äußerung seines Wesens, sei sie eine künstlerische Produktion, sei sie ein Ausspruch oder eine irgendwie geartete Tat, geschieht ohne Einwirkung ethischer Tendenzen, ist ein persönlicher Stimmungsakt.“); S. 18 („Daß die Organisation eines zentralistischen, demokratischen Staatsgebildes aus ethischen Gründen die Künstlerschaft gar nicht berücksichtigen kann, versteht sich daher von selbst. (...) Der Künstler wird durch alle diese Umstände naturgemäß in eine jeder Gesellschaftsordnung feindselige Stellung gedrängt.“).

[18] *Martin Warnke*, Das Bild als Bestätigung, S. 497.

Weise beschrieben: „Zu den zwei Welten, die das menschliche Wollen, Fühlen und Denken im Mittelalter beherrschten, zu der Welt des begrenzten Diesseits und des ewigen Jenseits, gesellte sich eine dritte, die der künstlerischen Konzeption, welche ihren eigenen Gesetzen folgte, ihre Aufgaben, Ziele, Maßstäbe in sich selbst fand und die, während im Mittelalter dem dichterischen Berufe Kleriker oder Bänkelsänger oblegen sind, nunmehr den Dichter zum Vater und Autor erhoben und ihm einen Adel verliehen hat, der nicht geringer war als jener, den der Staat oder die Kirche bieten konnten. Auch in der Kunst hat sich diese Wandlung vollzogen."[19]

II. Der Bereich von Kunst und Kultur als vom Grundgesetz anerkannter autonomer Lebens- und Sachbereich

Nach Maßgabe des Grundgesetzes ist das Kunst- und Kulturleben in der Bundesrepublik Deutschland als ein autonomer Lebens- und Sachbereich[20] geschützt, dessen spezifische Eigenständigkeit und Eigengesetzlichkeit der Staat zu achten hat[21]. Nicht ohne ein gewisses Pathos hat Gottfried Benn die Einsicht in die autochtone Gesetzlichkeit der Kunst in den 30-er Jahren auf die Formel gebracht: „... die Kunst bleibt für sich die einsame hohe Welt. Sie bleibt eigengesetzlich und drückt nichts als sich selber aus."[22]

---

[19] *Max Dvorák*, Idealismus und Naturalismus in der gotischen Skulptur und Malerei (1918 erstveröffentlicht), in: *ders.*, Studien zur Kunstgeschichte, 2. Aufl., 1992, S. 160ff. (242f.).

[20] *Klaus Stern*, Das Staatsrecht der Bundesrepublik Deutschland, Bd. III/1, 1988, S. 884; *Rupert Scholz*, in: Maunz/Dürig/Herzog/Scholz, Grundgesetz-Kommentar, Loseblattsammlung – Stand 36. Erg.-Lfg. Okt. 1999, Rdnr. 2 zu Art. 5 Abs. 3; *Peter Häberle*, Die Freiheit der Kunst im Verfassungsstaat, AöR 110 (1985), S. 577ff. (S. 607f.); *Joachim Würkner*, Das Bundesverfassungsgericht und die Freiheit der Kunst, 1994, S. 128ff.; *Ingolf Pernice*, in: H. Dreier (Hrsg.), Grundgesetz-Kommentar, Bd. 1, 1996, Art. 5 Abs. III (Freiheit der Kunst) Rdnr. 1.

[21] BVerfGE 30, 173 (190): „..., die auf der Eigengesetzlichkeit der Kunst beruhenden, von ästhetischen Rücksichten bestimmten Prozesse, Verhaltensweisen und Entscheidungen (sind) von jeglicher Ingerenz öffentlicher Gewalt freizuhalten. Die Art und Weise, in der der Künstler der Wirklichkeit begegnet und die Vorgänge gestaltet, die er in dieser Begegnung erfährt, darf ihm nicht vorgeschrieben werden, wenn der künstlerische Schaffensprozeß sich frei soll entwickeln können."

Josef Beuys, Kunst und Staat, in: Bitburger Gespräche Jahrbuch 1977–1978, S. 135ff. (S. 137), schließt aus dem „erweiterten Kunstbegriff, „in dem die Frage nach dem Freiheitswesen des Menschen im Mittelpunkt steht", daß mit diesem „nichts Unwirklicheres ausgesprochen" wird, „als das, was heute in jedem einzelnen lebendige Wirklichkeit ist: selbst formen zu wollen im Sinne der Selbstbestimmung, eine Intention, in der das Formprinzip Kunst wirksam ist, selbstverantwortlich handelnd, Entfremdung aufhebend, arbeiten zu wollen. Organisatorisch heißt das Selbstverwaltung."

[22] *Gottfried Benn*, Dorische Welt – Eine Untersuchung über die Beziehung von Kunst und Macht (1934), in: Deutsche Essays – Prosa aus zwei Jahrhunderten

Eine mit dieser Sichtweise künstlerischer Freiheitsräume aufs engste verwandte Auffassung formulierte der russische Filmregisseur Andrej Tarkowskij in seinen erstmals 1984 publizierten „Gedanken zur Kunst, zur Ästhetik und Poetik des Films" – „Die versiegelte Zeit" – sprachlich unprätentiös, aber darum nicht weniger eindringlich: „Jeder Künstler wird von seinen ureigenen Gesetzen bestimmt, die für einen anderen Künstler völlig unverbindlich sind."[23]

Der Eigenlogik des Ästhetischen erkennen auch Stimmen in der Kunsttheorie den „Stand einer Rationalität eigenen Rechts" zu.[24]

Die verfassungsrechtliche Absicherung des prinzipiellen Gebots der Staatsfreiheit[25] von Kunst und Kultur findet sich in der objektivrechtlichen Schutzdimension[26] der grundrechtlich verankerten Kunstfreiheitsgarantie des Art. 5 Abs. 3 Satz 1 GG. Der für das kulturverfassungsrechtliche Gefüge des Grundgesetzes wegen der Gesamtheit seiner Garantiefunktionen zentralen[27] Vorschrift des Art. 5 Abs. 3 GG wird eine objektive Grundsatznorm entnommen, durch die das Verhältnis zwischen den Sphären der Kunst und des Staates eine grundlegende Regelung erfahren hat[28]. Aus ihr

---

(Ausgewählt von Ludwig Rohner), Bd. 6: Neuere deutsche Essays III, 1972, S. 7ff. (27).

[23] *Andrej Tarkowskij*, Die versiegelte Zeit, 2. Aufl. 1986, S. 41; – zu den bedeutendsten Filmen, die Tarkowskijs Ruhm auch im Westen begründeten, gehören „Andrej Rubljow", „Solaris", „Stalker", „Nostalghia" und „Opfer".

[24] *Karlheinz Stierle*, Ästhetische Rationalität. Kunstwerk und Werkbegriff. 1998 (wörtlich zit. nach Ludger Heidbrink, SZ Nr. 168 v. 24.7.1998, S. 12 (Buchbespr.)).

[25] *Klaus Stern*, S. 884 und S. 887 („Die Kunst und andere Kulturbereiche bleiben im grundsätzlich staatsfreien Raum, in dem Freiheit und Schöpferelan des Individuums dominieren."); s. auch *Udo Steiner*, Kulturauftrag im staatlichen Gemeinwesen, VVDStRL 42 (1984), S. 7ff. (S. 12: „Kulturelle Leistungen, vor allem in Wissenschaft und Kunst, sind ein geistig-schöpferischer, in der Substanz privatindividueller Vorgang.").

[26] *Rupert Scholz*, Rdnr. 5; *Peter Häberle*, Die Freiheit der Kunst, ebd. und S. 581ff. („Tatbestandliche Schutzbereiche und Schutzdimensionen") sowie S. 605ff. („Die fünf Schutzrichtungen ..."); *Joachim Würkner*, Das Bundesverfassungsgericht und die Freiheit der Kunst, S. 128 (zur „Multidimensionalität" bzw. „Multifunktionalität" der Grundrechtsverbürgungen) und S. 129 (Hinweis auf den Rekurs auf die Statuslehre von Georg Jellinek).

Zum Paradigma einer Theorie abstrakter Gesamtpositionen der Grundrechte (Statustheorie i.S.v. Georg Jellinek) vertiefend: *Robert Alexy*, Theorie der Grundrechte, 2. Aufl. 1994, S. 229ff. (S. 229: „Grundrecht und Status" („Das Grundrecht als Ganzes ist (...) ein Bündel von Positionen unterschiedlichen Inhalts und unterschiedlicher Struktur.")).

[27] *Rupert Scholz*, Rdnr. 7.

[28] Zur „Doppelbedeutung der Grundrechtsbestimmungen" (Objektive Grundrechtsgehalte und subjektivrechtliche Abwehrfunktion) s. auch: *Klaus Stern*, o. Fußn. 1, S. 900ff.; *Robert Alexy*, Grundrechte als subjektive Rechte und als objektive

resultiert, daß die Ausübung künstlerischer Betätigungen freizuhalten ist von „jeglicher Ingerenz der öffentlichen Gewalt“[29]. Pointiert faßt Scheuner dies in der Bemerkung zusammen: „Der Staat ist nicht Herr des Kulturlebens, das einen in sich autonomen Bereich darstellt.“[30]

Vor dem Hintergrund der von Künstlern postulierten und juristisch durch das Verfassungsrecht umfassend garantierten Kunst- und Kulturautonomie erweist sich, über die klassisch freiheitsbeschränkenden Eingriffsakte[31] staatlicher Hoheitsgewalt in den Schutzbereich der Kunstfreiheit – die den typischen Gegenstand der Geltendmachung der subjektiv-rechtlichen Abwehrdimension der grundrechtlichen Freiheitsverbürgung durch den Grundrechtsträger verkörpern – hinaus, auch jede andere Form des Hineinwirkens öffentlich-rechtlich gebundener Hoheitsträger in den „gesellschaftlich-realen Lebenssachverhalt“[32] Kunst als in besonderem Maße legitimations- und begründungsbedürftig.

Der Staat, der für sich das Recht in Anspruch nimmt, den Kulturbereich zu beeinflussen, unterliegt der Begründungspflicht auch in der Rolle des kunst- und kultursubventionierenden Mäzens.

Dies gilt namentlich für die dem Staat zuerkannte Kulturgestaltungsmacht[33], die bereits von der Begrifflichkeit her der öffentlichen Gewalt

---

Normen, Der Staat 29 (1990), S. 49 und *Peter Häberle*, Die Wesensgehaltgarantie des Art. 19 Abs. 2 GG, 3. Aufl. 1983, S. 124f.

29 BVerfG, o. Fußn. 21.

30 *Ulrich Scheuner*, Die Bundesrepublik als Kulturstaat, in: Bitburger Gespräche Jahrbuch 1977–1978, S. 113ff. (S. 132).

31 Gemeint sind hier vor allem Zensurmaßnahmen, strafrechtliche Ahndungen, Beschlagnahmeverfügungen, öffentlich-rechtliche Verbotsverfügungen, zivilrechtliche Unterlassungsverpflichtungen etc., s. etwa: *Joachim Würkner*, Das Bundesverfassungsgericht und die Freiheit der Kunst, S. 19ff. (zur (Theater-)Zensur); *ders.*, Freiheit der Kunst, Persönlichkeitsrecht und Menschenwürdegarantie, ZUM 1988, S. 171ff.; *Harro Otto*, Strafrechtlicher Ehrenschutz und Kunstfreiheit der Literatur, NJW 1986, S. 1206ff.; *Sieghart Ott*, Versammlungsfreiheit contra Kunstfreiheit?, NJW 1981, S. 2397ff.

32 *Rupert Scholz*, Rdnr. 3 (S. 100 a).

33 *Ernst Rudolf Huber*, Zur Problematik des Kulturstaates (1958), abgedr. in: Peter Häberle (Hrsg.), Kulturstaatlichkeit und Kulturverfassungsrecht, 1982, S. 122–145 (S. 130ff.) – speziell zum Ansatz Hubers: *Max-Emanuel Geis*, Kulturstaat und kulturelle Freiheit, 1990, S. 74ff.; die Anerkennung einer im gegebenen Kompetenzrahmen wahrgenommenen Kulturgestaltungsmacht auch bei: *Peter Häberle*, Das Kulturverfassungsrecht der Bundesrepublik Deutschland, in: N. Hinske/H. Schröder (Hrsg.), Kunst und Macht, 1991, S. 31–49 (S. 36). Vgl. ferner *Hilmar Hoffmann*, Kultur für morgen, TB-Ausg. 1986, S. 191ff. („Die Gestaltungsaufgabe des Kulturpolitikers.“).

Besonders charakteristisch erscheint in diesem Zusammenhang die von *Hermann Glaser*, Kommunale Kulturpolitik, in: Hellmut Wollmann/Roland Roth (Hrsg.), Kommunalpolitik, 2. Aufl. 1998, S. 676ff. (676) nachgewiesene Begriffsbildung

gegenüber den Rechtssubjekten des Kulturlebens eine übergeordnete Direktionsbefugnis zu verleihen scheint.

Dieser Ansatz ist insbesondere auch auf die Auffassung zu übertragen, daß dem Geber öffentlicher Zuwendungen im Kultursubventionsbereich weitreichende Einflußnahme auf den Subventionsnehmer gestattet sein soll, die gleichfalls unter Berufung auf eine kulturelle und kulturpolitische Entscheidungsmacht des Staates vertreten wird[34].

Darüber hinaus ist das spezifische Legitimationsverlangen auf das seit geraumer Zeit – auch für kulturfördernde Maßnahmen – anerkannte Faktum zu stützen, daß mit leistungsgewährenden Interventionen der öffentlichen Hände notwendigerweise stets zielgerichtete Lenkungsfunktionen (oder zumindest als Nebenfolgen in Kauf genommene mittelbare Lenkungseffekte) auf den Förderungssektor einhergehen.[35]

III. Die Bedeutung der außerjuristischen Standpunkte im Lebensbereich der Kunst für die verfassungsrechtlichen Legitimationsgrundlagen

Bei der Prüfung der für erforderlich erachteten besonderen verfassungsrechtlichen Legitimationsgrundlagen ist es zunächst geboten, das „Für und Wider" der im außerjuristischen Lebensbereich der Kunst und der Kulturpolitik behaupteten Standpunkte und Argumente über Sinn, Zweck und

---

und Definition von „Kulturpolizei", die in Anlehnung an das traditionelle Begriffsverständnis von Polizei, als der die Sicherheit und die Wohlfahrt der Bürger befördernden Tätigkeit der Verwaltung (bzw. der Obrigkeit) verwendet wurde; *Glaser* zitiert die Staatslehre von *K.H.L. Poelitz* aus dem Jahr 1808 mit der bemerkenswerten Definition, daß unter „Kulturpolizei" der „Inbegriff aller der Anstalten der Polizei", zu verstehen sei, „wodurch die Kultur der Staatsbürger nach ihrem ganzen Umfange begründet, befördert, erhalten und erhöht wird.".

[34] Z.B. *Ulrich Scheuner*, Die Bundesrepublik als Kulturstaat, S. 132 („... aus dem Prinzip der Freiheit läßt sich nicht das Gebot der Standpunktlosigkeit der Förderung und der staatlichen Kulturpolitik ziehen. Der Staat kann durch seine Organe, die Kulturpflege betreiben, auch eine Stellungnahme beziehen, um so mehr dort, wo er seinen Organen dezentralisierte Entscheidungsmacht austeilt. Der Künstler, der staatliche Aufträge entgegennimmt, muß sich auch Bindungen unterwerfen und kann sich demgegenüber nicht auf eine gewährleistete Freiheit berufen.").

[35] *Wilhelm Nordemann*, Kunst und Subvention, FS Werner Weber zum 70. Geb., 1974, S. 217ff. (S. 218f.: Die „Lenkungsfunktion der Subvention führt in der Maximierung zur Ausschaltung des nichtbegünstigten Staatsbürgers: Seine Wettbewerbsfähigkeit im Verhältnis zu dem oder den Begünstigten wird derart beeinträchtigt, daß er nicht mehr existenzfähig ist."). *Otmar Jung*, Die Entwicklung des Kulturstaatsbegriffs, 1973, S. 111 sieht in der „evidenten Tatsache, daß Kunstförderung wegen der – nahezu a priori – unzureichenden Mittel nur in Auswahl betrieben werden kann" einen „steuernde(n) Eingriff sui generis.".

Berechtigung öffentlicher Förderungsleistungen zu analysieren und zu würdigen.

Dieses Berücksichtigungsgebot folgt aus Art. 5 Abs.3 Satz 1 GG: Das wandlungs- und entwicklungsfähige Wesen der Kunst ist maßgeblich außerrechtlich[36] determiniert. Allein die gründliche Kenntnis und Beachtung des Diskussionsstandes zwischen den im außerjuristischen Diskurs eingenommenen Streitpositionen ermöglicht die für die Themenbearbeitung unerlässlichen wohlaustarierten Gewichtungen der einzelnen Begründungsmuster und läßt die Bewertung ihrer Relevanz für die juristisch zu erörternden Legitimationsgrundlagen des Verfassungsrechts zu.

Nur eine methodische Vorgehensweise, die der von Verfassungs wegen zu wahrenden Eigengesetzlichkeit hinreichend Rechnung trägt, vermag eine Gesamtbeurteilung der im Zusammenhang mit dem Förderungsgegenstandsbereich stehenden Rechtsfragen zu leisten. Sie ist die entscheidende Voraussetzung dafür, daß inhaltlich stimmige, sachlich aussagekräftige und sachgerecht ausgestaltete juristische Begriffe, Rechtsinstitute und Regelungsmodelle gewonnen werden können, die imstande sind, sich in der Anwendungspraxis auf dem überaus sensiblen und rechtlichen Regelungen von vornherein nur schwer zugänglichen[37] Kultursektor zu bewähren und bei Norm- und Regelungsadressaten Akzeptanz zu finden.

IV. Einzelne Anknüpfungspunkte für kritische außerjuristische Einstellungen gegenüber staatlicher Kunst- und Kulturförderung

Der Sphäre der außerjuristischen – „rechtsexogenen"[38] – Lebensrealität entstammen zahlreiche heterogene Anknüpfungspunkte für kritische Einstellungen gegenüber staatlichen Kunst- und Kulturförderungsaktivitäten, die nach der hier vertretenen Auffassung einen besonders qualifizierten verfassungsrechtlichen Begründungszwang herstellen: Ihr Spektrum reicht von partiellen, die Subventionsgewährung gegenwärtiger Förderungspraxis im Ergebnis nicht ausschließenden Vorbehalten, bis hin zu kategorisch formulierten negierenden Einwendungen gegenüber jeder Form öffentlicher Einflußnahme auf künstlerisch-kulturelle Entwicklungsprozesse. Exemplari-

---

[36] *Rupert Scholz*, Rdnr. 15; s. auch *Thomas Oppermann*, Kulturverwaltungsrecht, 1969, S. 119f. (zu den engen Grenzen „der Verrechtlichung des Kunstbereiches als einer ‚anti-institutionellen Eigensphäre' (Hans Mayer).") und *Peter Häberle*, Das Problem des Kulturstaates im Prozeß der deutschen Einigung, JöR 40 (1991/1992), S. 291ff.

[37] *Thomas Oppermann*, Ergänzung des Grundgesetzes um eine Kultur(Staats)-Klausel?, FS Otto Bachof zum 70. Geb., 1984, S. 3–19 (S. 8).

[38] *Herbert Bethge*, in: M. Sachs (Hrsg.), Grundgesetz-Kommentar, 2. Aufl. 1999, Rdnr. 182 zu Art. 5 spricht vom „rechtsexogene(n) Phänomen der Kunst."

sche Bedeutung besitzen vor allem die folgenden Bereiche der Lebenswirklichkeit:

1. Das traditionell liberale Staats-, Politik- und Kulturverständnis als Grund staatlicher Abstinenz auf dem Gebiet der Kulturförderung (Insbesondere: Das Beispiel der USA und Großbritanniens)

Kennzeichnend für die kulturpolitischen Rahmenbedingungen geschichtlich traditionell im Geiste individualistisch-liberaler Grundhaltungen geprägter demokratischer Staaten des Westens – etwa der Vereinigten Staaten Nordamerikas und des Vereinigten Königreichs Großbritannien[39] – ist eine auffallende Abstinenz des Staates auf dem Gebiet der öffentlichen Kulturförderung[40].

a) Kulturpolitische Grundprinzipien in den USA

Es widerspricht der vor allem in den USA nach wie vor als fundamental betrachteten strikten Trennung von Staat und Individuum, das staatliche Gemeinwesen[41] für Institutionen und Leistungen in die Verantwortung zu nehmen, die letztlich nur einem Teil der Staatsbürger zugute kommen. Übertragen auf das Kunst- und Kulturleben bedeutet dieser Grundsatz überspitzt: „Wer Kunst haben will, soll auch selber dafür bezahlen."[42]

---

[39] *Udo Steiner*, Kulturpflege, HdbdStR, Bd. III, 1988, S. 1235ff., Rdnr. 2. *Werner Heinrichs*, Kulturpolitik und Kulturfinanzierung, 1997, S. 73ff. analysiert ausführlich die „Kulturpolitik und Kulturfinanzierung im internationalen Vergleich" (Frankreich, Schweden, Deutschland – Großbritannien, USA) – S. 123ff. („Strukturen des Kulturbetriebs" in Großbritannien), S. 141ff. („Strukturen des Kulturbetriebs" in den USA).

[40] *Werner Heinrichs*, o. Fußn. 39, S. 75; S. 158 stellt heraus, daß die in den anglo-amerikanischen Ländern vorherrschende private Kulturförderung dem Prinzip des ökonomischen Liberalismus verpflichtet ist. Informativ: *H. J. Herbort*, Ist das Gras in Cleveland grüner?, Die Zeit Nr. 13 v. 22.3.1996, S. 49f.; s. auch *Jost Hermand*, Statement: Zu Dimensionen, Defiziten und Wirkungen der Kulturpolitik der Nachkriegszeit (Podiumsdiskussion), in: Deutscher Kulturrat (Hrsg.), Nach vierzig Jahren – ein bißchen weise? – Protokolle des kulturpolitischen Kongresses 1989, 1991, S. 51f. Zur restriktiven Kulturpolitik in der „Ära Thatcher" s. SZ Nr. 33 v. 9.2.1996, S. 12 (Gespr. mit Michael Bogdanov); ferner: *B. Müller-Ullrich*, Das Volk will Brahms, Die Zeit Nr. 14 v. 1.4.1994, S. 52 (Zum britischen Kulturbetrieb).

[41] *Werner Heinrichs*, Kulturpolitik und Kulturfinanzierung, S. 116 (zu den angelsächsischen Denktraditionen des klassischen Liberalismus und seiner Maxime der Nichteinmischung des Staates in ökonomische Angelegenheiten). Anschaulich: *H. J. Herbort*, o. Fußn. 40, S. 50 (Das Prinzip lautet: „Jeder für sich – und der Staat nur für uns alle." – Keine Förderung partikularer kultureller Interessen!).

[42] *H. J. Herbort*, o. Fußn. 40, S. 49.

Konsequenterweise wird die Ermöglichung der sogenannten „E-Kultur" häufig nicht als staatliche Verpflichtung, sondern lediglich als privatwirtschaftliches Angebot verstanden, das den ökonomischen Maximen der Kosten-Nutzen-Rechnung unterliegt[43].

Eine Kulturpolitik, die dem traditionellen kulturpolitischen Vorbild der Niederlande oder skandinavischer Staaten[44] entspricht, die in Übereinstimmung mit dem deutschen Begriffsverständnis vorrangig auf staatlich getragene Förderungsverantwortung setzen, wird in den USA weder auf der öffentlich-rechtlichen noch auf der Ebene der Parteien betrieben.

Daß selbst die renommiertesten Einrichtungen des Musiklebens der Vereinigten Staaten „nicht nur ihre Gründung, sondern ihre dauerhafte Existenz einzig und allein ... der eigenverantwortlichen Privatinitiative" verdanken, entspricht in prototypischer Weise dem „amerikanischen System" des Lebensbereiches Kultur[45].

Den Stellenwert staatlichen Engagements veranschaulichen im Hinblick auf die Förderungsgesamtsituation zwei Finanzdaten:

Die wichtigste staatliche Kulturstiftung der USA, das 1965 gegründete „National Endowment for the Arts" (NEA)[46] wies im Jahr 1995 dem Kunstbereich insgesamt nur einen Betrag von wenig unter 170 Millionen Dollar[47] zu (Gesamtvolumen der kulturellen Stiftungen der US-Bundesbürokratie 1995: 334 Mio. Dollar; 1996: 209,5 Mio. Dollar), und damit lediglich 0,1 Promille des gesamten Bundesetats.

Jüngeren Presseverlautbarungen zufolge droht nach weiteren Kürzungen im Jahr 1997 die Summe, die die Regierung in Washington künftig pro amerikanischem Bundesbürger ausgeben darf, auf ganze 88 cents zusammenzuschrumpfen[48].

---

[43] *Jost Hermand*, o. Fußn. 40, S. 51 f. (S. 52: Pointierte Gegenüberstellung: „In den USA weiß kaum jemand wer John Cage ist; in Darmstadt und Donaueschingen ist er dagegen eine Größe erster Ordnung.").

[44] *Karla Fohrbeck*, Kulturfinanzierung – Ein internationales Dilemma, in: Kulturpolitische Gesellschaft (Hrsg.), Was ist uns die Kultur wert? – Jahrestagung 1980, o.J., S. 17 ff. (S. 19).

[45] *Jost Hermand*, o. Fußn. 40, S. 51; s. auch *Werner Heinrichs*, Kulturpolitik und Kulturfinanzierung, S. 158 allgemein zur Erzielung von Wohlstand aufgrund privater Initiative.

[46] Darstellung dieser Institution bei *Werner Heinrichs*, Kulturpolitik und Kulturfinanzierung, S. 139 und 141 ff.

[47] *H. J. Herbort*, o. Fußn. 40, S. 49.

[48] *H. J. Herbort*, o. Fußn. 40, S. 50; *Vera Graaf*, Anstand geht vor Freizügigkeit – Die Republikaner in den USA und die Förderung der Künste, SZ Nr. 6 v. 9.1.1995, S. 9.

Daß italienischen Künstlern „staatliche Förderungsmaßnahmen äußerst verdächtig" sind, Bedenken gegenüber den Hauptträgern der italienischen Kunstförderung - privaten Mäzenen und Wirtschaftsstiftungen - von ihnen indessen kaum gehegt werden,[49] sei ergänzend angemerkt: Herkömmlicherweise vorherrschende, auf politischer Mentalität gründende Einstellungen gegenüber staatlicher Obrigkeit wirken hier fort.[50]

b) Inkurs: Kunstförderung unter dem Aspekt der Anschauungen des „bürgerlichen Liberalismus"

Die auch in der Bundesrepublik Deutschland erhobene Forderung nach völliger Staatsfreiheit der Kunst[51], der Standpunkt eines „laissez-faire" des Staates gegenüber dem Kunstleben, der in seiner rigorosen Ausprägung jede öffentliche Förderung der Künste als unzulässig ablehnt, gründet auf der staatstheoretischen Gedankenwelt des bürgerlichen Liberalismus[52].

Die von diesem vertretene strenge Dichotomie[53] einer radikalen Trennung zwischen Gesellschaft und Staat kommt charakteristisch in dem Diktum Wilhelm von Humboldts über die „Grenzen der Wirksamkeit des Staats" zum Ausdruck, welches postuliert: „Der Staat enthalte sich aller Sorgfalt für den positiven Wohlstand der Bürger, und gehe keinen Schritt weiter, als zu ihrer Sicherstellung gegen sich selbst und gegen auswärtige Feinde notwendig ist ...".[54]

Auf dem Sektor der Kulturpolitik kann die Dichotomie auf den Nenner gebracht werden: Staatliche Kulturförderung/Staatliche Lenkung versus Private Kulturförderung/Sich selbst regulierender Kulturmarkt.[55]

---

[49] S. *Karla Fohrbeck*, S. 18.

[50] *Karla Fohrbeck*, ebd., betont, daß „deutsche Künstler dagegen (...) staatliches Geld für ‚sauber'(halten), privates dagegen eher für suspekt".

[51] *Frieder Schäuble*, Rechtsprobleme der staatlichen Kunstförderung, 1965, S. 43.

[52] *Wolfgang Stiller*, Kunstfreiheit und Gleichheitsgebot bei staatlicher Kunstförderung, UFITA 60 (1971), S. 171ff. (172); s. auch S. 173 (*Stiller* erteilt dem liberalistischen „laissez-faire", in dessen Folge der Staat sich aus seiner Rolle als Kunstmäzen zu verabschieden habe, eine entschiedene Absage.). Vgl. hierzu auch: *Wolfgang Knies*, Schranken der Kunstfreiheit als verfassungsrechtliches Problem, 1967, S. 206 (Knies hält diese Vorstellungswelt („polemische Entgegensetzung von Staat und Gesellschaft") für überholt.). Grundsätzliches s.: *Lothar Gall*, Liberalismus und „bürgerliche Gesellschaft", in: ders. (Hrsg.), Liberalismus, 3. Aufl. 1985, S. 162ff.

[53] Vgl. *Hans-Peter Waldrich*, Der Staat - Das deutsche Staatsdenken seit dem 18. Jahrhundert, 2. Aufl. 1973, S. 17.

[54] *Wilhelm von Humboldt*, Idee zu einem Versuch, die Grenzen der Wirksamkeit des Staats zu bestimmen (1851), auszugsweise abgedr. bei *Hans-Peter Waldrich*, S. 66–68 (Zitat auf S. 67).

[55] *Werner Heinrichs*, Kulturpolitik und Kulturfinanzierung, S. 75.

Daß der Staat aus der Aufgabenwahrnehmung im Bereich des sozialen und kulturellen Lebens in der Tradition des ökonomischen Liberalismus[56] verbannt werden und die einseitige Betonung der Eigenverantwortung der Individuen im Hinblick auf das Tragen und Absichern von Lebensrisiken die Gesellschaftsrealität bestimmen sollte, schien in den siebziger und achtziger Jahren des zwanzigsten Jahrhunderts überwunden.[57]

Indessen verstärken sich in jüngster Zeit mächtige Tendenzen politischer Gegenläufigkeit. Schlagworte wie Globalisierungszwänge, Finanzkrise (des Staates) und Privatisierung, Verschlankung (der staatlichen Institutionen und Aufgaben), die schließlich zu einer „Ökonomisierung aller Lebensbereiche" (F. Hengsbach) zu führen drohen, markieren den Trend.

Die Kursbestimmung des (partei-)politischen Liberalismus vollzieht gegenwärtig einen Richtungswechsel, der sich aus sozial-liberaler Orientierung (i. w. S., die auch die kulturelle Verantwortlichkeit umfaßt) löst, und – den Verlautbarungen maßgeblicher Parteigremien und prominenter Parteifunktionäre zufolge – die individualistische Eigenverantwortlichkeit als „Dreh- und Angelpunkt" gesellschaftlicher Realität (wieder) in den Vordergrund schiebt[58].

Angesichts der auf allen Ebenen staatlicher Tätigkeiten dramatisch zugespitzten Sparzwänge der öffentlichen Hände in der Bundesrepublik Deutschland ist ein Rückgriff auf Argumentationsfiguren aus dem Arsenal liberalistischer Positionen zu beobachten: Der Rückzug des Staates aus Teilbereichen der Kulturförderung wird eingefordert, indem die Kulturarbeit aus dem ihm zustehenden Kompetenzbereich ausgeschieden bzw. zur Disposition gestellt wird.[59]

---

56 *Werner Heinrichs*, Kulturpolitik und Kulturfinanzierung, S. 116 und 158.

57 Besonders deutlich kam die Hinwendung des politischen Liberalismus zur Verpflichtung zu sozialer Verantwortung in den maßgeblich vom damaligen Generalsekretär Karl-Hermann Flach und von dem Rechtsphilosophen Werner Maihofer beeinflußten „Freiburger Thesen" (1971) der F.D.P. zum Tragen; vgl. hierzu *Karl Dietrich Bracher*, Vom Machtwechsel zur Wende, in: ders. u.a. (Hrsg.), Die Geschichte der Bundesrepublik Deutschland, Bd. 5. Republik im Wandel, I. Die Ära Brandt: 1969–1974, 1986, S. 44 ff.

58 Vgl. z. B. *Guido Westerwelle*, Vorwort: Wiesbadener Grundsätze – Für die liberale Bürgergesellschaft – beschlossen auf dem 48. Ord. Bundesparteitag der F.D.P. am 24. Mai 1997, S. I. ff. sowie die programmatischen Verlautbarungen dieser 58 Seiten umfassenden „Kursbestimmung" des „modernen Liberalismus" (S. 59).

59 S. z. B.: *Verena Auffermann*, Betteln ist sein Zweitberuf – Museumsdirektor Jean-Christophe Amman beim Wettrennen um Geld für die Kultur, SZ Nr. 288 v. 15.12.1994, S. 13; *Walter Grasskamp*, Zeit des Klinkenputzens – Die Schwindsucht der Kulturetats und die Macht der Sponsoren, Die Zeit Nr. 11 v. 8.3.1996, S. 51; *Alexander Böker*, Kulturszene zittert vor Hummels Rotstift, SZ Nr. 235 v. 11.10.1996, S. 36 (Rückzug des Kulturreferats aus der Jugendarbeit); *Ulrich Greiner*, Schrott der Avantgarde – Eine Polemik wider den Subventionskulturbetrieb,

So steht in allernächster Zukunft zu erwarten, daß die (partei-)politischen Debatten über die kulturpolitischen Verantwortlichkeiten der öffentlich-rechtlichen Hoheitsträger und die Legitimation des Staates zur Aufgabenwahrnehmung, d.h. zur Ausgabe öffentlicher Gelder zum Zwecke der Kunst- und Kulturförderung, neue Brisanz und Schubkraft erhalten werden.

Dies ist nicht zuletzt auch auf die Liberalisierung des Kulturbegriffs, die sich zunehmend aus Traditionsbindungen lösende Wahl der Lebensstile und den durch die Medien forcierten Event-Charakter der Kultur zurückzuführen, die viele der öffentlichen Kulturangebote unzeitgemäß und überholt erscheinen lassen; da privatwirtschaftliche Kulturinvestitionen sich auf die neuartigen Trends der neunziger Jahre rascher und flexibler einzustellen vermochten als die auf konventionellen Konzepten beharrende öffentliche Hand, führte dies zu einer Aufwertung des kommerziellen Kulturbetriebs.[60]

2. Besondere Legitimationsbedürftigkeit staatlicher Kunst- und Kulturpflege in Deutschland aufgrund der geschichtlichen Erfahrungen seit der Gründung des Deutschen Reiches (18.1.1871)

a) Leitlinien Wilhelminischer Kunst- und Kulturpolitik

Als allgemein symptomatisch für die kulturpolitische Situation in den deutschen Ländern in der zweiten Hälfte des 19. Jahrhunderts und insbesondere für das Wilhelminische Kaiserreich kann es gelten, daß Staat, Regierungen und gesellschaftliche Eliten dem Kunst- und Kulturleben die Funktion zuwiesen, nationales Selbstbewußtsein und vaterländische Gesinnung zu dokumentieren, gründerzeitliche Wirtschaftspotenz, soziale Geltungsansprüche und staatliche Macht zu repräsentieren, den Reichsgründungsmythos zu überhöhen, das Volk zu erziehen, ästhetische Vergnügungen zu bereiten und Erbaulichkeit zu verbreiten.[61]

Bezeichnend ist die Art und Weise, wie die aus einer dem Staat Preußen 1861 vermachten privaten Kunstsammlung zeitgenössischer Malerei des Bankiers Wagener hervorgegangene Berliner Nationalgalerie durch die Gestaltung ihres Giebels in den Dienst des neugegründeten deutschen Kai-

---

Die Zeit Nr. 17 v. 16.4.1998, S. 44f.; *Rolf Bolwin*, Teure Gutachten erzeugen heiße Luft – Unternehmensberater als vermeintliche Sachverständige? Wege aus der Strukturkrise des Theaters – Eine Polemik, Die Zeit Nr. 18 v. 23.4.1998, S. 48.

[60] So zusammenfassend der aktuelle Befund von *Werner Heinrichs*, Kulturpolitik und Kulturfinanzierung, S. 3 und 40.

[61] Vgl. hierzu z.B. *Sieghart Ott*, Kunst und Staat, Der Künstler zwischen Freiheit und Zensur, 1968, S. 84.

serreiches und seiner proklamierten nationalen Identität gestellt wurde, auf die der Kunsthistoriker Peter-Klaus Schuster jüngst hingewiesen hat[62]: Nach seiner Analyse ist die Giebelinschrift „DER DEUTSCHEN KUNST MDCCCLXXI" als eine rein politische Manifestation zu werten, die die deutsche Kunst ebenso wie die Nationalgalerie auf die Reichsgründung im Jahr 1871 verpflichtete und die zudem als Fingerzeig auf den Sieg im Deutsch-Französischen Krieg (1870/71) gelesen werden konnte. Der Jahreszahl 1871 kam nämlich weder eine Bedeutung für die Sammlung Wagener und ihrer Schenkung an den Staat Preußen zu, noch ließ sie sich in einen Zusammenhang mit dem Baubeginn der Nationalgalerie oder ihrer Vollendung stellen. Und überdies nahm die im Giebelfeld über der Inschrift plazierte Skulptur der Germania als Beschützerin der Kunst die in dieser Museumssammlung präsentierte Kunst ebenfalls für die Exponierung deutschen Wesens in Anspruch.

Zur Zeit des Regierungsantritts Kaiser Wilhelms II. beherrschten die Königliche Akademie der Künste und privat organisierte Vereine Berliner Künstler die Welt der bildenden Kunst in Berlin; nicht nur die offizielle Körperschaft der Akademie diente dem Staat zur Verwirklichung seiner – von ihm so verstandenen – kulturellen Verpflichtungen, sondern auch die nicht offizielle private Künstlervereinigung gab ihre Unabhängigkeit allmählich auf und ließ sich wegen ihrer Bewunderung für den Staat, ihrer Beteiligung an Regierungskommissionen und Ausschüssen und der finanziell bedeutsamen staatlichen Förderungsgewährung durch Stipendien, Auftragserteilung und der Vergabe von Lehrämtern zunehmend unter Regierungseinfluß bringen.[63] Die nachhaltigen Versuche der staatlichen Kultur-

---

[62] *Peter-Klaus Schuster*, Hugo von Tschudi und der Kampf um die Moderne, in: Johann Georg Prinz von Hohenzollern/ders. (Hrsg.), Manet bis van Gogh, 2. Aufl., 1997, S. 21 ff. (23 f.).

[63] *Peter Paret*, Die Berliner Secession – Moderne Kunst und ihre Feinde im Kaiserlichen Deutschland, TB-Ausg. 1983, S. 17 ff. („Staat und Kunst im Berlin der Kaiserzeit", S. 17, 19 und 26); *ders.*, Kunst als Geschichte – Kultur und Politik von Menzel bis Fontane, 1990, S. 175 ff. und *Wolfgang Mommsen*, Bürgerliche Kultur und künstlerische Avantgarde – Kultur und Politik im Deutschen Kaiserreich 1870–1918, 1994, S. 26 ff. („Die Reichsgründung und die deutsche Kultur ...") und S. 41 ff. („Die Rebellion gegen die ‚Gründerkultur' und die offiziöse Kulturpolitik der Wilhelminischen Epoche (1890–1905)") sowie *Robin Lenman*, Die Kunst, die Macht und das Geld – Zur Kulturgeschichte des kaiserlichen Deutschland 1871–1918, 1994, S. 17 ff. („Bild und Gesetz im kaiserlichen Deutschland"). *Ekkehard Mai/Stephan Waetzoldt*, Einleitung, in: dies./Hans Pohl (Hrsg.), Kunstpolitik und Kunstförderung im Kaiserreich, 1982, S. 7 ff. (S. 8) sehen die Folgen der nach der Einigung im kleindeutschen Reich versuchten Nationalisierung vor allem darin, daß „die Kunst nicht mehr als unabhängige Sachwalterin künstlerischer Interessen, sondern im Dienste nationalstaatlicher Legitimierung und normativer geschichtsbezogener Wertvorstellungen" erschien. „... den imperialen und weltpolitischen Anspruch durch Tradition" über Auftragsvergabe und durch Institutionen der Kulturverwaltung zu sichern, „war Teil und

politik im Kaiserreich, einerseits die in die Öffentlichkeit wirkende und öffentlich wirksame Ausübung von Kunst mit den eigenen Zielvorstellungen in Einklang zu bringen und eine entsprechende Kontrolle auszuüben und andererseits die von dieser erwünschten affirmativen Repräsentationskultur abweichenden, sich dem Staatsauftrag versagenden modernen und avantgardistischen Künstlerbewegungen unter Rubrizierung ihrer Kunstprodukte als Nichtkunst der Akzeptanz und Verbreitungsmöglichkeit zu berauben,[64] stellen massive dirigistische Eingriffe in den Lebensbereich Kunst und Kultur dar. Mit der von der Erfüllung staatlich definierter inhaltlich-künstlerischer Zielvorgaben abhängig gemachter Fördermittel- oder Alimentationsgewährung ist untrennbar eine Anerkennungsfunktion verknüpft, die eine unzulässigerweise angemaßte staatliche Kompetenz beansprucht, als oberster Kunstrichter aufzutreten und dekretieren zu dürfen, welchen Kunstrichtungen in der Sphäre der gesellschaftlichen Lebensrealität die Weihe staatlicherseits approbierter künstlerischer Betätigung zuzuerkennen ist und welcher nicht.

Die weitreichende Vereinnahmung des Kunstlebens für staatlich determinierte Zielsetzung bedeutet letztlich die Aufgabe der staatlichen Neutralität gegenüber dem zur Eigengesetzlichkeit und Autonomie strebenden Kunstbereich.[65]

Wesentliche, auf der Staatsräson gründende kunstpolitische Direktiven und tragende Elemente der kulturpolitischen Programmatik für das Deutsche Reich hat Kaiser Wilhelm II. in seiner Ansprache „Die wahre Kunst" aus Anlaß der Enthüllung der letzten Denkmalsgruppe zur Ausgestaltung der Siegesallee am 18.12.1901 selbst verkündet:

> „(...) Eine Kunst, die sich über die von Mir bezeichneten Gesetze und Schranken hinwegsetzt, ist keine Kunst mehr, sie ist Fabrikarbeit, ist Gewerbe, und das darf die Kunst nie werden. (...) Wer sich von dem Gesetz der Schönheit und dem

---

Ziel einer Beeinflussung, der sich bis hin zum persönlichen Willen des Kaisers Kunst und Künstler immer wieder ausgesetzt sahen. Am eindrucksvollsten ließ sich dies im Innern an der Reichshauptstadt Berlin, in Unternehmungen der Monumentalkunst und öffentlichen Bauten im Reich und ‚nach außen' vor allem an den neuen Provinzen demonstrieren, denen, wie in Straßburg, ein offizieller Stil in Kunst, Kultur und Bildungseinrichtungen verordnet wurde."

64 Der Nichtkunst öffneten sich beispielsweise die Museen und Galerien nicht!

65 Dessen Selbstbehauptungswille führte im Wilhelminischen Reich zu heftigen Gegenreaktionen gegenüber der von staatlichen Kulturinstitutionen und von – den offiziellen kulturpolitischen Leitlinien verpflichteten – privat-körperschaftlich organisierten Künstlervereinigungen ausgeübten Bevormundung. Ihre Folge war u. a. die Gründung zahlreicher „Secessionen" und anderer Künstlergruppen; vgl. z.B. *Peter Paret*, Die Berliner Secession; *Markus Harzenetter*, Zur Münchner Secession, 1992; speziell zum „Blauen Reiter" in München s. Rosel Gollek (Hrsg.), Brennpunkt der Moderne, 2. Aufl., 1992 und Andreas Hüneke (Hrsg.), Der Blaue Reiter – Dokumente einer geistigen Bewegung, 3. Aufl., 1991.

Gefühl für Ästhetik und Harmonie, die jedes Menschen Brust fühlt, ob er sie auch nicht ausdrücken kann, loslöst und im Gedanken in einer besonderen Richtung, einer bestimmten Lösung mehr technischer Aufgaben die Hauptsache erblickt, der versündigt sich an den Urquellen der Kunst. (...) Die Kunst soll mithelfen, erzieherisch auf das Volk einzuwirken, sie soll auch den unteren Ständen nach harter Müh und Arbeit die Möglichkeit geben, sich an den Idealen wiederaufzurichten. (...) Wenn nun die Kunst, wie es jetzt vielfach geschieht, weiter nichts tut, als das Elend noch scheußlicher hinzustellen, wie es schon ist, dann versündigt sie sich am deutschen Volke. Die Pflege der Ideale ist zugleich die größte Kulturarbeit, und wenn wir hierin den anderen Völkern ein Muster sein und bleiben wollen, so muß das ganze Volk daran mitarbeiten, und soll die Kunst ihre Aufgabe voll erfüllen, dann muß sie bis in die untersten Schichten des Volkes hindurchgedrungen sein. Das kann sie nur, wenn die Kunst die Hand dazu bietet, wenn sie erhebt, statt daß sie in den Rinnstein niedersteigt.

Ich empfinde es als Landesherr manchmal recht bitter, daß die Kunst in ihren Meistern nicht energisch genug gegen solche Richtungen Front macht. (...) Ein Gefühl für daß, was häßlich oder schön ist, hat jeder Mensch, mag er noch so einfach sein, und dieses Gefühl weiter im Volke zu pflegen, dazu brauche Ich sie alle (...).“[66]

Gute Kunst, die hatte sich in der Vorstellungswelt Wilhelm II. an den Werken der klassischen Antike zu orientieren – den „ewig gültigen Vorbildern des idealisierten Realismus.“[67] Daß die Kunst die Aufgabe zu erfüllen habe, der „Verschönerung des Lebens“ zu dienen, davon war er überzeugt; und er hielt sich auch für berechtigt, ihr den Auftrag anzusinnen, seine Vorfahren und das Deutsche Reich zu verherrlichen.[68]

Bis lange über die Zeit seines Kaisertums hinaus blieb die Gedankenwelt des letzten deutschen Herrschers von Gottes Gnaden[69] als verbreitetes

---

[66] Zitiert nach: Die Berliner Moderne (1885–1914), hrsg. v. Jürgen Schutte und Peter Sprengel, 1987, S. 571 ff. (S. 572 f.). – In seiner ersten gedruckten literarischen Arbeit „Märchen“ aus dem Jahr 1907, faßte der siebzehnjährige Kurt Tucholsky die Einstellung Kaiser Wilhelms II zur zeitgenössischen Kunst in einer kurzen ironischen Parabel pointiert zusammen: „Es war einmal ein Kaiser, der über ein unermeßlich großes, reiches und schönes Land herrschte. Und er besaß wie jeder andere Kaiser auch eine Schatzkammer, in der inmitten all der glänzenden und glitzernden Juwelen auch eine Flöte lag. Das war aber ein merkwürdiges Instrument. Wenn man nämlich durch eins der vier Löcher in die Flöte hineinsah – oh! was gab es da alles zu sehen! Da war eine Landschaft darin, klein aber voll Leben: Eine Thomasche Landschaft mit Böcklinschen Wolken und Leistikowschen Seen. Reznicekesche Dämchen rümpften die Nasen über Zillesche Gestalten, und eine Bauerndirne Meuniers trug einen Arm voll Blumen Orliks – kurz, die ganze moderne Richtung war in der Flöte.

Und was machte der Kaiser? Er pfiff drauf.“ (*Kurt Tucholsky*, Gesamtausgabe Band 1: 1907–1913, 1997, S. 7).

[67] *Peter Paret*, Die Tschudi-Affäre, in: Johann Georg Prinz von Hohenzollern/Peter-Klaus Schuster (Hrsg.), S. 396 ff. (396).

[68] *Ders.*, ebd., S. 397.

kunstästhetisches Gemeingut in Deutschland Richtschnur für kulturpolitische Positionen.[70]

b) Weimarer Republik

Die nach dem November-Umsturz des Jahres 1918 gegründete Republik von Weimar, deren Verfassung vom 11.8.1919 am 14.8.1919 in Kraft getreten war, griff die vor allem in der Tradition des 19. Jahrhunderts stehende und als wesentliche Eigenschaft des modernen Staates[71] verstandene Kulturstaatsidee[72] auf und setzte die Vorstellung, daß dem Staat die Aufgabe zugewiesen sei, an der Pflege der Kunst teilzunehmen, durch eine positivrechtliche Regelung auf der Ebene des Verfassungsrechts im Normtext des Artikels 142 S. 2 WRV[73] um.

Eine gewissenhafte und konsequente Bestellung des ihr zugestandenen kulturstaatlichen Aufgabenfeldes eröffnete der Weimarer Republik die Möglichkeit, einen Zuwachs (neuer) Legitimität[74] zu erzielen. Bereits in einer 1919 veröffentlichten Denkschrift hatte der Staatssekretär im Preußischen Kultusministerium und spätere Kultusminister Carl Heinrich Becker die Wahrnehmung der Aufgabe staatlicher Kulturpolitik als „eine bewußte Einsetzung geistiger Werte im Dienste des Volkes oder des Staates zur Festigung im Innern und zur Auseinandersetzung mit anderen Völkern nach außen“[75] charakterisiert.

Auf dem Sektor des Theaterwesens wurde nach der Umwandlung der primär dem unterhaltsamen Vergnügen dienenden Hofbühnen alten Stils und zahlreicher der bis 1918 von Privatleuten gepachteten, kommerziell

---

69 S. die Einleitungsformel zum „Gesetz, betreffend die Verfassung des Deutschen Reiches. Vom 16. April 1871 (BGBl. S. 63)“, in: Sammlung von Reichsgesetzen und Verordnungen staats- und verwaltungsrechtlichen Inhalts, 1903, S. 1.

70 *Peter Paret*, Die Tschudi-Affäre, S. 397, der an gleicher Stelle noch mit Recht hervorhebt, daß im Unterschied zum Kaiser „Diktatoren vor und nach dem Zweiten Weltkrieg die Macht besaßen, diese Ästhetik ihren Gesellschaften aufzuzwingen.“.

71 *Ernst Rudolf Huber*, Deutsche Verfassungsgeschichte seit 1789, Bd. VI: Die Weimarer Reichsverfassung, 1981, S. 855; *ders.*, Bd. IV, S. 637ff.

72 *Ders.*, Bd. VI, S. 111; *Erhard Mäding*, Entwicklung der öffentlichen Aufgaben, in: K. Jeserich/H. Pohl/G.C. v. Unruh, Deutsche Verwaltungsgeschichte, Bd. 4: Das Reich als Republik und in der Zeit des Nationalsozialismus, 1985, S. 92ff. (S. 107).

73 *Ingolf Pernice*, Art. 5 III (Freiheit der Kunst), Rdnr. 3 hebt zu Recht hervor, daß die Garantie der Kunstfreiheit noch nicht in den Verfassungen und Verfassungsentwürfen des 19. Jahrhunderts geregelt, sondern erst durch die Weimarer Reichsverfassung in positivierte Verfassungstexte aufgenommen wurde.

74 *Ernst Rudolf Huber*, Verfassungsgeschichte, Bd. VI, S. 857.

75 *Klaus Petersen*, Zensur in der Weimarer Republik, 1995, S. 42.

betriebener Stadttheater in von den Ländern getragenen Staatstheatern bzw. kommunalisierten städtischen Theatern[76] das neue Leitbild des „Kulturtheaters“ verfochten, in dem man vordringlich ein „Instrument der Bildung und (ein) Mittel der geistigen und sittlichen Erhebung aller Schichten des Volkes“ sah.[77]

Nach Auffassung von Erwin Redslob, der in der Zeit von 1920 bis 1933 die 1919 als Nebendienststelle des Reichsministeriums des Innern errichtete Kulturbehörde des „Reichskulturwart(s)“ leitete, deren Aufgabenstellung darin bestand, dem neugegründeten republikanischen Staatswesen durch „kunstpolitische Maßnahmen (...) eine nach außen hin sichtbare Identität zu schaffen“[78], sollte „die Kunst als eine unmittelbare Manifestation der schöpferischen Kräfte der Nation an der Neubildung des republikanischen Staats und seiner inneren Konsolidierung maßgeblich beteiligt“ sein.[79] Solche vom Staat zu entfaltenden kulturpolitischen Aktivitäten zur Entwicklung und „Pflege eines demokratischen Staatsbewußtseins in der Bevölkerung“ sind nicht zu Unrecht als eine Variante des „konstruktiven Republikschutz(es)“ bezeichnet worden.[80]

Allerdings unterliegt es kaum einem Zweifel, daß die im Zeitraum der Weimarer Republik zwischen 1918 und 1933 praktizierten Kulturförderungs-, schutz- und -vermittlungsmaßnahmen wegen der begrenzten Mittel und der hierdurch bedingten Bewertungs- und Auswahlentscheidungen auch als Maßnahmen der Kulturgestaltung[81] zu qualifizieren sind. Die fördernde und unterstützende Zuwendungspraxis – etwa bei staatlicher Auftragsvergabe durch den Reichskulturwart – band Kunst und Künstler an die „Affirmation der positiven Motive des Staatsgedankens.“[82]

Doch obgleich „die Pflege der Kultur“ und „die Bestimmung des staatlichen, sozialen und individuellen Handelns durch die Maxime kultureller

---

[76] *Eugen Schöndienst*, Kulturelle Angelegenheiten – A Theater und Orchester, in: K. Jeserich/H. Pohl/G. C. v. Unruh, o. Fußn. 72, S. 373 ff. (S. 380 f.).

[77] *Ders.*, ebd., S. 377. Zu den Entwicklungslinien im Bereich des Theaters s. *Günther Rühle*, Theater für die Republik, Bd. 1 (1917–1925), Bd. 2 (1926–1933), 2. Aufl., 1988.

[78] *Klaus Petersen*, Zensur, S. 45. Zur Errichtung, Ausstattung und den Arbeitsgebieten s. *Gisbert Laube*, Der Reichskunstwart – Geschichte einer Kulturbehörde 1919–1933 (rechtshistorische Diss. Kiel), 1997, S. 11 ff., 61 ff., 119 ff. sowie S. 201 ff. (Ausbau und Auflösung).

[79] *Klaus Petersen*, ebd. (wörtlich zitiert aus: *Annegret Heffen*, Der Reichskunstwart, Kunstpolitik in den Jahren 1920–1933. Zu den Bemühungen um eine offizielle Reichskunstpolitik in der Weimarer Republik, 1986).

[80] *Klaus Petersen*, S. 44 (In Anlehnung an eine Formulierung von *Gotthard Jasper*).

[81] *Klaus Petersen*, S. 42.

[82] *Klaus Petersen*, S. 45.

Daseinsgestaltung als ein Grundprinzip der politischen Programme der unterschiedlichsten Richtungen"[83] galt, bewegte sich die Weimarer Republik (auch) bei der Erfüllung kulturstaatlicher Aufgaben auf brüchigem Boden.

Zwar waren durch den kulturverfassungsrechtlichen Kompromiß der Weimarer Epoche[84] einander zuwiderlaufende Grundsätze „in übergreifenden Formeln: christliche Überlieferung und Freiheit der Weltanschauungen, Nationalität und Humanität, Staatsgesinnung und Völkerversöhnung, die Bindung an ethische Grundpflichten und die Rücksicht auf Andersdenkende"[85] zunächst scheinbar ausgeglichen und aufeinanderprallende Konfliktlagen überdeckt worden. Diesen, das „Fundament der Weimarer Kulturverfassung bildenden kulturellen Kompromiß"[86] erschütterten aber die sich stetig radikalisierenden verfassungs- und republikfeindlichen Extreme auf der rechten und linken Seite des politischen Spektrums. Die aufbrechenden Antagonismen der Kulturanschauungen[87] verschärften die vielfach „beklagt(e), unglückselige Zerrissenheit der kulturellen Angelegenheiten"[88]. Sie beraubten das insgesamt ohnedies eher als bescheiden einzuschätzende staatliche Mäzenatentum[89] um seine Früchte und zerstörten den kulturellen Grundkonsens der Nation.

Nachteilig wirkte sich überdies vor allem aus, daß Repräsentanten der staatstragenden Kreise und staatlicher Institutionen gleichermaßen wie republikanische Funktionsträger zumeist gerade nicht auf eine um Anerkennung bemühte Selbstdarstellung (und Selbstdefinition), repräsentative Selbstbehauptung, Hervorhebung der Verdienste der Demokratie und auf eine – im Sprachgebrauch unserer Tage formuliert – positive Imagepflege der Repu-

---

[83] *Ernst Rudolf Huber*, Verfassungsgeschichte, Bd. VI, S. 856.

[84] Ders., ebd. Zur kulturellen Ausgangslage s.: *Kurt Sontheimer*, Die politische Kultur der Weimarer Republik, in: Karl Dietrich Bracher u. a. (Hrsg.), Die Weimarer Republik 1918–1933, 2. Aufl. 1988, S. 454ff. (S. 462: „Bestimmend für die Neuartigkeit der Weimarer kulturellen Situation war, daß die beherrschende Wilhelminische Kultur des Bürgertums ihren Führungsanspruch hatte preisgeben müssen, ohne daß es den neuen Kräften des Liberalismus, der Aufklärung und des Rationalismus gelungen wäre, ihrerseits herrschend zu werden.").

[85] *Ernst Rudolf Huber*, Verfassungsgeschichte, Bd. VI, S. 858.

[86] *Ders.*, ebd., S. 860.

[87] S. z.B. *John Willet*, Die Weimarer Jahre – Eine Kultur mit gewaltsamem Ende, 1986, S. 7 („Gerade in den 15 Jahren von 1918 bis 1933 fand die schärfste und unerbittlichste Auseinandersetzung zwischen den modernen Bewegungen in der Kunst und den primitiv-konservativen Ressentiments, mit denen sie schon lange zu kämpfen hatte, statt.").

[88] *Eugen Schöndienst*, S. 378 (von diesem zitiert: *Wilhelm Waetzold*, Preußische Kunstpolitik und Kunstverwaltung, in: Reichsverwaltungsblatt und Preußisches Verwaltungsblatt, 1933, S. 81ff. (S. 84)).

[89] *Klaus Petersen*, Zensur, S. 42. S. auch *John Willet*, S. 17.

blik mit Mitteln der Kunst und Kultur drängten. Als außerordentlich problematisch erweist sich zudem bei näherer Betrachtung, daß im Gegenteil antirepublikanischen, monarchietreuen, völkischen und sonstigen demokratiefeindlichen Bestrebungen nicht selten der öffentliche Raum für Aktionen überlassen blieb und darüber hinaus mitunter – im Geiste der Republik geübte – künstlerische Kritik an sozialen Mißständen und verfassungswidrigen Entwicklungen im Deutschen Reich sogar vom Staat bekämpft wurden.[90]

Als kennzeichnend für das bisweilen anzutreffende vergiftete kulturpolitische Klima mag die Episode gelten, daß 1929 eine von Walter Gropius entworfene Arbeiter- und Angestelltensiedlung der Junkers-Werke in Dessau-Törten von bei der Einweihung protestierenden Parteigängern der Nationalsozialisten und Deutschnationalen als „Marokkohütten" der „Negersiedlung" angefeindet wurden, weil ihnen als typischen Flachbauten der Architektur der „neuen Sachlichkeit" die als „deutsch" geltenden Spitzdächer fehlten.[91]

Unter Bezugnahme auf die von ihm zuvor skizzierte kulturelle Situation in der Hauptstadt Berlin schrieb Kurt Tucholsky 1928 einen erbosten Lagebericht:

> „Sieht es in der Kultur der Provinz besser aus –? Kaum. Die Krisis des dessauer Bauhauses hat erst jüngst gezeigt, wie es damit steht. Erst haben sie diese schwarz-rot-goldene-Juden-Architektur aus Weimar herausgehauen; dann setzte auch in Dessau ein jahrelanger Verleumdungsfeldzug ein, und nun haben sie den Führer, Herrn Gropius, glücklich zur Strecke gebracht. Tatsache ist dies: Im Augenblick, wo eine künstlerische Institution von den Kommunalbehörden in der Provinz oder Landesbehörden in der Provinz abhängt, ist es mit ihr aus: sie gerät widerstandslos in den reaktionären Muff engstirniger Kleinbürger; freiheitliche Männer werden gekündigt, herausgeekelt, herausgeworfen, und weil der manchmal großzügig denkende Fürst fehlt, der so oft Schöpfer der Landes- oder Städtekultur gewesen ist, so herrscht der kleinliche Provinzler absolut. Natürlich gibt es in den größeren Provinzstädten Ausnahmen.

---

[90] S. z.B. *Klaus Petersen*, Literatur und Justiz in der Weimarer Republik, 1988 (Insbes. S. 54ff. (68ff., 72ff.)); *Wolfgang Hütt*, Hintergrund – Mit den Unzüchtigkeits- und Gotteslästerungsparagraphen des Strafgesetzbuches gegen Kunst und Künstler 1900–1933, 1990, S. 37ff., S. 144ff.; *Hans J. Schütz*, Verbotene Bücher – eine Geschichte der Zensur von Homer bis Henry Miller, 1990, S. 156ff.; *Bernhard Weck*, Wider den „Dreimännerskat der Justitia" – Bemerkungen zur Biographie und Justizkritik Kurt Tucholskys, in: Michael Kilian (Hrsg.), Dichter, Denker und der Staat, 1993, S. 157ff. (187ff.); s. auch den selten beachteten Artikel „Verfassungstag" von *Kurt Tucholsky* aus dem Jahr 1922 (Ges. Werke Bd. 3 (1921–1924), TB-Ausgabe Mai 1993, S. 259ff.), in dem dieser harte Kritik an der unzulänglichen („kümmerlichen") Vorbereitung der Verfassungsfeier der Republik übt, die die politische Wirkung zugunsten der Republik vereitelt habe.

[91] Wiedergegeben bei *Heinrich August Winkler*, Weimar 1918–1933 – Die Geschichte der ersten deutschen Demokratie, 1993, S. 302.

Die sind aber meist machtlos. Es gibt in jeder, ausnahmslos jeder Provinzstadt eine Opposition, die es sehr, sehr schwer hat, (...). Wie da gerungen wird; wie da versucht wird, das Gute von außen zu adoptieren und das Eigne zu bewahren – und wie aussichtslos das alles ist, (...) machtlos verbluten diese kleinen Gruppen unter den mächtigen der Stadt und der Provinz. (...)

Nun ist aber fast ausnahmslos jedes Gremium von Provinzlern: von Stadtverordneten, Parteisekretären, Kreisausschußmitgliedern oder Bürgerausschüssen künstlerisch reaktionär; ob es um die Kunst oder um die Kultur geht, immer werden diese wichtigmacherischen Konferenzen gegen den Geist entscheiden. Sie können das, weil sie die Macht haben."[92]

Auch wenn Zeitzeugenberichte dieser und anderer Art stets aus einem „quellenkritischen" Blickwinkel zur Kenntnis zu nehmen sind, so läßt sich doch – nicht ganz ohne gewisse Vereinfachung – resümieren: Letztendlich hat die Republik trotz zahlreicher gegenteilig lautender Bekundungen in Memoranden und sonstigen verbalen Absichtserklärungen Künstler und Künste so gut wie nicht für sich einzunehmen oder zu aktivieren vermocht – ob sie es wirklich ernsthaft versucht hat, bleibt wohl eher skeptisch zu beurteilen.[93]

Daß die obersten Repräsentanten der Weimarer Republik (des Deutschen Reiches) und die führenden Repräsentanten des deutschen Geistes- und Kunstlebens dieser Epoche im buchstäblichen Sinne der Worte „zueinander nicht kamen", kritisierte Kurt Tucholsky in dem am 8.3.1927 veröffentlichen Weltbühne-Artikel „In Uniform" mit bitterem Spott:

„Der alte Herr in der Wilhelm-Straße [Hindenburg], der die deutsche Republik nach außen zu repräsentieren hat, zeichnet des öfteren Veranstaltungen durch seine Anwesenheit aus, die sich durch seine Anwesenheit ausgezeichnet fühlen. Dafür sind Präsidenten da (...). Unsrer bevorzugt, das darf man wohl sagen, im allgemeinen Zusammenkünfte, die eines gewissen militärischen Charakters nicht entbehren. Max Reinhardt, ders aushalten kann, feiert das Jubiläum seiner fünfundzwanzigjährigen Arbeit: nichts rührt sich. Ein Schießplatz wird eingeschossen, ein Truppenübungsplatz wird zum ersten Mal ausprobiert, eine Anstalt zur Erlangung von Offiziersfertigkeiten wird eingeweiht -: in solchen Fällen hat der Präsident der Republik Zeit, dabei zu sein."[94]

---

[92] *Kurt Tucholsky*, Berlin und die Provinz, Gesammelte Werke Bd. 6 (1928) – TB-Ausgabe Mai 1993, S. 70ff. (71f.).

[93] *Kurt Sontheimer*, S. 464 bezeichnet das, was das geistige, literarische und künstlerische Leben in der Weimarer Republik interessant macht und erhaltenswert ist als „Schöpfung von Außenseitern". (Ebd.: „Die Weimarer Kultur ist, so paradox es klingt, nicht eigentlich das Typische an Weimar.").

[94] *Kurt Tucholsky*, Gesamtausgabe Band 9: Texte 1927, 1998, S. 262ff. (262).

c) Der Mißbrauch von Kunst- und Kulturpolitik durch totalitäre Staatssysteme

aa) Nationalsozialistische Kunst- und Kulturpolitik

Die Kunst- und Kulturpolitik des Nationalsozialismus[95], für die die von den NS-Ideologen zur Herabwürdigung der ihnen verhassten Kunstwerke der Moderne verwendeten Schmähworte wie „Entartete Kunst", „Kunst der Verfallszeit", „Kulturbolschewistische Scheußlichkeiten" geradezu zu Synonymen geworden sind, offenbart die Abgründe des Mißbrauchs, die durch eine weltanschaulichen Zielsetzungen rücksichtslos und total unterworfene Dienstbarmachung der Künste und der Kultur eröffnet werden können. Die dem Staat zugebilligte oder von diesem für sich reklamierte Kulturgestaltungs- und Kunstdefinitionsmacht kann sich dadurch zum Instrument der völligen Erstickung jedes von der herrschenden Ideologie abweichenden Freiheitsbegehrens wandeln.[96] Ein als aufschlußreiches Selbstzeugnis bemerkenswertes Quellendokument enthält das Kapitel „Die Kunst im nationalsozialistischen Staat" in der „Denkschrift der Bayerischen Landesregierung zum 9. März 1937: Bayern im ersten Vierjahresplan"[97], welches belegt, daß in der NS-Diktatur kultur(verfassungs)rechtliche Begriffsbildungen und Terminologien mittels interpretatorischer Ausfüllung und Umdeutung durch fanatisiertes ideologisches Gedankengut in einer jede Hemmung überwindenden konsequenten Weise der nazistischen Weltanschauung zu-

---

[95] Siehe hierzu: *Hildegard Brenner*, Kunstpolitik des Nationalsozialismus, 1963; *Paul Ortwin Rave*, Kunstdiktatur im Dritten Reich, o. J.; *Ernst Piper*, Nationalsozialistische Kunstpolitik – Ernst Barlach und die „entartete Kunst" – Eine Dokumentation, TB-Ausg. 1987; reiches Material enthält die fünfbändige Dokumentation: *Joseph Wulf*, Kultur im Dritten Reich, Ausgabe 1989 (Bd. 1 „Presse und Funk", Bd 2 „Literatur und Dichtung", Bd. 3 „Die bildenden Künste", Bd. 4 „Theater und Film", Bd. 5 „Musik"); s. ferner: *Peter Adam*, Kunst im Dritten Reich, 1992. Politik und Ästhetik im Nationalsozialismus und im italienischen Faschismus war auch Gegenstand eines öffentlichen Symposiums im Ausstellungsgebäude des Instituts Mathildenhöhe Darmstadt am 6. Mai 1994 (u. a. mit Hermann Glaser und Iring Fetscher) – s. Klaus Wolbert (Hrsg.) Kunst und Faschismus – Tagungsband Gesprächsforum Mathildenhöhe Band 3, 1995. Zur berüchtigten Ausstellung „Entartete Kunst", die 1987/88 in München lückenlos rekonstruiert wurde, s. noch Peter-Klaus Schuster (Hrsg.), Nationalsozialismus und „Entartete Kunst" – Die ‚Kunststadt' München 1937, 5. Aufl. 1998 (sowie die Ausstellungsrezension SZ Nr. 57 v. 9.3.1992, S. 12 (zur Rekonstruktion in Berlin im „Alten Museum")). Zu der im Mai 1938 in Düsseldorf eröffneten Ausstellung „Entartete Musik" und ihrer Rekonstruktion s. SZ Nr. 265 v. 17.11.1998, S. 17.

[96] Zum Kulturstaatsgedanken im Dritten Reich siehe auch: *Max-Emanuel Geis*, Kulturstaat und kulturelle Freiheit, 1990, S. 153 ff., der die Denkschrift der Bayerischen Landesregierung zum 9. März 1937 (s. unten Fußn. 97) nicht berücksichtigt hat.

[97] Zentralverlag der NSDAP., Frz. Eher Nachf., München, 1937, S. 327–370.

gänglich gemacht worden sind: „Die Kunst eines Volkes ist das klarste und reinste Abbild seines Schaffens und Willens zum Leben, sie ist die edelste Blüte der menschlichen Kultur. Daher hat der Staat die Pflicht und es ist seine vornehmste Aufgabe, die nationale Kunst mit allen Mitteln zu fördern und zu unterstützen. Der Staat hat aber auch das Recht, solche Kunst auszuscheiden, die seine Lebensinteressen gefährdet und zersetzt. Der Bolschewismus der Kunst ist der Wegbereiter für die politische Zersetzung des Staates. (...)" Die „Bolschewisierung der Kunst wurde begründet mit dem im alten Staat allgemein anerkannten internationalen Wesen der Kunst, ein Kardinalfehler, denn wahre und große Kunst kann nur auf nationaler Grundlage erwachsen, was die Geschichte aller Kulturvölker beweist. Krank und entwurzelt, frei von jedem völklichem Empfinden, frei von jedem Bekennen zum ganzen Volk, planlos und spekulativ, genauso wie die politische Führung selbst war die Kunst dieser Zeit."[98] „Alle diejenigen, denen (fehlt), was den wahren und echten Künstler ausmacht, müssen ausgemerzt werden. Hilfe kann und wird der Staat nur den wahren Künstlern gewähren."[99] „Das Unkraut in der Kunst (muß) bekämpft werden, damit die echte und wahre Kunst besser gedeihen kann."[100] „Der Künstler (soll) Stürmer und Stoßtruppler unserer Zeit, ein Kämpfer Adolf Hitlers auf dem Gebiete der Kunst sein. Die Entwicklung der Kunst (muß) mehr in das Monumentale gehen."[101] „Unter den vielen Künstlern befinden sich (...) zahlreiche unfähige Kräfte, die an Führerbüsten und Führerbildern das Unglaublichste leisteten. Zwar hat die zuständige oberste Parteidienststelle dem Schlimmsten dadurch vorgebeugt, daß für die gewerbliche Verwertung von Führerbüsten und Führerbildern ihre Genehmigung vorgeschrieben wurde. Es kam aber doch zu manchen ‚Schöpfungen', die im Hinblick auf die Würde der Person des Führers nicht geduldet werden konnten. (...) Für die Wiedergabe des Bildnisses des Führers ist gerade der beste Künstler gut genug."[102] „Wir werden die Künstler entdecken und fördern, die dem Staat des deutschen Volkes den kulturellen Stempel der germanischen Rasse als einer zeitlos Gültigen aufzuprägen vermögen."[103]

Speziell dem Theater („als unersetzlicher Besitz des Volkes") wurde von der nationalsozialistischen Kulturpolitik beispielsweise die Aufgabe zugewiesen, eine „staatsaufbauende, staatsentwickelnde Kraft" auszustrahlen; es

---

98 Ebd., S. 327.

99 Ebd., S. 337 – im Original in indirekter Rede.

100 Ebd., S. 338 – im Original in indirekter Rede.

101 Ebd., S. 340 – im Original in indirekter Rede.

102 Ebd., S. 342.

103 Ebd., S. 342f. Zum „Germanenkult" und zur „Blut- und Bodenideologie" s. *Hermann Glaser*, Spießerideologie – Von der Zerstörung des deutschen Geistes im 19. und 20. Jahrhundert und dem Aufstieg des Nationalsozialismus, TB-Ausgabe 1986, S. 109ff., 116ff. 118ff.

sollte nicht länger Tummelplatz der Jünger des Kulturbolschewismus sein und von den Zuständen fortgeschrittener moralischer Zersetzung befreit werden.[104]

Daß die Begriffsentwicklung, Auslegung und Handhabung kultur(verfassungs)rechtlicher Topoi unter der Geltungskraft des Grundgesetzes für die Bundesrepublik Deutschland auch eingedenk der Erinnerung an die Ausübung staatlicher Gewalt während der Herrschaft der NS-Diktatur zu erfolgen hat, entspricht der „eindeutigen Grundannahme aller an (der) Verfassunggebung Beteiligten, daß nämlich die Bundesrepublik Deutschland ein Staat sein solle, der sich in den zentralen Entscheidungen grundlegend von dem vorangegangenen Unrechtsregime des Nationalsozialismus unterscheiden sollte“[105] und derzufolge „die neue Ordnung (...) als Gegenbild zum ‚Dritten Reich‘ verstanden wurde.“[106]

Die Geltung der verfassungsrechtlich gem. Art. 5 Abs. 3 Satz 1 GG gebotenen „Neutralitätsverpflichtung“[107] und das Verbot des „Kunstrichtertums“[108] bei kulturrechtlich relevanten Aktivitäten des Staates ist daher auch in besonderer Weise im Hinblick auf ihre Bedeutung und Reichweite im Lichte der historischen Erfahrungswerte der nationalsozialistischen Kunstdoktrin zu bestimmen.

---

104 *Wolfgang Schulz*, Vom Schul- und Jesuitenschauspiel zum Würzburger Stadttheater. Ein Gang durch Würzburgs Theatergeschichte 1600 bis 1945, in: Volker Müller Veith (Hrsg.), Das erste Würzburger Kulturbuch, 1992, S. 39ff. (72ff. (73)); s. auch *Eugen Schöndienst*, Kulturelle Angelegenheiten – A Theater und Orchester, S. 988ff.

105 *Hans Peter Bull*, Staatszwecke im Verfassungsstaat, NVwZ 1989, S. 801ff. (S. 804).

106 *Ders.*, ebd., S. auch: *Wolfgang Knies*, Schranken der Kunstfreiheit, 1967, S. 11ff. („Die nationalsozialistische Kunstpolitik und die ‚Reflexhaltung‘ von Verfassungsgeber und Wissenschaft.“). Schlagwortartig: *Gerd Roellecke*, Der Nationalsozialismus als politisches Layout der Bundesrepublik Deutschland, Der Staat 28 (1989), S. 505ff. (S. 505); s. ferner: *Hans Alberts*, Der Schutzbereich des Artikels 4 Absatz 1 GG, dargestellt am Beispiel der Warnung vor sog. Jugendsekten, NVwZ 1994, S. 1150ff. (S. 1151: „... Das Grundgesetz ... stellt ... die rechtliche Reaktion auf einen Weltanschauungsstaat dar ...“); sowie *Hans Maier*, Wie universal sind die Menschenrechte?, 1997, S. 37 („Um der Freiheit willen wurde der [grundrechtsverbürgte] Freiheitsspielraum des einzelnen bewußt weit gezogen (...). Dies war eine Reaktion auf den nationalsozialistischen Willkürstaat und seinen Mißbrauch der politischen Gewalt ...“).

107 S. unten Kap. 9 IV 3.

108 S. ebd.

bb) Die ideologieunterworfene Kulturpolitik der „Deutschen Demokratischen Republik"

Das politische und soziale System der im Zuge der am 3. Oktober 1990 staats- und völkerrechtlich wirksam gewordenen Wiederherstellung der deutschen Einheit untergegangenen „Deutschen Demokratischen Republik", wird ebenfalls durch das völlige Verpflichtetsein der staatlichen Kunst- und Kulturpolitik auf die programmatischen und ideologischen Prärogativen einer ohne zugelassene demokratische Alternative herrschenden (Einheits-) Partei-, Gesellschafts- und Staatsdoktrin charakterisiert. Die Unterwerfung der Alltagspraxis künstlerischer und geistig-kultureller Betätigungen unter verbindlich vorgegebene und durchgesetzte offizielle Maximen partei- und regierungsamtlich definierter Kulturstaatszwecke, entsprach den antipluralistischen Leitlinien, die das Verhältnis Staat und Kunst, Kollektiv und Individuum determinierten.[109]

Die ausschließliche Bestimmung der Kulturpolitik oblag der SED[110], deren Führung sich im Alleinbesitz der absoluten Wahrheit wähnte[111] und die als Partei eine umfassende „Suprematie" (s. Mampel) in der Verfassungswirklichkeit und im materiellen Verfassungsrecht beanspruchte[112], getreu der Zeilen in Louis Fürnbergs Dithyrambus „Die Partei": „Die Partei. / Die Partei, die hat immer recht!"[113]

Die von der SED beanspruchte führende Rolle in der gesellschaftlichen und staatlichen Wirklichkeit der DDR basierte auf spezifischen Organisa-

---

109 Grundlegend als Darstellung der Bedeutung der SED für die Staats- und Gesellschaftsrealität der DDR: *Klaus Schroeder/Steffen Alisch*, Der SED-Staat. Partei, Staat und Gesellschaft 1949–1990, 1998; zum antipluralistischen Herrschaftsanspruch der totalitären Staatspartei SED s. *Hermann Weber*, Geschichte der DDR, dtv-Neuausgabe September 1999 (z.B. S. 112ff. („Die ‚Partei neuen Typus'"), S. 123ff. („Stalinisierung der DDR 1949–1953"), S. 193ff. („Ausschaltung der Opposition") und S. 208ff. („Vorrang der Ideologie")). Zum totalitären Charakter des SED-Regimes siehe ferner *Dietrich Müller-Römer*, Einleitender Kommentar zu: Die neue Verfassung der DDR, 3. Aufl. 1974, S. 32ff. („Politische Grundsatzbestimmungen": insbes. S. 34). Zur Führungsrolle der marxistisch-leninistischen Partei bzw. der SED desweiteren *Herwig Roggemann*, Die DDR-Verfassungen, 3. Aufl. 1980, S. 10, 34, 43, 61, 64f., 67, 71f., 73 sowie *Gerhard Schüßler*, die Grundlagen und der Schutz der sozialistischen Gesellschafts- und Staatsordnung in der DDR, in: Akademie für Staats- und Rechtswissenschaft der DDR (Hrsg.), Staatsrecht der DDR – Lehrbuch, 2. Aufl. 1984, S. 109ff.

110 *Siegfried Mampel*, Die sozialistische Verfassung der Deutschen Demokratischen Republik, 2. Aufl. 1982, Rdnr. 7 zu Art. 18.

111 *Hermann Weber*, S. 134 und 209.

112 *Siegfried Mampel*, Die volksdemokratische Ordnung in Mitteldeutschland, 1963, S. 40.

113 Zit. nach *Hermann Weber*, S. 134.

tionsgrundsätzen, denen die Funktion sozialistischer Verfassungsprinzipien beigemessen werden kann[114]: Da die SED als die einzige marxistisch-leninistische Partei allein für fähig gehalten wurde, „die jeweiligen Anforderungen der Gesetzmäßigkeiten der gesellschaftlichen Entwicklungen richtig zu erkennen", ließ sich „aus dem Erkenntnismonopol der Partei (...) ihr Führungsmonopol in Staat und Gesellschaft" ableiten.[115]

Auf dem V. Parteitag der SED (10.7. bis 16.7.1958) beschrieb Walter Ulbricht in seinem Referat die planmäßig betriebene sozialistische Kulturrevolution in der DDR[116]: „Beim Übergang vom Kapitalismus zum Sozialismus findet auch eine tiefgreifende Umwälzung der Ideologie und der Kultur statt, die zur Herausbildung des neuen, sozialistischen Bewußtseins und zur Höherentwicklung der Kultur führt. Dies ist ein notwendiger, gesetzmäßiger gesellschaftlicher Prozeß und keineswegs ein zufälliger Vorgang, wie manche meinen. Er vollzieht sich auf der Grundlage der neuen sozial-ökonomischen und politischen Bedingungen in der Deutschen Demokratischen Republik und wird durch die Partei der Arbeiterklasse mit Hilfe der Arbeiter- und Bauernmacht und der gesellschaftlichen Organisationen bewußt gelenkt und geleitet. Die sozialistische Umwälzung vollzieht sich auf allen Gebieten des geistigen und kulturellen Lebens im ständigen Kampf des Neuen gegen das Alte, des Positiven gegen das Negative, des sich Entwickelnden, gegen das Absterbende."

Bereits 1954 war im Vorspruch der Verordnung über die Bildung eines Ministeriums für Kultur der Deutschen Demokratischen Republik (vom 7. Januar 1954), das „auf dem Feld der Kulturpolitik" zum „Vollstrecker der Direktiven der SED"[117] werden sollte, die folgende Positionsbeschreibung verkündet worden: „Die Kulturpolitik der Deutschen Demokratischen Republik ist ein untrennbarer Bestandteil ihrer Politik zur Lösung der Lebensprobleme unseres Volkes. Sie war und ist darauf gerichtet, die kulturellen Notwendigkeiten und Bedürfnisse des deutschen Volkes zu erfüllen. (...) Die Regierung der Deutschen Demokratischen Republik wird die deutsche Kultur gegen Dekadenz und kosmopolitische Entwurzelung in Schutz nehmen. Sie setzt sich ein für die Entwicklung einer realistischen deutschen Kunst mit weiter, der Vielseitigkeit des Lebens entsprechender Thematik

---

[114] *Dietmar Willoweit*, Deutsche Verfassungsgeschichte, 3. Aufl. 1997, S. 395.

[115] *Ders.*, ebd. (unter Berufung auf ein gekennzeichnetes wörtliches Zitat von G. Brunner). Zu den Techniken der DDR-Gesetzgebung, die Orientierung der Gesetze an den jeweiligen politischen Notwendigkeiten durch ausdrücklichen Verweis auf die Leitungskompetenz der Partei sicherzustellen s. *Karl Kroeschell*, Rechtsgeschichte Deutschlands im 20. Jahrhundert, 1992, S. 159.

[116] *Siegfried Mampel*, Die sozialistische Verfassung, Rndr. 5 zu Art. 18 (dort findet sich auch das wiedergegebene Zitat im Wortlaut).

[117] *Siegfried Mampel*, Die sozialistische Verfassung, Rdnr. 13 (S. 510) zu Art. 18.

und reichhaltigen Formen, durchdrungen von den hohen Ideen des Friedens, der Demokratie und des Sozialismus. In diesem Geiste respektiert und fördert die Regierung der Deutschen Demokratischen Republik das freie künstlerische Schaffen."[118]

Als grundlegende Maxime schrieb Art. 18 Verfassung der Deutschen Demokratischen Republik in der revidierten Fassung vom 7. Oktober 1974[119] fest, daß die „sozialistische Nationalkultur (zu) den Grundlagen der sozialistischen Gesellschaft" gehört (Art. 18 Abs. 1 Satz 1 VerfDDR (1974)).

Art. 18 Abs. 1 Sätze 2 bis 4 VerfDDR (1974) enthalten die verfassungsrechtlich normierten kulturpolitischen Staatsaufgaben in näherer Ausgestaltung: „Die Deutsche Demokratische Republik fördert und schützt die sozialistische Kultur, die dem Frieden, dem Humanismus und der Entwicklung der sozialistischen Gesellschaft dient. Sie bekämpft die imperialistische Unkultur, die der psychologischen Kriegsführung und der Herabwürdigung des Menschen dient. Die sozialistische Gesellschaft fördert das kulturvolle Leben der Werktätigen, pflegt alle humanistischen Werte des nationalen Kulturerbes und der Weltkultur und entwickelt die sozialistische Nationalkultur als Sache des ganzen Volkes."

Art. 18 Abs. 2 Satz 1 VerfDDR (1974) erklärte die „Förderung der Künste, der künstlerischen Interessen und Fähigkeiten aller Werktätigen und die Verbreitung künstlerischer Werke und Leistungen" zu „Obliegenheiten des Staates und aller gesellschaftlichen Kräfte." Art. 18 Abs. 2 Satz 2 VerfDDR (1974) traf die Feststellung: „Das künstlerische Schaffen beruht auf einer engen Verbindung der Kulturschaffenden mit dem Leben des Volkes."

Nach dem offiziell verlautbarten und in wissenschaftlicher Aufbereitung verbreiteten staatlichen Selbstbild hatten die „Arbeiterklasse und ihre Partei (...) die Revolution auf dem Gebiet der Ideologie, des Bildungswesens und der Kultur begonnen. Der umfassende Aufbau des Sozialismus erforderte, diesen Prozeß auf höherer Stufe fortzusetzen, um das sozialistische Bewußtsein der Bürger zu festigen und ihre schöpferische Mitarbeit zu fördern. Diese wichtige Aufgabe umfaßte insbesondere die Gestaltung eines einheit-

---

118 Günter Albrecht (Hrsg.), Dokumente zur Staatsordnung der Deutschen Demokratischen Republik, 2. Band, 1959, S. 352ff. (352).

119 Zitiert nach Horst Hildebrandt (Hrsg.), Die deutschen Verfassungen des 19. und 20. Jahrhunderts, 13. Aufl. 1985, S. 234. – Bei der DDR-Verfassung vom 7.10.1974 handelt es sich um die ergänzte, geänderte und neu verkündete Fassung der zweiten Verfassung der DDR vom 6.4.1968; Vorläufer war die mit Gründung der DDR in Kraft gesetzte erste Verfassung vom 7.10.1949 (Vgl. *Siegfried Mampel*, Die sozialistische Verfassung, Rdnr. 1 zur Präambel.).

lichen sozialistischen Bildungswesens (und) die Herausbildung der sozialistischen Nationalkultur.“ [120]

„Die Kultur, Kunst und Literatur“ galten als „dialektisch mit der politischen und ökonomischen Entwicklung und mit allen sozialen Prozessen“ der Jahre der Aufbauphase verbunden, wobei ein sich steigerndes „Bedürfnis, die sozialistische Arbeitskultur systematisch zu verwirklichen“ angenommen wurde.[121]

Die weitestgehend funktionalistische Sichtweise, auf deren Grundlage die herrschende Partei- und Staatsmacht nahezu bedingungslos beanspruchte, sich der Kunst und Kultur als Instrumente zur Durchsetzung der eigenen, absolut gesetzten und – nach dem Selbstverständnis des Marxismus-Leninismus – wissenschaftlich abgesicherten, allein richtigen Ideologie bedienen zu dürfen, gelangt auch in den nachfolgenden Zielvorgaben und Selbsteinschätzungen paradigmatisch zum Ausdruck: „Die Erkenntnis der gesellschaftlichen Gesetzmäßigkeiten, die wissenschaftliche begründete Voraussicht, Planung und Lenkung der gesellschaftlichen Entwicklungsprozesse werden auch für Kultur und Kunst zunehmend genutzt. Das ermöglicht die gesellschaftlich notwendigen Aufgaben herauszuarbeiten, Spontaneität und Subjektivismus auszuschließen und die kulturellen Bereiche im Einklang mit dem gesellschaftlichen Gesamtsystem zu entwickeln. Im Besonderen sind die vorhandenen Unterschiede im Niveau des geistig kulturellen Lebens zu beseitigen, die besten Leistungen zur Norm aller zu machen (...)“[122].

Den „zunehmenden kulturellen Erfordernissen und Bedürfnissen mußte die staatliche Leitung gerecht werden und planmäßig die kulturellen Ziele, wie sie in den Beschlüssen der Parteitage und Tagungen des Zentralkomitees der SED gestellt wurden, verwirklichen. Dementsprechend legte der sozialistische Staat mit den plangesetzten Aufgaben“ die Grundsätze „zur Entwicklung der Kultur fest. (...) die Arbeiterklasse und ihre Partei verwirklichten die sozialistische Kulturpolitik nicht nur durch die staatliche Leitung und entsprechende rechtliche Regelungen, sondern auch über die Parteileitungen und -organisationen, über die kulturelle Massenarbeit der Gewerkschaft, den Kulturbund und seine Arbeitskreise, über die Gesellschaft für deutsch-sowjetische Freundschaft usw.“[123]

---

[120] S. Bereich Staats- und Rechtsgeschichte der Sektion Rechtswissenschaft der Humboldt-Universität zu Berlin (Hrsg.), Staats- und Rechtsgeschichte der DDR – Grundriß, Staatsverlag der DDR Berlin 1983, S. 187.

[121] Ebd., S. 190.

[122] *Heinz Rausch/Theo Stammen*, DDR – Das politische, wirtschaftliche und soziale System, 3. Aufl. 1976, S. 110 (Von diesen wurde zitiert: Die Verfassung der DDR, Dokumente und Kommentare (hrsg. v. Klaus Sorgenicht), 1969, Bd. I, S. 411).

Grundrechtliche Regelungen der DDR-Verfassungen zur Sicherung von Freiheits-, Teilhabe- und Teilnahmerechten der Bürger im Bereich des Kunst- und Kulturlebens der DDR waren im Verlauf der Geschichte der Deutschen Demokratischen Republik einem durchgreifenden Wandel unterworfen.

Zwar hatte die Gründungsverfassung der DDR vom 7. Oktober 1949 in Art. 34 Abs. 1 noch eine grundrechtliche Kunstfreiheitsverbürgung enthalten, deren Formulierung: „Die Kunst, die Wissenschaft und ihre Lehre sind frei"[124], wörtlich mit Art. 142 Satz 1 WRV übereinstimmte.

Dagegen war aber eine entsprechende Grundrechtsbestimmung im Grundrechtskatalog der DDR-Verfassung vom 6.4.1968, der im Wesentlichen unverändert in die DDR-Verfassung 1974 übernommen wurde, ausgespart worden.[125]

Daß die klassische Funktion der Grundrechte als individueller Schutz- und Abwehrnormen zur Sicherung von Freiheitsräumen der Bürger gegenüber der Staatsgewalt zugunsten der Zielsetzung, den einzelnen in die Gesellschaft zu integrieren, zurückgedrängt wurde, offenbaren auch Verfassungsrechtssätze mit kulturverfassungsrechtlichem Regelungsgehalt der DDR-Verfassung 1974: Da der Gewährleistung sozialistischer Grundrechte der Sinn beigelegt wurde, dass sie primär systemkonform auszuübende Mitwirkungs- und Mitgestaltungsrechte begründeten[126], war es folgerichtig, daß Art. 21 Abs. 1 DDR-Verf. 1974 zur Normierung kultureller Freiheiten bestimmte: „Jeder Bürger der Deutschen Demokratischen Republik hat das Recht, das politische, wirtschaftliche, soziale und kulturelle Leben der sozialistischen Gemeinschaft und des sozialistischen Staates umfassend mitzugestalten. Es gilt der Grundsatz ‚Arbeite mit, plane mit, regiere mit!'"

Als Teilhaberecht sicherte Art. 25 Abs. 3 Satz 1 DDR-Verf. 1974 darüber hinaus das Recht aller Bürger „auf Teilnahme am kulturellen Leben", wobei diese Rechtsverbürgung zwar als über das bloße Recht auf Aneig-

---

[123] Staats- und Rechtsgeschichte der DDR, o. Fußn. 120, S. 190.

[124] Die Verfassung der Deutschen Demokratischen Republik vom 7. Oktober 1949 ist beispielsweise abgedr. in: Institut für Theorie des Staates und des Rechts der Akademie der Wissenschaften (verantwortlich: K.-H. Schöneburg), Geschichte des Staats und des Rechts der DDR – Dokumente 1945–1949, 1984, S. 258 ff.).

[125] S. hierzu *Herwig Roggemann*, S. 85. Zum Grundrechtsverständnis und zum Funktionswandel der Grundrechte in der DDR s. *ders.*, ebd., S. 37 und 83 ff.; zur „sozialistischen Grundrechtskonzeption" und zu „sozialistische(n) Grundrechte(n) und Menschenrechte(n)" s. *Siegfried Mampel*, Die sozialistische Verfassung, Rdnrn. 5–39 (S. 536–558) und Rdnrn. 40–45 (S. 558–563) zu Art. 19 sowie aus Sicht der DDR-Staatsrechtsdoktrin: Akademie für Staats- und Rechtswissenschaft der DDR (Hrsg.) Staatsrecht der DDR, S. 176–214.

[126] S. *Herwig Roggemann*, S. 83; vgl. auch *Dietrich Müller-Römer*, S. 45 ff.

nung kultureller Werte hinausreichend verstanden und das Recht auf Selbstbetätigung im kulturellen Bereich als mit eingeschlossen erachtet wurde.[127]

Das ideologisch besonders linientreue Lehrbuch „Staatsrecht der DDR" bekräftigt diese Auffassung durch die erläuternden Bemerkungen, daß „das Recht auf Teilnahme am kulturellen Leben (...) ein Ausdruck dessen (ist), daß im Sozialismus die Kultur in allen ihren Erscheinungsformen dem Volk gehört (!) und dient (!). Demzufolge haben die Bürger den Anspruch darauf, die Errungenschaften der Kultur zu nutzen, sich aktiv anzueignen wie auch mit eigenen schöpferischen Leistungen die sozialistische (!) Kultur weiter zu entwickeln."[128] [Ausrufezeichen vom Verf.]

Da jedoch die Teilnahme am kulturellen Leben aufgrund der den Verfassungsbestimmungen inhärenten Normlogik nur in der prädisponierten Version der sozialistischen Nationalkultur i. S. d. Art. 18 Abs. 1 DDR-Verf. 1974 garantiert sein konnte, fiel konsequenterweise jede dem Bereich „imperialistischer Unkultur" zuzuordnende Freiheitsausübung schon begrifflich aus dem garantierten Gewährleistungsbereich der Verfassungsnorm heraus.[129]

Die proklamierten Leitideen, das konstruierte Selbstbild und der in offiziellen wie halbamtlichen Publikationen erhobene Anspruch einer umfassenden (totalitären[130]) Verfügungsmacht über das Kultur- und Kunstleben,

---

[127] *Siefgried Mampel*, Die sozialistische Verfassung, Rdnr. 17 zu Art. 25.

[128] *Eberhard Poppe*, Grundrechte und Grundpflichten der Bürger der DDR (Kapitel 6) in: Staatsrecht der DDR, S. 207.

[129] S. auch *Siegfried Mampel*, Die sozialistische Verfassung, Rdnrn. 18 und 22 zu Art. 25.

[130] *Alexander Sidorow*, Stalins Kunst aus sowjetischer Sicht, Vorwort zu: *Matthew Cullerne Bown*, Kunst unter Stalin 1924–1956, 1991, S. 9ff. kennzeichnet den „Sozialistischen Realismus" als „eine totalitäre Methode, angewendet von einer totalitären Kultur, eine praktische Art, die Kunst zu beherrschen, so daß die Kunst zur Dienerin des Staates und der Parteibürokratie geworden ist." – Weiterführend zum Thema: *Manfred Jäger*, Kultur und Politik in der DDR 1945–1990 – Ein historischer Abriß, 1994. Zur Funktion und Aufgabenstellung der Kunstförderung im stalinistischen Sowjetstaat s. ferner: Solomon Volkow (Hrsg.), Zeugenaussage – Die Memoiren des Dmitrij Schostakowitsch, 1979 (Taschenbuchausgabe 1981), S. 22 („Wie viele andere Besucher zeigten sich die berühmten Musiker [gemeint sind „bedeutende Komponisten der Avantgarde, unter ihnen Hindemith und Bartok"] tief beeindruckt von der Großzügigkeit, mit welcher der neue fortschrittliche Staat die neuen Künste förderte. Indessen gibt es in Wahrkeit keine Wunder. Es stellte sich bald heraus, daß die staatlichen Mäzene nur gewillt waren, jene Arbeiten zu fördern, die Propaganda enthielten."). *Krzysztov Meyer*, Schostakowitsch – Sein Leben, sein Werk, seine Zeit, 1995, S. 69ff. skizziert in einer eindringlichen Situationsbeschreibung die „Ausweitung der kommunistischen Machtstrukturen auf das Kulturleben" und zitiert in diesem Kontext die metaphorisch verbrämte Rechtfertigung der freiheitsfeindlichen Tendenzen durch den damals führenden Literaturkritiker Pjotr Kogan aus dem Jahre 1924 (S. 87: „Die Revolution muss für lange Zeit ihr Ziel

manifestieren in nicht mißzuverstehender Deutlichkeit, daß in einem Staatswesen derartigen weltanschaulichen Zuschnitts das Prinzip staatlicher Neutralität in Kultur- und Kunstangelegenheiten bereits kraft allgemeingültig formulierter Selbstdefinition geradezu programmatisch zielgerichtet ausgeschaltet werden sollte, um an seiner Stelle verordnete Parteilichkeit[131] zu installieren.

Die in den wiedergegebenen Textpassagen enthaltene Negation des Neutralitätspostulats und seine dezidierte (dialektische) Umkehrung in ein Parteilichkeitspostulat schlossen über den Tatbestand bloßer Nichtförderung hinausgehend die kalkulierte Benachteiligung, Inkriminierung und Verfolgung von Künstlern ein, die von der bindenden Parteilinie abwichen, den Partei- und Klassen(kampf)auftrag des „Sozialistischen Realismus"[132] ignorierten oder sich gar kritisch mit den politischen Verhältnissen und der Machtausübung von Partei und Staat auseinanderzusetzen wagten oder die für die Achtung elementarer Menschen- und Bürgerrechte eintraten. Beim Aufeinandertreffen von Staat und Kunst wurde die Ausübung der Kunst der ideologisch fixierten Staatsräson unterworfen.[133]

---

zugunsten der Mittel vergessen und die Träume von der Freiheit aufgeben, um die Disziplin nicht zu schwächen. Ein wunderbares Joch, nicht golden, sondern eisern, solide und organisiert – das ist es, was die Revolution vorerst an Neuem gebracht hat: an Stelle des goldenen ein eisernes Joch. Wer nicht versteht, daß dies der einzige Weg zur Befreiung ist, der versteht die vor sich gehenden Ereignisse überhaupt nicht."); als drastisches Beispiel für die totalitäre Ideologisierung des Musiklebens führt *Meyer* (S. 88f.) die Haltung der linksradikalen Gruppe PROKOLL („Proiswodstwenny Kollektiw Studentow Nautschno – Kompositorskowo Fakulteta" – Schöpferisches Kollektiv der Kompositionsstudenten) an, die sich 1925 von der 1923 gegründeten APM („Assoziazija Proletarskich Musykantow" – Verband der Proletarischen Musiker) abgespalten hatte und die die Ansicht vertrat, „das die Werke früherer Komponisten, wie zum Beispiel Tschaikowski oder Chopin, nicht nur unnötig seien, sondern sogar der Erziehung eines neuen, bolschewistischen Hörers schadeten."

[131] Die ästhetische Inszenierung des DDR-Sozialismus (als „politisches Gesamtkunstwerk" und „Corporate identity eines sozialistischen Deutschland") war Gegenstand der Ausstellung: „Parteiauftrag: Ein neues Deutschland. Bilder, Rituale und Symbole der früheren DDR", Berlin 1996.

[132] Zum „Sozialistischen Realismus" Stalinistischer Prägung s. *Matthew Cullerne Bown*, S. 102ff. Zur Theorie- und Begriffsbildung im Laufe der dreißiger Jahre (S. 104); S. 112 „Das ‚geistige Ingenieurwesen', das Stalin anstrebte, mußte (...) vom Staat gelenkt werden. Sozialistischer Realismus (...) bestand zu neunundneunzig Prozent aus Auftragsarbeiten über Themen, die die Komitees auswählten und die von der politischen Führung genehmigt worden waren."); pointiert auch S. 263: „Sozialistischer Realismus war ohne Zweifel das Dienstmädchen von Staat und Parteibürokratie!" Ein aktuelles poststalinistisches Beispiel für die Gängelung und Vereinnahmung der Literatur durch den Staat im (Un)Geiste des Stalinismus bietet der weißrussische Staatschef *Alexander Lukaschenko* (SZ Nr. 190 v. 20.8.1998, S. 13: „So lange ihr den Staat unterstützt, wird der Staat euch nicht zurückstoßen.").

Ein überaus bezeichnendes Beispiel dafür, daß die Politik in den frühen Jahren der DDR den Künstlern explizit vorgeschrieben hat, wie ein „parteiliches Kunstwerk" gestaltet sein müsse, bietet eine Episode, die die Sammlungsleiterin am Deutschen Historischen Museum in Berlin, Monika Flacke, in einem Aufsatz der Serie „Instrumentalisierte Kunst" unter dem Titel „‚Auftrag, gesellschaftlicher' – Die bildnerische Ausgestaltung des Staatssozialismus der DDR"[134] referiert hat:

„1950 ging der Künstler Max Lingner als Sieger aus einem begrenzten Wettbewerb in Berlin hervor, den die Regierung der DDR veranstaltet hatte, um in der Pfeilervorhalle des Hauses der Ministerien ein Wandbild anbringen zu lassen. (...) Da sich Lingner als politischer Künstler verstand und sich am Aufbau des Landes beteiligen wollte, ist es nicht erstaunlich, daß er wenig dagegen einzuwenden hatte, daß Otto Grotewohl, erster Ministerpräsident der DDR, sozusagen als Repräsentant des Staates letztlich bestimmte, wie das Wandbild auszusehen hatte. Der Politiker war nämlich der Meinung, daß es aber noch wesentlicher Änderungen bedürfe, um ein ‚parteiliches Kunstwerk' im Sinne des Sozialismus zu werden. So ist es auch zu erklären, daß zwischen Lingners erstem Entwurf und dem von Grotewohl abgesegneten Bild erhebliche Differenzen auszumachen sind.

Die Kritik des Politikers richtete sich vor allem gegen die inhaltliche Aussage des ersten Entwurfs. Grotewohl wollte ein ‚sozialistisch-realistisches Kunstwerk', ihm fehlte ‚eine genügende Wiedergabe der Schwerindustrie als der ersten Voraussetzung aller weiteren Erfolge ... es fehlte auch eine Darstellung des fortschrittlichen Prinzips, des demokratischen Zentralismus. Schließlich lag ein Mangel bei der ... Bündnisgruppe in der Mitte des Bildes. In ihrem Zentrum stand der Intellektuelle ... Tatsächlich aber ist die Arbeiterklasse Initiator und Träger dieses Bündnisses.' Diese Kritik mußte Lingner berücksichtigen, bevor Grotewohl endlich die sechste Fassung des Bildes akzeptierte und der erste große Auftrag der DDR im öffentlichen Raum ausgeführt werden konnte."

---

[133] Eindringlich beschreibt der Schauspieler *Manfred Krug* in seinem 1996 erstveröffentlichten Buch „Abgehauen – Ein Mitschnitt und ein Tagebuch" (Taschenbuchausgabe 1998) die „Gefährlichkeit der Symbiose von Macht und Kunst" im DDR-System. Höchst aufschlußreiche Einblicke in die kulturpolitische Situation bietet der Tonband-"Mitschnitt" (S. 5–112) einer Debatte zwischen elf renommierten Künstlern (Jutta Hoffmann, Angelika Domröse, Jurek Becker, Stefan Heym, Heiner Müller u.a.) und drei hochrangigen DDR-Kulturfunktionären (Wortführer: Werner Lamberz, Politbüromitglied, Chef der Abteilung Agitation und Propaganda) über die „Protest"-Note, die namhafte Literaten, Schauspieler, Theaterleute, bildende Künstler u.a. „Kulturschaffende" aus Anlaß der am 17.11.1976 erfolgten zwangsweisen Ausbürgerung des „Liedermachers" Wolf Biermann veröffentlicht hatten; dieser „Episode" misst auch *Hermann Weber*, S. 304ff. (305) herausragende Bedeutung zu, um die „repressive Kulturpolitik" in der DDR der ausgehenden siebziger Jahre zu charakterisieren. Die Lage der Gegenwartsautoren in der DDR dokumentiert auch der literaturgeschichtliche Band von *Jürgen Serke*, zuhause im exil, 1998; den Problemkreis behandelt überdies: *Joachim-Rüdiger Groth*, Widersprüche. Literatur und Politik in der DDR 1949–1989, 1994.

[134] SZ Nr. 78 v. 6.4.1994, S. 13.

Die Auseinandersetzung zwischen Grotewohl und Lingner zeige „exemplarisch, daß der Künstler die Utopie ins Bild setzen mußte, damit das Volk sah, was unter Sozialismus zu verstehen sei – so wie im Mittelalter den Gläubigen die Essentials der Bibel über die Bilder erzählt wurden", so lautet die Wertung Monika Flackes. Nicht minder erhellend ist ihr Hinweis, daß die Auftragnehmer die Rahmenbedingungen zu akzeptieren hatten, die definitorisch festgeschrieben waren, wie etwa der Begriff „Auftrag, gesellschaftlicher", dessen Inhalt das „Kulturpolitische Wörterbuch von 1978" genau bestimmte: „Methode zur Förderung des Entstehens neuer Kunstwerke, die von Kollektiven der Werktätigen, Leitungen gesellschaftlicher Organisationen, staatlichen Leitungen, von Kultureinrichtungen oder von Betrieben angewandt wird. Die kollektiven Auftraggeber vertreten die gesellschaftlichen Interessen an der Entwicklung einer ‚sozialistisch-realistischen Kunst ...'" wobei „persönliche Interessen des Künstlers" a priori identisch seien mit den „Interessen der Gesellschaft".

Der von Peter Häberle 1991 erarbeiteten kulturverfassungsrechtlichen Analyse und Bewertung des DDR-Kulturstaatsrechts bleibt als Resümee nichts hinzuzufügen: Die geschlossene Gesellschaft wurde mit Hilfe des staatlichen Kulturrechts etabliert;[135] auf diese Weise degenerierte das Kulturrecht zum „Staatskulturrecht",[136] das im realexistierenden Sozialismus nicht widerlegt, sondern eher zu Ende geführt wurde[137]. Die „Kommandokultur" des SED-Staates und die Texte der sozialistischen Verfassung stellen sich daher ideell und realiter als Gegenbilder zum pluralistisch offenen verfassungsstaatlichen Kulturverfassungsrecht dar.[138]

3. Vereinnahmungstendenzen der Künste durch den Staat in der Gegenwart der Bundesrepublik Deutschland

Auch aktuell in der Gegenwartssituation der Bundesrepublik Deutschland sind zunehmend Tendenzen der Vereinnahmung und Indienststellung der Kunst zum höheren Nutzen und Frommen staatlicher Selbstdarstellung auszumachen, die die Fragwürdigkeit öffentlich-rechtlicher Kulturfinanzierung und Kunstförderung in aller Schärfe erkennbar werden lassen.

Daß die „bildende Kunst (...) immer mehr zum Vehikel politischer Repräsentation" werde und „Renommee durch Kunst: Ein Diktat zeitgenössischer Stimmung" sei, hat der Kulturpublizist Laszlo Glozer unter der

---

[135] *Peter Häberle*, Das Problem des Kulturstaates im Prozeß der deutschen Einigung – Defizite, Versäumnisse, Chancen, Aufgaben, JöR 40 (1991/1992), S. 291 ff. (S. 316).

[136] *Ders.*, ebd., S. 316.

[137] *Ders.*, ebd., S. 316.

[138] *Ders.*, ebd., S. 313 u. 316.

Schlagzeile „Ein Hauch von Größenwahn" schon 1992 beklagt; immerhin – so Glozer – stelle sich die Frage, ob die Kunst, die sich unter dem Schlagwort „Mit Kunst läßt sich Staat machen" „unübersehbar aufgeblasen zur kulturpolitischen Größenordnung" gewandelt habe, nicht den Geist aufgebe, „wenn sie so luxuriös aufgebahrt" werde.[139]

In erster Linie mit Blick auf die vom Bundesaußenminister zu verantwortende auswärtige Kulturpolitik setzte sich der Dichter Hans Magnus Enzensberger[140] 1995 im „Spiegel" sarkastisch-süffisant mit dem (vermuteten) kulturellen Horizont und Vorstellungsvermögen der zuständigen Beamten und Politiker („Um eine sinnvolle Kulturpolitik zu machen, müßte man wahrscheinlich eine Ahnung davon haben, was unter Kultur zu verstehen ist. Die Politiker wissen es nicht.") auseinander: „Kultur als bloßes Dekor – daß die Diplomatie für eine solche Auffassung besonders anfällig ist, wird niemanden überraschen. Im Auswärtigen Amt ist man wie eh und je auf Repräsentation bedacht. Ein wenig geborgter Glanz macht sich bei jedem Staatsbesuch gut; ein Streichquartett versüßt das gesellschaftliche Leben der Botschafter; die teure Geste schafft ein angenehmes Verhandlungsklima. Deshalb richtet sich" – so fährt Enzensberger, der hier unversehens die Gefahrenpotentiale der Instrumentalisierung der Kunst als bloßes (affirmatives und sekundär-motiviert eingesetztes) Mittel zum Zweck anklingen läßt, fort – „der kulturelle Ehrgeiz des Amtes vor allem auf Großprojekte und Großveranstaltungen."

Daß Willy Brandts Vorstellung von der Kultur als der „dritten Säule der Außenpolitik" in der Amtszeit des Außenministers Klaus Kinkel endgültig zur bloßen aktionistisch instrumentierten Handlungsoption wirtschaftspolitischer Zielsetzungen zu verkommen drohte, läßt sich aus der Rede ablesen, die der damalige Außenamtschef 1996 aus Anlaß des Symposiums „Kultur, Kommerz und Außenhandel" im Frankfurter Römer gehalten hat[141]: Die auswärtige Kulturpolitik bezeichnete er als „prioritäre Aufgabe" und „Investition", von der künftiger außenwirtschaftlicher Erfolg abhänge. Kinkels Beitrag gipfelte in einem ideologisch-zeitgeisttypischen Credo neoliberalistischer Provenienz, das eine geradezu indolente Haltung gegenüber dem Eigenwert kultureller Arbeit offenbarte: „Mit der kulturpolitischen Kapitalrendite (!) helfen wir die Existenzgrundlage unseres Landes zu sichern."[142]

---

139 SZ Nr. 225 v. 29.09.1992, S. 14.

140 *Hans Magnus Enzensberger*, Auswärts im Rückwärtsgang – über die Blamage der deutschen Kulturpolitik im Ausland, Der Spiegel, Nr. 37/1995, S. 215ff. (215, 217).

141 S. den Bericht von *Verena Auffermann* in: SZ Nr. 13 v. 17.01.1996, S. 13 („Die Muß-Ehe: Wirtschaft und Kultur").

142 Ebd. Daß auswärtige Kulturpolitik der Verbreitung und Absicherung der Demokratie zu dienen vermag, unterstrich Bundespräsident *Roman Herzog* in seiner

Bitter kommentierte Verena Auffermann diese Auslassung in der Süddeutschen Zeitung:

„Man weiß nicht genau, ob man lachen oder weinen soll. Kultur in Zeiten wirtschaftlichen Wohlergehens eine lästige Kostenstelle, soll jetzt das Produkt Deutschland wieder attraktiv machen. (...) Ein erschreckender Wendepunkt ist erreicht. Die ‚Erfolgsfalle' Deutschland funktioniert nicht mehr. Erst wenn die Geschäftsabschlüsse weniger werden, beginnt man, sich über Kulturpolitik den Kopf zu zerbrechen."[143]

Wie berechtigt eine kritische Haltung gegenüber „Großspurigkeit" (Enzensberger), Gönnerhaftigkeit und potentatenhaftem Gebaren staatlicher (öffentlicher/regierungsamtlicher) Stellen und staatlicherseits eingesetzter Sachverständigengremien im Verhältnis zu Kunstleben und Kunstschaffenden ist, kann aus dem vom Bundesminister für Raumordnung, Bauwesen und Städtebau in Auftrag gegebenen, im Oktober 1997 vorgelegten und im März 1998 öffentlich vorgestellten Kunstkonzept des Kunstbeirates der Bundesregierung erschlossen werden, nach dessen Zielsetzungen sich die „vergrößerte Bundesrepublik" in den Berliner Ministerien darstellen wird; „Renommierte Künstler sollen dazu beitragen, ‚die internationale Bedeutung des neuen Regierungssitzes Berlin zu unterstreichen.'"[144]

Bei einem Gesamtbudget von ca. 30 Mio. DM fordert die Kunstkonzeption insgesamt 84 Künstler auf, für 36 Standorte spezifische Arbeiten zu entwickeln[145] und das „Bild zu prägen, das sich die Welt vom demokratischen Bauherrn macht."[146]

Aufschlußreich sind überdies die Aufgabenbeschreibungen und zu beachtenden Vorgaben für die Künstler, die zur konzeptionellen Entwicklung besonders repräsentativer (und wegen ihrer Öffentlichkeits- und Medienwirksamkeit heikler) Lokalitäten gezielt ausgesucht und bereits konkret eingeladen wurden:

Z.B. beschränkter Wettbewerb für die Brandgiebelwände („Sie liegen im Blickpunkt ankommender Staatsgäste und werden beim Defilee wahrge-

---

Laudatio aus Anlaß der Vergabe der Goethe-Medaille des Goethe-Instituts 1998 u.a. an Lord Ralf Dahrendorf („Vielleicht kann man sogar sagen: Erst die Globalisierung macht die auswärtige Kulturpolitik zu einer wirklichen Notwendigkeit. Erst im Horizont der Globalisierung wird sie tatsächlich zu jener unverzichtbaren dritten Säule in den internationalen Beziehungen, zu der sie Anfang der siebziger Jahre erklärt worden ist. Auswärtige Kulturpolitik kann und muß unter anderem auch der Verbreitung und Absicherung der Demokratie dienen. Erst damit wird deutlich, was eigentlich auf dem Spiel steht." – SZ Nr. 68 v. 23.3.1998, S. 14.).

143 *Verena Auffermann*, o. Fußn. 141.

144 Zitiert nach: Kunstzeitung, Nr. 21, Mai 1998, S. 4.

145 Ebd.

146 Ebd.

nommen.“) oder bezüglich des Fest- und Sitzungssaales (der in Aussicht genommene Künstler erscheint ganz besonders geeignet, „mit formalen Mitteln dem Raum eine ebenso stringente wie feierliche Note zu geben.“).[147]

Abgesehen von der geradezu irritierenden Floskelhaftigkeit und Inhaltsleere der zuvor zitierten Begründungspassage, scheint der eher verbitterte Kommentar gerechtfertigt, daß „eine Ästhetik des Widerstands (...) längst zu den Akten gelegt (sei), soziale Strategien als künstlerische Praktiken der Gegenwart (...) den Eingang noch nicht gefunden (haben) in die Ordner der Republik.“[148]

Sehr eindrucksvoll hat auch Niklas Maak in seinem Essay „Die blauen Engel“ jüngst nachgewiesen[149], daß „das neue Berlin (...) seine Zukunft in den Formen der Vergangenheit“ sucht, in dem es dem Traum vom leuchtenden Berlin, von der alten preußischen Residenzstadt, die aus dem märkischen Sand heraus zu weltstädtischem Format auswächst“ nachjage. Es entstehe mit den spektakulären Neubauprojekten „ein neues Berlin, das als Welt- und Hauptstadt der Republik ihren Namen, ihr Gesicht und ihre Orte geben soll“, wobei jedoch „die sogenannte ‚Berliner Republik‘ (...) ohne die mystischen Bilder vom großstädtischen Leben der Weimarer Republik nicht auszukommen“ scheine: „Selten ging die Suche nach Formen für die Zukunft so nach hinten los wie in der ‚Berliner Republik‘“. Die politischen Implikationen und Konsequenzen der städtebaulichen Konzepte der öffentlich-rechtlichen Entscheidungsträger können nicht schärfer umrissen zum Ausdruck gebracht werden, als dies Maak mit der im zitierten Essay enthaltenen Feststellung getan hat: „Der neue Historismus ist auch eine Form der Enthistorisierung: Kein Schnitt, kein Hohlraum stört die [mit künstlerisch-architektonischen Gestaltungsmitteln hervorgerufene, B.W.] Fiktion der unbelasteten Geschichte, das Kontinuum lebendiger Einkaufsstraßen, auf denen der Berliner bummeln soll.“[150]

Jedenfalls ist es nicht von der Hand zu weisen, daß vordringlich dem Repräsentationsgedanken dienende Staatsauftragskunst durch die Präferierung entsprechend prädisponierter Werkgestaltungen zumindest Gefahr läuft, die Produktion selektiv handverlesener Gesellschaftsbilder und dadurch scheinbar bestehender Gesellschaftswirklichkeiten anzustoßen, deren ausschnitthafte Imaginationen von der plural(istisch)en Gesellschaftsrealität

147 Ebd.

148 Ebd.

149 SZ Nr. 301 v. 31.12.1998/1.1.1999, S. 17.

150 Ebd. S. hierzu auch den Aufsatz von *Johannes Willms*, „Nation und Definition – Was ist und wer braucht die ‚Berliner Republik‘?“, SZ Nr. 271 v. 24.11. 1998, S. 13, der sich kritisch mit dieser Begriffsbildung auseinandersetzt und die Hauptstadtrolle Berlins ebenfalls vor dem Hintergrund der Historisierung der jüngeren Vergangenheit und der damit verbundenen Relativierung reflektiert.

Welten entfernt, von propagandistischer Selbstinszenierung[151] (dann möglicherweise) aber nur noch durch eine hauchdünne Membrane getrennt sind.

Das Erfordernis einer tragfähigen Legitimationsbasis des staatlichen Kunstförderungs- und Kulturauftrages (als Grundlage und Ausgangspunkt der Ausgestaltung rechtlich umgrenzter Rahmenbedingungen und Verfahrensvorgaben) stellt sich auch im demokratisch-pluralistischen Staatswesen der Bundesrepublik Deutschland uneingeschränkt.

---

[151] In ihrem Festvortrag „Inszenierung von Kultur" anläßlich des 20 jährigen Bestehens des Bayreuther Universitätskreises der Evangelischen Akademie Tutzing vertrat *Erika Fischer-Lichte* sogar die Meinung „daß die europäische Kultur immer eine inszenierte Kultur" sei und „daß öffentliche Kultur gar nicht anders denn als Inszenierung funktionieren" könne (Zit. nach NK v. 14.12.1998, S. 7).

Kapitel 4

Künstlerstellungnahmen zur öffentlichen Kunst- und Kulturförderung (einschließlich besonderer Legitimationsgesichtspunkte)

I. Die Dialektik der freiheitsermöglichenden und freiheitsverengenden Wirkung von Kunst- und Kulturförderungsmaßnahmen

Im Sommer 1982, und damit ein Jahr vor der maßstabsetzenden Kölner Staatsrechtslehrertagung zum Thema „Kulturauftrag im staatlichen Gemeinwesen"[1], veranstaltete die Theodor-Heuß-Akademie in Gummersbach unter dem Motto „Verrechtlichung der Kunst? oder: Über den rechtlichen Umgang mit Kunst" einen kulturpolitischen Kongreß über das Verhältnis zwischen Kunst und Justiz, dessen Teilnehmer – Künstler und Kulturpolitiker, Kulturjournalisten und Juristen – das grundsätzliche und vielschichtige Dilemma staatlicher Kulturpolitik und öffentlicher Kunstförderung, das nur durch die „Quadratur des Kreises" zu lösen sei, benannten: Kulturelle Daseinsvorsorge zu realisieren, ohne einzugreifen in die Freiheit künstlerischen Wirkens, sich stets vergegenwärtigen zu müssen, daß Subvention und Zensur haarscharf nebeneinander lägen, Mäzenatentum und Kunstrichtertum oft als Zwillinge aufträten.

Die nur schwer zu beantwortende und letztendlich offen verbleibende Frage, ob staatliche Förderung als subtile Form der Zensur anzusehen sei, wurde während der Diskussionen auf die schlichte Formel gebracht: „Wer Geld gibt, lenkt auch."[2]

Jedenfalls ist es unmittelbar evident, daß sekundär motivierte Förderungszwecke und -absichten (etwa das Verständnis von Kunst und Kultur als

---

[1] Dokumentiert in: VVDStRL 42 (1984).

[2] *Hans Vorländer*, NJW 1983, S. 1175f. (1175) – Tagungsbericht. – Pointiert: „Zensur über den Geldbeutel" (SZ Nr. 159 v. 13.7.1994, S. 13: „Genf gegen Voltaire" – Bericht über die Verweigerung der finanziellen Unterstützung einer Aufführung des Stücks „Der Fanatismus oder Mahamet der Prophet" (1741) von Voltaire, auf Betreiben moslemischer Kreise in Genf und des „grünen" Kulturbeauftragten der Stadt, da dieses geeignet sei, „neue Gegensätze zwischen den Zivilisationen" zu fördern (Die besondere Pointe besteht darin, daß Voltaires Stück schon 1741 nach drei Aufführungen aufgrund der Einflußnahme der katholischen Kirche, die sich durch die Satire angegriffen sah, verboten worden war.)).

„weiche Standortfaktoren" zur Pflege ökonomisch wirksamer Imageinteressen oder zur Stützung touristischer Marketingstrategien) als Übergriffe kunstfremder Interessen auf das Gebiet der Kunst deren Bestimmung, nur ihren eigenen Gesetzen und Ansprüchen zu leben, gefährden können; die „Unterwerfung der Kunst unter nicht künstlerische, etwa politische Vorgaben und Sinnzumutungen" ist in der kunstwissenschaftlichen Literatur sogar als „ein Eingriff in die Freiheit der Kunst" gewertet worden, der dazu führe, „daß Kunst aufhört Kunst zu sein."[3] Vor dem Hintergrund der vielfältigen außerkünstlerischen Determiniertheit künstlerischer „Hervorbringungen", deren apodiktisch behauptete „Warenförmigkeit" gelegentlich absolut gesetzt und in verabsolutierender Weise mit dem Begriff „Kulturindustrie" definiert wird[4], scheint es nur konsequent zu sein, die Freiheit der Kunst als Illusion zu bezeichnen: „Der Slogan von der ‚Freiheit der Kunst' ist ein Irrtum. Kunst ist nicht frei. Künstler werden benutzt, ihre Werke auch. Die Kunst lebt zu allen Zeiten von materiellen oder ideellen Auftraggebern und vom Material, das die Gesellschaft bietet."[5]

II. Beispielhafte Stellungnahmen aus der Welt der Kunst und Kultur zur kulturellen Verantwortungswahrnehmung des Staates

Die heftig diskutierten Standpunkte des Für und Wider im Streit über den Sinn und Zweck öffentlicher Kunst- und Kulturförderungsgewährung spiegeln sich besonders deutlich in den Debattenbeiträgen von Künstlern und der im Kulturleben Engagierten, zwischen den selbst tiefe Uneinigkeit über die Legitimität öffentlicher Kunst- und Kulturinterventionsmaßnahmen herrscht. In den manchmal pointierten, gelegentlich polemisch-geschliffenen – mitunter sogar in künstlerischen Werken anzutreffenden – Statements von Literaten, Musikern, Theaterleuten, Kunst- und Kulturkritikern, -funktionären und -politikern zeichnet sich die außerordentlich weitgesteckte Bandbreite des zwischen fordernder Zustimmung und gereizter Ablehnung und

---

[3] *Martin Warnke*, Das Bild als Bestätigung, in: Werner Busch (Hrsg.), Funkkolleg Kunst – Eine Geschichte der Kunst im Wandel ihrer Funktionen, Bd. II., 1987, S. 483 ff. (493).

[4] Der Essay von *Heinz Steinert*, Im Reich der schönen, guten Waren – Kritik nach dem Ende der Kritik: Sie muß vom Konsumenten lernen, wenn sie überleben will, Die Zeit Nr. 5 v. 28.1.1999, S. 34 beispielsweise kulminiert in den Behauptungen: „Adornos Diagnose der Warenförmigkeit von Kultur (...) ist über die Jahrzehnte immer richtiger geworden. Ein kultureller Ort außerhalb dieser Warenform existiert nicht. (...) Es gibt keine Kultur jenseits der Kulturindustrie. Alle Kunst ist auch Ware. (...) Besonders die Fraktion, die immer noch versucht, eine Kultur jenseits der Kulturindustrie zu finden, oder die Aussichtslosigkeit dieses Versuchs beklagt, fällt genau damit auf diese herein."

[5] *Verena Auffermann*, Saison der Dienstleister – Die Illusion von der Freiheit der Kunst, SZ Nr. 133 v. 13.6.1997, S. 13.

zahllosen Zwischentönen changierenden Meinungsspektrums ab, das durch einige markante Beispiele illustriert werden soll:

1. Positionen des Pro

Vorab bemerkenswert ist zunächst jedoch der Umstand, daß eine beachtliche Anzahl der in der Öffentlichkeit dezidiert geäußerten Plädoyers für die Wahrnehmung einer Einstandspflicht des Staates für die Pflege der Kunst und die Annahme eines Einstehenmüssens der öffentlichen Hände (des Gemeinwesens) im Sinne einer Garantenstellung für die Bewahrung künstlerischer Freiräume, inhaltlich durch die Verwendung von Begriffen aus der verfassungsjuristischen Terminologie der seit den siebziger Jahren geführten staatsrechtlichen „Kulturauftragsdiskussionen" aufgeladen worden ist.

a) Beleg aus der Zeit der Jahrhundertwende

Einen frühen Beleg eines zukunftsweisenden, an das öffentliche – kommunale oder staatliche – Gemeinwesen gerichteten Appells, angesichts der obwaltenden gesellschaftlichen Verhältnisse und Umbrüche der Modernität aus sozialer Verantwortung und im Geiste sozialer Gerechtigkeit die dem Gemeinwohlinteresse dienende Förderungsverpflichtung zugunsten des Kunstlebens zu erkennen und zu erfüllen, enthalten die 1891 von dem Dichter, Publizisten und Politiker Michael Georg Conrad erläuterten Ziele der 1890 von ihm in München gegründeten „Gesellschaft für Modernes Leben":

„Alles was die staatliche Fürsorge in Veranstaltungen für Kunst, Literatur, Theater, neuer Erkenntnis zu leisten vermag, kommt den wahrhaft modernen Geistern immer erst in allerletzter Linie zugute – und gar manches muß der Staat aus seinem Begriff und Wesen heraus überhaupt ablehnen, anderes kann er sich erst aneignen, wenn es in jahrelanger Wirksamkeit seine Lebensfähigkeit erprobt und mit dem Warten den bösen Geruch der Modernität einigermaßen verloren. (...)

Ist es beim Staate das konservative Prinzip, welches der geistigen Bewegungen Fesseln anlegt, so ist es beim Privatkapitalismus das Prinzip des letzten kaufmännischen Nutzens, welches die Gesetze diktiert und das Verhältnis zu Künstlern und Schriftstellern regelt. Und wer sein Brot beim Privatkapitalismus als Künstler und Dichter zu suchen gezwungen ist, hat diesen Gesetzen sich anzupassen, solange die geistigschöpferischen Kräfte sich nicht organisieren und sich die Bedingungen ihrer materiellen Existenz selbst schaffen.

Wer sich an die Familienblätter verkauft, der muß Familienblätterliteratur schreiben und Familienblätterbilder zeichnen und malen.

Je länger dieser Zustand, sich blind überlassen, dauert, desto schlimmer für alle Teile: für den Staat, für das Volk, für Künstler und Dichter. Die Zerrissenheit, die

Zerklüftung und Entfremdung wächst auf allen Seiten. Keiner versteht mehr den anderen, jeder macht Front gegen den anderen – und in die Entwicklung des Geistes, die sich nun einmal nicht bannen läßt, kommt die gefährlichste Spannung. (...)

Es müssen Übergänge geschaffen, Brücken gebaut werden vom Alten ins Neue, von der Antike mit ihrem furchtbaren Epigonenschweif in die Moderne (...).

Die Kunststadt München darf in solch nützlichem Tun nicht zurückbleiben. Auch für uns ist die Zeit gekommen, mit Energie und Klugheit der Moderne eine Pflegestätte zu bereiten. Auch wir wollen den Weizen des neuen Geistes zu frischem Mehl und Brot verarbeiten und dem Volke, das nach Neuem und Kräftigem hungert und des alten Breies genug hat, darbieten. (...)

... wir werden der städtischen Kunstpflege eine sorgfältige Kritik widmen und bei besonderen Veranlassungen, wo die Tageszeitungen lau und flau sind (...) die Aussprache der ehrlichen öffentlichen Meinung organisieren, damit die Stadt vor Schaden bewahrt bleibe. Denn das verhehlt sich kein Kenner unserer inneren Münchener Verhältnisse, das trotz alles Glanzes nach außen Kunst und Kunstpflege noch nicht auf der Höhe stehen, auf der sie stehen könnten, wenn mehr das Talent und die Leistung und weniger die Rücksicht auf die Person den Ausschlag gäbe. Jedenfalls ist die Kunstkraft von München nicht in dem erschöpft, was öffentlich ausgestellt, öffentlich belobt und öffentlich gekauft wird. (...)

Jeder mit der Gabe, die ihm Natur und gesellschaftlicher Stand verliehen, wollen wir, mit der Bibel zu reden, den Armen das Evangelium predigen, d.h. in Wort, Schrift, Kunstwerk, Beispiel eintreten für das Ideal der sozialen Gerechtigkeit. (...)

... daß dieses Gefühl der gleichen Verpflichtung und gleichen Verantwortlichkeit sich in soziale Tatsachen umsetze, dazu wird die unaufhörliche Forderung, welches die Moderne stellt, auf allen Gebieten der Kunst, der Literatur, des Lebens mächtig beitragen."[6]

Besonders beachtlich an diesen Textpassagen ist, daß der Autor die zu seiner Zeit in München praktizierte städtische Kunstpflege mit den Konsequenzen und Forderungen konfrontiert, die sich aus den auf das gesamte soziale Lebensgefüge durchschlagenden Modernitätsschüben des ausgehenden 19. Jahrhunderts ergaben und sie mit dem Postulat sozialer Gerechtigkeit verknüpfte, wobei er zugleich durch die Kritik an den „privatkapitalistischen Kunstproduktionsverhältnissen" – jedenfalls indirekt – die unverzichtbare Notwendigkeit erkannte und hervorhob, Freiheitsräume von Künstlern und Schriftstellern durch Maßnahmen öffentlicher Kunstpflege abzusichern. Dadurch wird das zentrale Anliegen seines Petitums erkennbar: Daß sich die Kunststadt München und die von ihr ausgeübte Kunstpflege künftighin nicht nur gegenüber den Geboten der Modernität öffnen, sondern sich auch – zum Wohle von Staats-, Volks-, Gesellschafts- und

---

[6] Zit. nach: Walter Schmitz (Hrsg.), Die Münchner Moderne, 1990, S. 141 ff. (142 ff.).

Kunstleben – an den Freiheitsbedürfnissen der Künstler und der Verpflichtung zu sozialer Gerechtigkeit orientieren möge. Aus der durchgehend betonten Forderung, daß die gleiche Teilhabeberechtigung zu gewährleisten sei, läßt sich ablesen, daß Conrad die Möglichkeit aller sozialer Schichten, sich am Kunst- und Kulturleben beteiligen zu können, als wichtige und unverzichtbare Funktion des öffentlichen Gemeinwesens im Sinne einer sozialstaatlichen Komponente verstand.

b) Gegenwartsbezogene Stellungnahmen

Zurückhaltende Skepsis gegenüber staatlichen Obhutspflichten für den Kulturbetrieb klingt in einem Essay des renommierten Theaterkritikers Ulrich Greiner an, der sich im Februar 1990 unter dem Titel „Die Fröste der Freiheit – Kulturstaat oder Staatskultur“[7] einerseits mit Befürchtungen der Künstlerverbände der damals noch existierenden DDR auseinandersetzte, Kunst und Kultur drohe der Ruin, wenn sie Marktbedingungen ausgesetzt sein würden,[8] und der andererseits auch Grundsätzliches zu der Frage äußerte, ob Kunst und Kultur sich der Fürsorge des Staates anvertrauen sollten.

Nach einem kurzen Blick auf die zum Teil wörtlich zitierten Verfassungsbestimmungen der Artikel 5 Abs. 3 GG, Art, 142 WRV, Art. 34 Verfassung der DDR von 1949 und Art. 18 Verfassung der DDR von 1974, skizziert Greiner zunächst die Lage im früheren „SED-Staat“: „Die ‚Kulturschaffenden‘ der DDR waren Angestellte des Staates. Er bezahlte sie, er

---

[7] In: Die Zeit Nr. 9 v. 23.2.1990, S. 55.

[8] Ebd. findet sich der Aufruf der Akademie der Künste in Ost-Berlin und der Künstlerverbände der DDR zitiert, in dem mit Bezug auf die bevorstehenden Wahlen am 18.3.1990 ein kulturpolitisches Horrorszenarium entworfen wurde: „Lassen Sie nicht zu, daß sich die Politik aus ihrer kulturellen Verantwortung zurückzieht! (...) Wie kann Demokratie gedeihen, wenn sie den Zugang zu den geistigen Reichtümern nicht ebenso öffnet wie zu materiellem Wohlstand. (...) Der Staat hat eine Obhutspflicht für Kunst und Kultur, die nicht durch Marktwirtschaft außer Kraft gesetzt werden darf.“ – Zu diesem Problemkreis s. auch den instruktiven Leitartikel von *Rainer Stephan*, Läßt sich Kultur abwickeln, in: SZ Nr. 87 v. 15.4.1991, S. 4: (...) „Der staatliche, also SED-eigene Kunsthandel der DDR unterhielt in jeder besseren Kleinstadt mindestens eine Galerie mit einer Reihe von festangestellten Mitarbeitern – und die hätten ihr regelmäßiges Einkommen natürlich alle gern behalten. Nicht anders die bildenden Künstler selbst, die oft ganz gut von volkseigenen Aufträgen leben konnten, wenigstens sofern sie in Bereichen der angewandten Kunst tätig waren. (...) Sie alle haben mehr oder weniger davon profitiert, daß sich die DDR ihr Image als Kulturstaat einiges kosten ließ; sie alle haben aber auch mehr oder weniger dafür bezahlt: mit der Einschränkung ihrer persönlichen Freiheit. (...) Es gibt keine Möglichkeit, das letztenendes auf Wohlverhalten basierende Künstlersubventionierungs-System eines totalitären Staates in eine kapitalistische Demokratie hinüberzuretten.“

gab ihnen Arbeit, gewährte Westreisen, Wohnungen und Autos. Er verlangte Unterwerfung und Gehorsam“, um sodann ein zwar wenig euphorisches, den Eigenarten des Kunstlebens aber auf einfühlsame Weise gerecht werdendes Plädoyer für die Kunstsubventionierung durch den demokratischen Kulturstaat anzustimmen: „Die Künstler der DDR fürchten den freien Markt. Aber den gibt es ja auch bei uns nicht. Der Kulturbetrieb der Bundesrepublik ist weitgehend subventioniert. Aber anders als in der DDR bewegt er sich auf einem Spielfeld disparater Kräfte, gespeist aus Privatinitiative und staatlicher Unterstützung, Mäzenatentum und Kommerz. (...) Subvention der Kunst und Alimentierung der Künstler sind nicht dasselbe. Freiheitsanspruch und Rentenanspruch sind nicht deckungsgleich. Zwischen dem ‚Nachtwächterstaat‘ (so kritisierte Ferdinand Lassalle das liberale Modell) und dem Staat der totalen Vorsorge und Fürsorge gibt es den grauen Mittelweg der gemischten Verhältnisse. Den Künsten sind sie bekömmlicher. Notwendig wäre ein Kulturstaat, der schützt, was an der Kultur der DDR schützenswert ist. Schädlich wäre eine Staatskultur, die am Ende die Künste vor der Freiheit schützt.“

Ein nachdrückliches Bekenntnis zur öffentlichen Verantwortungswahrnehmung für den Bereich der Kultur legte der Generalintendant der Deutschen Oper Berlin, Götz Friedrich, ab.

Während der im Oktober 1991 in Leipzig stattfindenden Opernkonferenz deutschsprachiger Bühnen, deren Vorsitzender er ist, äußerte Friedrich die Sorge, daß die politisch Verantwortlichen von Bund, Ländern und Gemeinden angesichts der Aufgaben auf wirtschaftlichem und sozialem Gebiet die unersetzbare Rolle der Kunst verkennen könnten.[9]

Die Opernkonferenz warnte vor einem „kulturellen Klimasturz“ in Deutschland; Kultur sei, so betonte Friedrich, „eine öffentliche Angelegenheit wie das Gesundheitswesen oder der Umweltschutz.“[10]

Auch der Deutsche Bühnenverein, und vor allem dessen – bis zu seinem Tode im Frühjahr 1999 – in allen Kultursubventionsdebatten omnipräsenter Präsident August Everding, sehen das Theater als „eine öffentliche Aufgabe an, die einer öffentlichen Finanzierung bedarf“[11] und pochen auf die Verpflichtungen des Kulturstaats[12] Deutschland.

Daß die Anmahnung staatlicher Aufgabenerfüllung auf dem Kultursektor bisweilen auch in unverhüllt zorniger Diktion abgefaßt sein und die Grenze

---

[9] SZ Nr. 249 v. 28.10.1991, S. 37.

[10] Ebd. Ähnlich argumentierte *Eberhard Wagner* von der Studiobühne Bayreuth in einem Leserbrief (NK v. 5./6./7.1.1992, S. 13: „Kultursubventionen sind genauso wichtig wie Sozialsubventionen.“).

[11] S.z.B. SZ Nr. 138 v. 19./20.6.1993, S. 13.

[12] S.z.B. NK v. 10.6.1997, S. 25.

zur Unhöflichkeit streifen – wenn nicht gar überschreiten – kann, läßt sich dem offenen Brief des Komponisten György Ligeti, an den Regierenden Bürgermeister der Stadt Berlin, Eberhard Diepgen, entnehmen, in dem die Absicht des Berliner Senats angeprangert wird, das im Bereich der Musikethnologie international führende Institut für traditionelle Musik aus Einsparungsgründen zu schließen.[13]

Ligetis Schreiben kulminiert in der Passage:

> „Der Staat hat auch die Aufgabe, kulturelle Werte und die objektive Wissenschaft vor der Profitgier zu schützen. Ich fordere Sie auf (...) die törichte Entscheidung Ihrer Kultusbehörde rückgängig zu machen, bevor unheilbarer Schaden entsteht. (...) ... sparen kann die Regierung im eigenen Bereich: die Bürokratie ist zu einem (...) Moloch geworden. Da sollen Sie, bitte, Ihren Rotstift ansetzen. Mit höflichen Grüßen György Ligeti."

Freiräume zu schaffen und zugleich optimale Strukturbedingungen herzustellen, hält die Hamburger Kultursenatorin Christina Weiss in ihrem „Plädoyer für die Lebensfähigkeit der subventionierten Kultur"[14] für „die wichtigste Aufgabe der Kulturpolitik heute."

Sie beklagt, daß es, „obwohl die Künste den Anspruch auf politische Intervention nie aufgegeben haben (...) eine gedanklich unscharfe Kulturdebatte in unserem Land" gebe:

> „Während in Bereichen wie Straßen- und Wohnungsbau, Schule und Umwelt die Notwendigkeit staatlicher Finanzierung nie grundsätzlich in Frage gestellt wird, steht die Kulturförderung immer wieder und verstärkt unter Legitimationsdruck. Hier wird die Verwendung der Steuergelder besonders argwöhnisch beäugt, hier steht die vermeintliche Starrheit von Strukturen sofort am Pranger, hier heißt es sehr rasch, die Künstler würden von Zuwendungen ‚gemästet' und produzierten ihre Werke ‚abgeschnitten von der Gesellschaft.' (...) Es wirkt schon erschreckend, wenn die Kulturnation Deutschland die sicherheitsheischende Bequemlichkeit der Bürger überall duldet, im Bereich der Kulturförderung aber nach der Kreativität selbstausbeuterischen Engagements schreit. Der Grund dafür kann nämlich nur darin zu sehen sein, daß es keinen gesellschaftlichen Konsens über die überlebenswichtige Funktion der Künste für die Zukunft unseres Landes gibt. (...) Kultur ist ein Lebensnerv der Gesellschaft, weil sie mit den Orientierungs-

---

[13] Abgedruckt in: SZ Nr. 274 v. 29.11.1994, S. 11; aufschlußreich sind auch die folgenden Sätze: „Leider ist es so, daß die uninformierten Behörden den Weg des geringsten Widerstandes gehen: die Opfer sind diejenigen Gruppen und Institutionen, die keine Lobbies oder pressure groups hinter sich haben. Nur: solche opportunistische Entscheidungen sind nicht nur opportunistisch, sie zerstören gewachsene Kultur. Scheinbar ist die Musikethnologie ein marginaler Bereich, und sie besitzt keine politische Macht. Doch wer in kulturellen Dingen Mehrheitsverhältnisse beachtet, ist von grandioser Ignoranz. (...) ... kulturelle Kontinuität zu durchschneiden ist unverantwortlich und barbarisch."

[14] Unter der Überschrift: „Über Kunst kann es keinen Konsens geben", abgedruckt in: Die Zeit Nr. 23 v. 28.5.1998, S. 48.

linien der kulturellen Tradition, dem Wertesystem des Miteinanderumgehens und dem Spielraum der freien Künste den Bezugsrahmen bildet, in dem sich soziales Leben organisiert."

Auch in offiziellen Stellungnahmen und Verlautbarungen des bis zur Kabinettsneubildung im Herbst 1998 bestehenden Staatsministeriums für Unterricht, Kultus, Wissenschaft und Kunst des Freistaates Bayern ist immer wieder auf die Verantwortlichkeiten und Aufgabenwahrnehmung des Kulturstaates hingewiesen und in Kontroversen als Argumentationsfigur zurückgegriffen worden.

So erläuterte der amtierende Kultusminister Hans Zehetmair in seiner Festrede zur Eröffnung der Großen Kunstausstellung im Haus der Kunst in München im Sommer 1994 die Aufgaben des Staates gegenüber den Künstlern unter Hinweis auf die in der Verfassung verankerte Kunstfreiheit: Diese bedeute „nicht nur Freiheit vom Staat, sondern sogleich auch Freiheit durch den Staat."[15]

„München wie Bayern" müßten, führte Zehetmair am 8.2.1995 in einem Bericht vor dem Ausschuß für Hochschule, Forschung und Kultur des Bayerischen Landtages aus, „im europäischen Zusammenhang als Kulturstadt und Kulturstaat im Gespräch bleiben."; als Konsequenz hieraus machte er deutlich, „daß die Bereiche Kunst und Kultur nicht die ersten und beileibe nicht die einzigen sein dürften, bei denen der Rotstift angesetzt wird."[16]

c) Die besondere Betonung des Kulturstaatsprinzips im Rahmen von Kulturförderungsdebatten

Der aus der Kulturstaatseigenschaft des Freistaates Bayern abgeleitete „kulturelle Auftrag" ist zudem wiederholt als Argument in der Kontroverse über die vom Bayerischen Obersten Rechnungshof (ORH) als „bedenklich hoch" und „Verschwendung von Steuergeldern" monierte Gewährung staatlicher Subventionsleistungen an die Münchner Staatsoper herangezogen worden; und zwar nicht nur seitens des Kultusministeriums, das sich gegenüber der Kritik des Obersten Rechnungshofes verwahrte[17], sondern auch von dem Mitglied des Bayerischen Landtags Philipp Vollkommer (CSU), der sich gegen eine offizielle Mißbilligung von Staatsopernintendanz und Kultusministerium mit der Begründung aussprach: Die Oper sei ein „Aushängeschild des Kulturstaats Bayern" und dürfe nicht „durch Erbsenzählerei" in Mißkredit gebracht werden.[18]

---

[15] SZ Nr. 198 v. 29.8.1994, S. 28.

[16] Bulletin der Bayerischen Staatsregierung 4/95 v. 24. Februar 1995, S. 15.

[17] SZ Nr. 281 v. 6.12.1995, S. 32.

Schließlich verwies Kultusminister Zehetmair beim kulturpolitischen Kongreß der CSU im Oktober 1996 in Nürnberg auf das „Kulturstaatsprinzip" als Auftrag zur Sicherung eines vielfältigen kulturellen Angebots[19]; und daß die in Art. 3 der Bayerischen Verfassung festgelegte Staatszielbestimmung „Bayern ist ein Kulturstaat" als Auftrag und Verpflichtung von der Bayerischen Staatsregierung stets ernst genommen worden sei, strich der Minister in seiner Rede beim Festakt anläßlich des 150. Jahrestages der Errichtung des Bayerischen Kultusministeriums am 26. Februar 1997 in der Münchner Residenz ebenfalls heraus.[20]

d) Zwischenresümee

Aus den zusammengestellten Beispielen lassen sich gängige und immer wiederkehrende Argumentationsgrundmuster der Befürwortung des staatlichen Kulturföderungsengagements herauslesen.

Darüber hinaus sind sie durchaus dazu geeignet, den Nachweis zu führen, daß für die Diskussionen über die Legitimation der durch die öffentlichen Hände gewährten Kulturförderung und ihre Rechtfertigung in der Öffentlichkeit der Kulturstaatseigenschaft der Hoheitsträger Bund und Länder und dem hieraus abzuleitenden Kulturauftrag der Gemeinden als Begründungsfundament eine nicht zu unterschätzende praktisch-politische Bedeutung zuzumessen ist.

2. Standpunkte des Contra

Die Begründungsvielfalt und Dezidiertheit der kulturpolitischen und kunstkritischen Stellungnahmen, die staatlicher Kulturförderungsgewährung eine mehr oder weniger tiefgreifende Fragwürdigkeit attestieren oder gar eine völlige Absage erteilen, stehen derjenigen der befürwortenden Wortmeldungen in nichts nach.

Der künstlerische Leiter der Salzburger Festspiele, Gérard Mortier, vertrat beispielsweise in einem Pressegespräch 1992 die Auffassung, daß durch Subventionen – die in Zukunft nicht mehr aufgebracht werden könnten – der notwendige Anpassungswandel einengender Staats- und Stadttheaterstrukturen verhindert werde: Zu den von der Interviewpartnerin angesprochenen „Erstickungssymptome(n)" der künstlerischen Kreativität, äußerte er: „Die Staatstheater, die nicht ihre Administration überdenken wollen,

---

[18] SZ Nr. 74 v. 28.3.1996, S. 35; s. auch Bayerische Staatszeitung Nr. 13 v. 29. März 1996, S. 8.

[19] Bulletin der Bayerischen Staatsregierung 22/96 v. 4.11.1996, S. 15.

[20] Abgedruckt in: Bayerische Staatszeitung Nr. 9 v. 28.2.1997, S. 1f. (1).

sind Dinosauriere des Theaters und werden verschwinden. Sie werden jetzt noch getragen durch die Subventionen. Aber Deutschland wird nicht länger alle seine Theater subventionieren können. Das stimmt nicht, daß man in Berlin drei große subventionierte Opernhäuser braucht. Vielleicht kann man alle drei behalten, aber sie nicht mit diesen ungeheueren Summen aushalten."[21]

a) Die Hervorhebung der besonderen Legitimationsbedürftigkeit

Stark in den Vordergrund geschoben findet sich immer wieder die Problematisierung der Legitimationsgrundlage der öffentlichen Kulturförderung. Diese folgt einerseits aus dem Umstand, daß die steuerfinanzierten Subventionsmittel auch von denjenigen aufgebracht werden müssen, die von vornherein keinen Zugang zu den mit öffentlichen Geldern unterhaltenen Kultureinrichtungen finden (bzw. suchen oder anstreben), und sie erfährt andererseits durch die sich stetig verschlechternde Finanzlage der öffentlichen Hände eine geradezu dramatische Verschärfung.

Unter dem Titel „Krise in den öffentlichen Wärmestuben – Das deutsche Schauspiel hat sich wohlig eingerichtet in seiner Mittelmäßigkeit" warf der Theaterkritiker und Buchautor C. Bernd Sucher u. a. in die Debatte ein:

> „Es ist schick geworden, jeden zu verlachen, der darauf beharrt, daß das Theater eine aufklärerische Anstalt sein muß. Dennoch: Es kann nicht genügen, die subventionierten Häuser als öffentliche Wärmestube für das Publikum und Arbeitsbeschaffungsmaßnahmen für Künstler aufrecht zu erhalten. Solange Zuschauer und Theatermacher nicht beweisen, durch ihr Verhalten, durch ihre Arbeit, daß sie dieses Medium brauchen, solange ist das Theater in unserem Staat ein teurer Luxus, für den vor allem die aufkommen, die ohnehin nie ein Theater besuchen. Es müßte aber zumindest für jene, die ins Theater gehen und vorgeben, es zu brauchen (und zwar nicht nur als gesellschaftliches Stelldichein), ein Grundbedürfnis sein. Wie anders ließe sich die These rechtfertigen, daß ein Theater genauso wichtig ist für eine Stadt wie ein Krankenhaus?"[22]

Noch weitaus unmittelbarer orientiert an inhaltlich-künstlerischen Kriterien justiert Ulrich Greiner seine „Polemik wider den Subventionskulturbetrieb": „Der Schrott der Avantgarde"[23]. Nachdem er sich in einem Rundumschlag gehörig Luft gemacht hat („Schlimmer aber als dieses routinierte Rondo der Widerwärtigkeiten war die völlige Abwesenheit von Imagination, von Inspiration, schlimmer der Verzicht auf Schauspiel als Kunst und Handwerk. Lediglich dieses Stolpern durch Plastikschrott, dieses Schreien,

---

[21] *Gérard Mortier* im Gespräch mit Eva-Elisabeth Fischer, SZ Nr. 7 v. 10.1. 1992, S. 11.

[22] SZ Nr. 216 v. 18.9.1992, S. 12.

[23] Die Zeit Nr. 17 v. 16.4.1998, S. 44f.

Ringen, Keuchen, dieser penetrante Körperfaschismus, dieser schülerhaft gewalttätige Naturalismus, dieser saure Kitsch. Als könnte es das Ziel der Theaterkunst sein, die Wirklichkeit zu verdoppeln und das Elend von Slumbewohnern originalgetreu nachzubilden, um den voyeuristischen Schauder eines kulturell saturierten Publikums hervorzukitzeln."), zieht er den Schluß:

> „Jeder mittlere Roman aus Tiflis, Bielefeld oder Pittsburgh enthält mehr Realität und mehr Utopie als das deutsche Stadttheater, und ein Hollywood-Schinken wie ‚Titanic' ist, gemessen an den Schweinen im Gehege, die den Schlußpunkt der documenta bildeten, ein Meilenstein der Kulturgeschichte.
>
> Von der Wirklichkeit dieser Welt weiß der deutsche Subventionskulturbetrieb wenig, ...
>
> Daß dieser Betrieb so nicht weitergehen darf, daß eine andere Ernsthaftigkeit kommen muß, die sich den Nöten der Epoche und ihrer Kunst willentlich aussetzt, ist aus zwei Gründen zwingend. Erstens, weil die sich verschärfende Frage nach der Höhe des Kulturetats und dem Ausmaß öffentlicher Förderung eine bessere Legitimation verlangt. Zweitens, weil absehbar ist, daß die Galeriebesucher die scheinbar lange Treppe durch alle Ränge hinabeilen und ‚Halt!' rufen werden. Da niemand auszuschließen vermag, es werde sich dann um volksgesunde Kunstfeinde von Rechts handeln, wäre es mindestens klug, wir würden selber ‚Halt!' rufen und einen neuen Anfang wagen.
>
> Der Anspruch auf öffentliche Förderung der Kunst leitet sich nicht aus dem Gewohnheitsrecht ab, sondern einzig aus ihrem immanenten Gesetz, und dieses Gesetz lautet, daß sie durch die beherrschte Form ästhetische Erkenntnis bewirkt, also weder Leitartikel sein darf noch private Obsession, weder Agitprop noch schlaue Selbstverwirklichung."[24]

Die nach dem Tode Sergiu Celibidaches heftig geführte Debatte um die Berufung von James Levine als dessen Nachfolger im Amt des Chefdirigenten der Münchener Philharmoniker, die Celebidache „in langjähriger Arbeit (...) aus der zweiten Landesliga in die Weltspitze" der Orchester geführt hatte, gab dem Kulturjournalisten Peter Buchka[25] den Anstoß, die Legitimationsproblematik des „hochsubventionierten Kulturbetrieb(s)" in einem Leitartikel der „Süddeutschen Zeitung" aufzuwerfen:

---

[24] Ebd. – Den Thesen Greiners hat ebenfalls in: Die Zeit Nr. 17 v. 16.4.1998, S. 45 die damalige Feuilleton-Chefin des Blatts, Sigrid Löffler, widersprochen („‚Die Wut beweist: Das Theater lebt' – Eine Verteidigung der Subventionskultur – der Staat darf nicht entpflichtet werden": „Gefährlich ist Greiners These deshalb, weil sie in Zeiten schrumpfender Kulturetats und unter den Bedingungen des kulturellen Rückbaus den Kunstgegnern aller Milieus und Couleur in die Hände arbeitet und dem Staat Argumente zur Selbstentpflichtung liefert. (...) Von wem sonst als von den immer noch üppig dotierten Staats- und Stadttheatern (...) kann man verlangen, daß sie ihren politischen und ästhetischen Horizont weiterspannen, über Fledermaus, Arsen und Spitzenhäubchen hinaus?").

[25] SZ Nr. 212 v. 15.9.1997, S. 4 („Auch die Kunst hat ihren Preis").

„Wieviel Geld muß man, darf man, kann man für einen Dirigenten ausgeben, bei dem die Höhe der Gage eher eine Prestigeangelegenheit sein dürfte als eine Lebensnotwendigkeit (...) hier – wie in jedem anderen Fall im hochsubventionierten Kulturbetrieb – dürfte vielmehr das offenbar ewig währende Problem die entscheidende Rolle spielen, ob Länder und Kommunen solche Probleme für das angebliche Luxusgut Kunst aus Steuergeldern ausgeben dürfen. Konkret gefragt: Ist ein Dirigent ein jährliches Millionengehalt wert, obwohl er seinem Arbeitgeber, also der Stadt und ihren Bürgern schwerlich ein finanzielles Äquivalent erwirtschaften dürfte ... (...).“

Und die Fragwürdigkeit sekundär motivierter Kulturpolitik ansprechend, gibt Buchka zu bedenken:

„Der Maßstab im öffentlichen Kulturbetrieb können denn auch nie die monetären Rückflüsse sein, so erwünscht sie auch immer sein mögen. Wohlmeinende Politiker haben darum die Kultur zu einem entscheidenden Aspekt von Standortpolitik erklärt. Entsprechend sieht dann meist ihre Kulturpolitik aus: als ein Freizeitangebot neben Sport und Landschaftspflege; als eine Dienstleistung neben Kindergarten und Müllabfuhr. Kultur ist etwas anderes, und der Erfolg städtischer und staatlicher Kunstpflege bemißt sich nach anderen Kriterien.“

b) Die Verwendung des „Marktarguments“

In durchaus ambivalenter Weise ist in der Kulturförderungsdebatte das Argument des Marktes instrumentiert worden.

Die Gegenüberstellung von zwei gegensätzlichen Positionen verdeutlicht die Relevanz von Vorverständnissen bei der Wahl von Begründungsmodellen:

Ganz dem dialektischem Denkansatz verpflichtet, konstatiert Lothar Romain[26] in einer Publikation der „Kulturpolitischen Gesellschaft e.V.“:

„Der Staat, der durch seine Museumsausstellungen, durch seine Kunsthallen und Kulturpreise da wenn nicht regulierend, so doch in besten Absichten fördernd eingreift, verhindert dadurch zwar eine totale Herrschaft ökonomischer Prinzipien über die möglichen Wertkomponenten, aber er hilft auf der anderen Seite auch dem Markt, sich mit Bedeutungen auszustaffieren, die den Verkauf begünstigen.“

Einen strikt wirtschaftsliberalistischen Kurs in reinster Prägung steuert dagegen der Verfasser eines Zeitungsleserbriefes an, mit dem er sich in die Grundsatzdebatte zwischen Ulrich Greiner und Sigrid Löffler eingeschaltet hat[27]:

„Zum Glück war Shakespeare nicht von der Argumentation und Bürokratie unseres? staatlichen Theaterbetriebs abhängig. Er mußte seine Arbeit an den Bedürf-

[26] Die soziale Lage der bildenden Künstler, in: Kulturpolitische Gesellschaft e.V. (Hrsg.), Kunst und Gesellschaft, 1978, S. 6.

[27] Die Zeit Nr. 20 v. 7.5.1998, S. 64. – Zu der erwähnten Grundsatzdebatte s. oben Fußnoten 23 und 24.

nissen des Publikums ausrichten. – Der Markt führt Angebot und Nachfrage zusammen. Die Teilnahme am Markt erfordert Risikobereitschaft, Leistung und die Übernahme persönlicher Verantwortung. Entlassen wir die Profiteure des staatlichen Theaters in die Zumutung der Freiheit des Marktes."[28]

c) Der Hinweis auf die drohende Gefährdung der künstlerischen Freiheit durch die mit der Kultursubventionsgewährung verbundene öffentliche Einflußnahme

Ein weiteres, häufig verwendetes Argumentationsmuster gegen die Zuwendung von Kunst- und Kulturförderungsmitteln, stellt die Beschwörung von Gefahren und Nachteilen für die künstlerische Entfaltungsfreiheit dar.

Exemplarisch für diesen Standpunkt ist folgende Äußerung von Rainer Stephan:

> „Wo immer der Staat kulturwillig und hilfreich mit Subventionen zur Hand ist, um eine freie Gruppe oder eine andere private Initiative ihrer künstlerischen Eigenart wegen vor dem Untergang zu bewahren, hat er zumindest den Untergang jener Eigenart beschleunigt. So verkam die einst hoch originell arbeitende Berliner Schaubühne zum hochperfekten Luxusetablissement, so verkommt heute die alternativ gedachte Hallenkultur zum chic-konsumistischen Unterhaltungsbetrieb. (...) ... die Kunst geht nach Geld. (...): Der Versuch aber, Kultur mit Hilfe von Geldströmen (oder gar auf dem politischen Beschlußwege) irgendwo hinzulenken oder sie irgendwo festzuhalten, wo sie nicht zunächst aus eigener Kraft lebendig ist, wird sie gerade umbringen."

Ebenfalls aus der Überzeugung heraus formuliert, die unterstützende Hilfestellung des Kunstförderers sei wegen ihrer schädlichen Einflußnahme auf den Künstler abzulehnen, läßt der bedeutende österreichische Dichter und Dramatiker Thomas Bernhard, die Figur des Voss in dem Stück „Ritter, Dene, Voss" räsonieren:

> „Jungen Künstlern ist nicht zu helfen/es gibt keinen größeren Unsinn/als jungen Künstlern zu helfen/überhaupt Künstlern zu helfen/ist Unsinn/Die Künstler sollen sich selbst helfen/vor allem die jungen Künstler/sollen sich selbst helfen/dadurch wird ja aus den jungen Künstlern nichts/weil ihnen andauernd geholfen wird/wer einem Künstler hilft/vernichtet ihn/vor allem wer einem jungen Künstler hilft/zerstört und vernichtet ihn/das ist die Wahrheit."[29]

---

[28] SZ Nr. 87 v. 15.4.1991, S. 4. – *Gérard Mortier*, s.o. Fußn. 21, entwirft ein ähnliches (scheinbar paradoxes) Gefahrentableau: „Wenn man zu gute Produktionsbedingungen schafft, etwa in Europa für bestimmte junge Leute, so hilft es ihnen nicht, sondern erschwert das Arbeiten. In Amerika, wo die Produktionsbedingungen viel schwieriger sind und die Geldnot viel größer ist, wird von Anfang an auf alle Fälle eine große Professionalität erwartet.".

[29] *Thomas Bernhard*, Ritter, Dene, Voss, Textabdruck in: Programmbuch Nr. 2, hrsg. vom Burgtheater Wien, 1986, S. 101.

Und wohl kaum zu übertreffen in der Radikalität seiner Diktion, hat Thomas Bernhard seine Abscheu vor der Förderung von Künstlern durch den Staat abermals bekundet in dem (authentische Personen attackierenden) Schlüsselroman „Holzfällen“ (1984):

„Da zeigte es sich schon Anfang der sechziger Jahre, daß meine beiden großen, von mir mehr oder weniger angehimmelten Dichterinnen der frühen fünfziger Jahre doch immer nichts anderes gewesen sind, als zwei nur ihre verlogene Denkdürftigkeit aufschreibende Kleinbürgerinnen; jetzt saßen die beiden mir nur mehr noch als die zwei weiblichen Wiener Mißgestalten der österreichischen Literatur gegenüber, widerwärtig nebeneinander in ihrer aufgeblasenen Literaturpräpotenz. Die Marianne Moore und Gertrude Stein und die Virginia Woolf von Wien sitzen da, dachte ich, und sind nichts als kleine, gefinkelte, ehrgeizige Staatspfründnerinnen, die die Literatur und die Kunst verraten haben für ein paar lächerliche Preise, und eine zugesicherte Rente und die sich dem Staat und seinem Kulturbeamtengesindel gemein und die sich in der Zwischenzeit ihren epigonalen Kitsch mit der gleichen Infamie zur Gewohnheit gemacht haben wie das Treppensteigen in den subventionsgebenden Ministerien.“[30] (...) „Das österreichische Künstlertum ist ein gemeiner und verlogener Weg des Staatsopportunismus, der mit Stipendien und Preisen gepflastert und mit Orden und Ehrenzeichen tapeziert ist und der in einem Ehrengrab auf dem Zentralfriedhof endet.“[31]

3. Resümee

Die ungeheure Schärfe und Aggressivität, die in einigen der zitierten Diskussionsbeiträge und Texte zum Ausdruck kommt, mag auf den ersten Blick vielleicht irritieren.

Wenn man sich allerdings vor Augen hält, welchen Sprachgebrauch entschiedene Verfechter des öffentlichen Kultursubventionswesens bisweilen an den Tag legen und welche Intentionen der Befürworter von Kunstinterventionsmaßnahmen sich darin offenbaren, dann weicht die anfängliche Irritation möglicherweise rasch tieferem Verständnis.

Zur Begründung dieser Annahme sei auf ein geradezu mustergültiges Beispiel verwiesen:

Auf der Tagung der „Kulturpolitischen Gesellschaft e.V.“ am 8./9. September 1978 in Bergkamen zum Thema „Kunst und Gesellschaft“ behandelte Lothar Romain „Die soziale Lage der bildenden Künstler“. Die diesen in der Gesellschaft zugemessene Bedeutung erläuterte er, indem er Überlegungen zu einer – so wörtlich – „gründlichen Form unseres Kulturverständnisses“ anstellte:

„Der Kunstverein in Frankfurt hatte den Frankfurter Künstlern zu ihrer Jahresausstellung einmal das Thema ‚Frankfurt – eine kaputte Stadt?‘ gestellt. Wer an der

---

30 *Thomas Bernhard*, Holzfällen – Eine Erregung, Tb-Ausg. 1988, S. 256.

31 Ebd., S. 259.

Ausstellung teilnehmen wollte, mußte sich künstlerisch damit auseinandersetzen. Dazu konnte man dann nicht einige der üblichen Arbeiten präsentieren. Und während die letzteren gewohnt epigonal, zweitrangig, ja manchmal auch einfallslos wirkten, ergab sich bei der Themenausstellung ein ganz anderes Bild. Da endlich lösten sich die Stiltypen auf, gerannen zu konkreten Erfahrungsmustern mit einer Stadt. Da spürte man die Betroffenheit, da gewannen die Arbeiten an neuer Verbindlichkeit."[32]

Dem referierten Exempel folgte dann sogleich eine Konklusion, die durchaus geeignet scheint, gereizte Reaktionen hervorzurufen:

„Das Beispiel deutet einen der möglichen Wege an, den Künstler aus der Bedeutungslosigkeit herauszuholen und ihn in die Gesellschaft einzubringen, in dem man ihm die Gelegenheit gibt, sich mit seinen Arbeiten an der allgemeinen Erfahrungssuche zu beteiligen, anstatt sich durch einen nicht kontrollierbaren ästhetischen Prozeß der Selbstverwirklichung außerhalb der sonstigen gesellschaftlichen Kommunikationssysteme zu begeben."[33]

Nach der Lektüre einer solcherart entwickelten kulturpolitischen Zielkonzeption dürfte es nicht allzu fernliegend sein zu vermuten, daß Anstöße und Motive für moderat kritische bis hin zu schroff ablehnenden Einstellungen gegenüber öffentlicher Einflußnahme auf den Kunstbetrieb bei im Kunst- und Kulturleben engagierten Intellektuellen durch das Wirken von Kunstfunktionären und Kulturforschern hervorgerufen oder zumindest beeinflußt worden sind, die sich nicht ohne besserwisserische Arroganz dazu aufgeschwungen haben, den Künstlern wie dem Publikum mittels zeitgeistdurchtränkter Modebegriffe unerbetene Direktiven für das rechte Verständnis künstlerischer Betätigung zu erteilen.

Immerhin legt zumindest der nicht ohne Streitlust verfasste Angriff des Theaterkritikers Benjamin Henrichs auf den wohl bekanntesten und erfolgreichsten (ehemaligen) Frankfurter Kulturdezernenten Hilmar Hoffmann ein beredtes Zeugnis für die Plausibilität der geäußerten Vermutung ab:

„Die technokratische Attacke auf das Theater (einziges Argument: die Theater sind zu teuer) verbündet sich in Teilen der SPD, die sich selbst ‚links' nennen, mit einer ideologiekritischen Attacke. Ihre These heißt: Das Theater ist zu esoterisch.

Wie jene SPD-Leute argumentieren, die nicht nur gutbürgerlich sparen, die das Theater antibürgerlich emanzipieren wollen, dafür gibt es ein schönes, schreckliches Beispiel. Hilmar Hoffmann, Kulturreferent der Stadt Frankfurt, hat ein Buch herausgegeben (...) und als Vorwort so etwas wie ein kulturpolitisches Credo verfaßt – eine Attacke auf die ‚herrschende Kultur', die ‚als die Kultur der Herrschenden zur Kultur der Massen entfaltet werden soll'. Hoffmann klagt darüber, daß ‚Kunst in einer vorwiegend auf Beifall von Kennern oder Schöngeistern disponierten Präsentation dem massenhaften Zugriff entzogen' ist – und klagt in

---

[32] *Lothar Romain*, S. 8.

[33] Ebd.

einem brutalistischen Funktionärsdeutsch, in dem es vor Einschüchterungsvokabeln (‚Kulturprinzip‘, ‚sozialer Gebrauchswert‘, ‚massenhafter Zugriff‘) nur so klirrt; in einer Sprache, in der der Fortschritt schon verspießert ist, bevor er überhaupt begonnen hat.

Aber wichtiger noch als Hilmar Hoffmanns Deutsch sind seine Denkfehler – weil sie repräsentativ sind für einen beträchtlichen Teil linker Anti-Theater-Ressentiments: der Irrglaube, die ‚herrschende Kultur‘ sei die Kultur einer Bildungselite, zu elitär, zu esoterisch und deshalb schleunigst abzuschaffen.“[34]

4. Schlußbemerkung

Die Unverzichtbarkeit einer tragfähigen, allgemein akzeptierten und anerkannten Legitimationsgrundlage öffentlicher Kunst- und Kulturförderung wird durch die im „realen Kulturbetrieb“ selbst stets aufs Neue ausgefochtenen Kontroversen mit allem denkbaren Nachdruck unterstrichen. Der verfassungsrechtlichen Legitimationsbasis – als Integration vermittelnder und Akzeptanz schaffender Grundlage – kommt somit ein nicht relativierbarer essentieller Stellenwert zu.

[34] *Benjamin Henrichs*, Beruf: Kritiker, 1978, S. 130f.

Kapitel 5

Kunst- und kulturpolitische Positionen des politischen Parteienspektrums im Spiegel von Parteiprogrammen – Das spezielle Legitimationsproblem aufgrund parteipolitisch-ideologischer Instrumentalisierungsgefahren

I. Parteiprogramme als Grundlagen der kunst- und kulturpolitischen Vorstellungswelt im demokratischen Parteienspektrum der Bundesrepublik Deutschland

Den Themenbereichen Kunst und Kultur in Staat und Gesellschaft, Kulturstaatlichkeit und öffentliche Kulturförderung, Freiheit von Kunst und Zielsetzungen kultureller Arbeit, haben sich auch die politischen Parteien in der Bundesrepublik Deutschland angenommen.

Aus den Parteiprogrammen kann anschaulich herauskristallisiert werden, welche Funktionen und Aufgaben dem Kunst- und Kulturbereich nach der politisch-weltanschaulichen Vorstellungswelt der Parteien zuzuweisen sind und welche Stellung im Staats- und Gesellschaftsgefüge ihm zuerkannt wird.

Dabei ist zu bemerken, daß die Ausführungen in den Programmtexten häufig sehr formelhaft-abstrakt, mitunter sogar von willkürlicher Beliebigkeit geprägt erscheinen.

Unübersehbar ist, daß die entworfenen kultur- und kunstpolitischen Konzeptionen der programmatischen Parteiverlautbarungen keineswegs frei sind von Instrumentalisierungstendenzen im Sinne der jeweils vertretenen politisch-ideologischen Weltanschauung.

II. Exemplarische Textauszüge parteipolitischer Programmaussagen – Analyse

Anhand einiger besonders aussagekräftiger Beispiele, die auszugsweise aus Programmen der im Deutschen Bundestag vertretenen Parteien des demokratischen Spektrums (CDU/CSU, SPD, Bündnis 90/Die Grünen, F.D.P.) ausgewählt worden sind, soll die jeweilige – das Kunst- und Kulturleben in der Bundesrepublik Deutschland betreffende – politische Gedankenwelt in Umrissen hervortreten und einen möglichst repräsentativen Eindruck entstehen lassen.

1. Christlich-Demokratische Union (CDU)

a) Leitsätze der Christlich-Demokratischen Partei im Rheinland und Westfalen

Bereits in den im September 1945 verlautbarten „Leitsätze(n) Der Christlich-Demokratischen Partei im Rheinland und Westfalen – Zweite Fassung der Kölner Leitsätze" findet sich unter der Ziffer 10 ein Standpunkt formuliert, der neben der Verankerung der Kunstfreiheitsgarantie und der Bestimmung der für sie geltenden Grenzen (die in Diktion und Inhalt noch ganz der Traditionslinie der Weimarer Republik verhaftet sind und den „Geist" des am 10. Dezember 1926 vom Reichstag beschlossenen „Gesetz(es) zur Bewahrung der Jugend vor Schund- und Schmutzschriften" (RGBl. I, S. 505) atmen) auch die Teilhabedimension herausstreicht:

„10. Das kulturelle Schaffen ist frei von staatlichem Zwang. Seine Grundlage ist die deutsche, christliche und abendländische Überlieferung. Schmutz und Schund sind auf allen Gebieten des kulturellen Lebens zu bekämpfen."[1]

b) Grundsatzprogramm der Christlich-Demokratischen Union Deutschlands

Das vom 26. Bundesparteitag unter den Leitbegriffen „Freiheit – Solidarität – Gerechtigkeit" in Ludwigshafen am 23. bis 25. Oktober 1978 beschlossene CDU-Grundsatzprogramm widmet der „Begegnung mit Kunst und Kultur" die in Ziffer 45 entworfenen Leitlinien, die Menschenbild, Bildungsperspektiven und kulturelle Partizipation in einen aufs engste verknüpften Zusammenhang stellen:

„45. Bildung, die zu personaler Verantwortung führen soll, muß mehr vermitteln als Anpassungsfähigkeit, berufliches Rüstzeug und das Verstehen von Funktionszusammenhängen. Sie soll dem Menschen helfen, sein Leben und seine Umwelt selbst zu gestalten.

Dafür ist es von besonderer Bedeutung, die schöpferischen Kräfte des Menschen, seinen Reichtum an Ideen, seine Gestaltungskraft und seinen Sinn für Schönheit zu erschließen. Deswegen gehört ein gleichwertiges Angebot musischer Fächer zu einem wirklich umfassenden Bildungsangebot.

In der Begegnung mit der Kunst gewinnt der Mensch ein vertieftes Verständnis vom Leben. Wir treten dafür ein, der Kunst Entfaltungsräume zu schaffen, die

---

[1] Zit. nach Theo Stammen u. a. (Hrsg.), Programme der politischen Parteien in der Bundesrepublik Deutschland, Band I: CDU/CSU, 4. Aufl. 1984, S. 75 ff. (S. 75).

Künstler zu fördern und möglichst vielen Menschen eine Beziehung zur Kunst zu eröffnen. Der Zugang zu Bibliotheken, Museen und Theatern ist allen Bevölkerungsteilen zu erschließen. Das kulturelle Leben unseres Gemeinwesens ist ein wichtiger Gradmesser für seine Freiheit, seine Toleranz gegenüber Kritik und seinen geistigen Reichtum."[2]

Bemerkenswert erscheint, daß unter der Ziffer 115., die die „Aufgaben des Staates" umschreibt, die Kulturförderung nicht (mehr) erwähnt wird.[3]

2. Christlich-Soziale Union (CSU)

a) Grundsatzprogramm 1946

Dezidiert und bekenntnishaft präsentieren die Ziffern 6. und 7. die Haltung der CSU zum „Kunstbetrieb"; besonders auffallend ist, daß die Partei nicht vor einer aktiven Kunstrichter- und -gestalterrolle „zurückschreckt" und in ihrem Postulat für gleiche Teilhabe eine geradezu sozialistisch anmutende Tonlage anklingen läßt:

„6. Die Kunst gedeiht nur in der Freiheit. Sie bedarf des lebendigen Anschlusses an die großen Werke der Vergangenheit und muß auch im Erziehungswesen als wichtiger Lebensweg gelten.

Wir bekennen uns zu einer Kunst der freien Schöpferkraft.

Wir kämpfen gegen Schmutz und Kitsch.

Wir verlangen die Aufgeschlossenheit von Gesetzgebung und Verwaltung für die freie Entwicklung der schöpferischen Kräfte unseres Volkes.

7. Die Güter der Kultur sind von Natur aus Gemeinbesitz und sollen allen zugänglich sein.

Wir fördern die Erschließung der Kulturgüter für das ganze Volk! Die Teilnahme am kulturellen Leben darf kein Vorrecht einzelner sein."[4]

b) Grundsatzprogramm 1957

Das am 1. Juni 1957 in München beschlossene Grundsatzprogramm schreibt die 1946 entworfene Programmatik hinsichtlich der „Grundlagen der Kulturordnung" konsequent fort und erkennt unter anderem expressis verbis („finanzielle Opfer" einschließende) Pflichten des Kulturstaates zur „Pflege des Kulturgutes" an und betont mit Nachdruck, historische Kontinuitätslinien:

„3. Die Christlich-Soziale Union tritt ein für die Freiheit der Kunst ..." (...)

---

[2] Ebd., S. 90ff. (S. 98).

[3] S. ebd., S. 114.

[4] S. ebd., S. 199ff. (S. 203).

12. In Bayern war von je her künstlerisches Schaffen zuhause. Um Bayerns Ruf zu erhalten, verlangt die Christlich-Soziale Union eine ehrfürchtige und sorgsame Pflege seines großen kulturellen Erbes. Dem freien künstlerischen Schaffen der Gegenwart als einem Ausdruck des geistigen und sittlichen Ringens der Zeit, muß Raum gegeben und zur Entfaltung verholfen werden. Ein Kulturstaat muß hierfür auch finanziell Opfer bringen.

Die Achtung vor der Kunst gebietet Kampf gegen Schund, Kitsch und Schmutz.

In der Teilnahme des Volkes am künstlerischen Schaffen offenbart sich sein kulturelles Niveau. Die Schöpfungen der Kunst müssen in großzügiger Weise dem Volke zugänglich gemacht werden."[5]

c) *Grundsatzprogramm 1976*

Breiten Raum nimmt die „Förderung der Kunst und Bewahrung des kulturellen Erbes" im CSU-Grundsatzprogramm aus dem Jahre 1976 ein. Kennzeichnend ist, daß die Verwirklichung einer „aus der Breite des Traditionsbezuges und aus der Weite des Weltverständnisses", „entwickelten zeitgemäße(n) und zukunftsträchtige(n) Kultur" als programmatische Gegenposition gegenüber dem an „Zeitmoden" angepaßten „atemlosen Verfolgen des jeweils Aktuellen" aufgebaut wird.[6]

Die sprachliche Ausdrucksweise weist eine deutlicher ausgeprägte „Ideologisierung" auf und läßt unübersehbar deutlich werden, daß der Kampf um die Kultur und kulturelle Grundverständnisse auch einen Kampf um politische Richtungsentscheidungen („Freiheit statt Sozialismus") reflektiert:[7]

„In einer weitgehend von der Technik geprägten Umwelt ist Kunst als Ausdruck schöpferischer Freiheit ein besonders notwendiges Element. Die Christlich-Soziale Union tritt für Bedingungen ein, die die freie Entfaltung künstlerischer Begabungen auf allen Gebieten fördern. Sie lehnt es ab, die Förderung an politisches Wohlverhalten zu binden. Die Christlich-Soziale Union wird in ihrer auf Freiheit gerichteten Politik dem Pluralismus in der Förderung der Kunst besondere Beachtung schenken. Politik soll kulturelles Erbe und volkstümliches Brauchtum lebendig erhalten und in das Leben des heutigen Bürgers einbeziehen.

Kultur kann sich nur in einem Klima der Freiheit entfalten. Diese Freiheit muß auch gegen den Versuch verteidigt werden, Meinungsmonopole der Gesellschaftskritik und Systemveränderung zu schaffen und durchzusetzen. Erst aus der Breite des Traditionsbezuges und aus der Weite des Weltverständnisses läßt sich eine zeitgemäße und zukunftsträchtige Kultur verwirklichen, statt der raschen Anpassung an Zeitmoden und des atemlosen Verfolgens des jeweils Aktuellen. (...)

---

[5] S. ebd., S. 204 ff. (S. 207).

[6] S. ebd., S. 210 ff. (S. 228 f.).

[7] S. ebd., S. 228 f.

Die Christlich-Soziale Union tritt für die Wahrung und die Weiterentwicklung der besonderen kulturellen Traditionen Bayerns ein, die ihre Wurzeln im christlich-abendländischen Erbe haben. (...)

Aufgabe des Staates gegenüber den Kunstschaffenden und für die Kunstpflege sind Ermutigung, materielle Förderung schöpferischer Impulse, die Anerkennung uneingeschränkter Freiheitsräume. Eine Kopplung zwischen Förderung und politischem Wohlverhalten wird ausdrücklich abgelehnt. Doch gibt es eine Grenze jenseits derer staatliche Förderung nicht zu verantworten wäre. Garantiert ist nur die Freiheit, nicht jedoch die Totalförderung aller kultureller Betätigung."[8]

d) Grundsatzprogramm 1993

Das am 8./9. Oktober 1993 auf dem 57. Parteitag der CSU in München beratene und beschlossene „neue" – und derzeit aktuelle – Grundsatzprogramm (Unter dem Titel: „In Freiheit dem Gemeinwohl verpflichtet") erweitert schließlich die in den früheren Positionsbestimmungen fundierten und auch hier wiederum aufgegriffenen Grundlagen kulturpolitischer Programmatik um die Perspektive der europäischen Zusammenarbeit und Integration und unterstreicht überdies die Förderungswürdigkeit privaten Mäzenatentums durch steuerliche Anreize[9]:

„15. Kultur und Medien: Freiheit mit Verantwortung nutzen.

Die Freiheit der Kunst und die Freiheit der Meinung haben Verfassungsrang. Aufgabe des Staates ist es, den Bürgern die Teilhabe an den kulturellen Leistungen zu eröffnen.

Gerade die deutsche Kunst und Kultur haben ihre Kraft und Lebendigkeit, ihre Größe, Qualität und Schönheit aus der schöpferischen Freiheit als Folge der regionalen Vielfalt unseres Vaterlandes gewonnen. Auf kultureller Vielfalt baut die europäische Zusammenarbeit und Integration auf. Deshalb hält die CSU fest an den Grundsätzen der Regionalisierung und Dezentralisierung in der Kulturpolitik. Sie fördert kulturelle Einrichtungen in allen Landesteilen. Dazu gehört das kulturelle Erbe der Heimatvertriebenen.

Die CSU steht für den verfassungsrechtlich gesicherten Freiraum künstlerischer Betätigung ein. Große Leistungen in der Kunst erwachsen aus der Freiheit und Risikobereitschaft des Künstlers. Staatliche Förderung unterstützt die Vielfalt und die Kreativität in der Kunst. Der Staat kann aber nicht das Risiko der künstlerischen Berufswahl absichern. Dieser Freiraum muß auch in der Kunst selbst gewährleistet sein. Die Vielfalt der künstlerischen Ausdrucksformen läßt keinen Platz für Monopole der Meinung oder des ästhetischen Empfindens. Sie hat ihre Grenzen dort, wo die Würde des Menschen auf dem Spiel steht. Die CSU bejaht den ständigen kritischen Dialog zwischen Politik und Kunst, zwischen Publikum

---

[8] S. ebd.

[9] CSU-Landesleitung (Hrsg.), Grundsatzprogramm der Christlich-Sozialen Union in Bayern, 1993, S. 23ff. (S. 101f.: „15. Kultur und Medien: Freiheit mit Verantwortung nutzen.").

und Künstlern. Die Kultur lebt vom Einsatz und von der Begeisterung, die in der Bereitschaft zu vielfältigen, auch ehrenamtlichen Betätigungen zum Ausdruck kommt. Privates Mäzenatentum muß durch steuerliche Anreize verstärkt gefördert werden.

Künstlerische Begabungen in Schulen und Vereinen sind zu wecken und zu pflegen. Dort muß auch Platz sein für die Weitergabe des kulturellen Erbes und für die Förderung von Brauchtum, Heimatpflege und Volksmusik.

(...)"[10]

3. Sozialdemokratische Partei Deutschlands (SPD)

a) Politische Leitsätze der SPD vom Mai 1946

Mit einer eher knappen Skizzierung „Kulturelle(r) Freiheiten" begnügt sich der kurze Absatz „Kirche, Staat und Kultur" im ersten politisch-programmatischen Dokument der SPD nach dem zweiten Weltkrieg.

„Die Kunst, die Wissenschaft und ihre Lehre sollen frei sein, um das zerstörte Kultur- und Geistesleben neu zu gestalten. Ihre Leistungen sollen dem deutschen Volk die Achtung und das Vertrauen der Welt wiedergewinnen."; – kurz gehaltene Bekundungen zum Bildungsauftrag der Schule und zur Meinungsäußerungsfreiheit bilden die Schlußpunkte dieses Abschnitts.[11]

b) Grundsatzprogramm der Sozialdemokratischen Partei Deutschlands 1959

Das sogenannte „Godesberger Programm" verwendet auf „Die Kunst" im Kapitel „Das kulturelle Leben" – im Vergleich zur ebenfalls in diesem Kontext behandelten „Religion und Kirche", „Schule" und „Wissenschaft" – quantitativ zwar nur sehr wenig Raum; hinsichtlich der zu gewährleistenden Kunstfreiheitsgarantie und der staatlichen und kommunalen Anerkennung des Kulturförderungsauftrags sind aber immerhin unmißverständliche Bekenntnisse abgelegt worden. Die prägnante Textpassage lautet:

„Die Kunst. Künstlerischem Schaffen ist volle Freiheit zu gewähren. Staat und Gemeinden sind zur Hergabe von Mitteln verpflichtet, die der Förderung schöpferischer Gestaltungskraft und der Vermittlung kultureller Werte aus allen Bereichen der Kunst dienen sollen. Die künstlerische Entfaltung darf durch kein Reglement, insbesondere durch keine Zensur beschränkt werden."[12]

---

[10] S. ebd., S. 101 f.

[11] Zit. nach Theo Stammen u. a. (Hrsg.), Programme der politischen Parteien in der Bundesrepublik Deutschland, Band II: SPD, F.D.P., Die Grünen, 4. Aufl. 1984, S. 315 ff. (S. 318).

[12] S. ebd., S. 320 ff. (S. 330).

c) Grundsatzprogramm der Sozialdemokratischen Partei Deutschlands 1989

Das vom SPD-Programm-Parteitag vom 20. Dezember 1989 in Berlin beschlossene Grundsatzprogramm weist hinsichtlich der in ihm enthaltenen kulturpolitischen Programmatik ein deutlich geringeres Maß an Abstinenz auf als das viel beschworene „Godesberger Programm". Die im Abschnitt „Kulturarbeit in der Demokratie" ausgebreiteten Manifestationen sind unverkennbar von der politisch-ideologischen Ausrichtung an dem in der Tradition der Arbeiterbewegung stehenden Menschen- und Weltbild durchdrungen. Als deutlicher Charakterzug tritt bisweilen die Verwendung von Floskeln typischer Funktionärssprache zu Tage. Die Rolle des Staates als „Garant kultureller Vielfalt" und die Qualifizierung der Kulturpolitik als „Pflichtaufgabe der öffentlichen Hände" sind als zentrale Botschaften hervorzuheben; die Funktionalisierung von Kunst und Kultur als Instrument und Katalysator zur Beförderung gesellschaftlicher Entwicklungstendenzen im Geiste sozialdemokratischer Politikziele ist indessen nicht zu übersehen:

> „Die Arbeiterbewegung hat sich von Anfang an auch als Kulturbewegung verstanden. In der Tradition des europäischen Humanismus und der Aufklärung trat sie für die Freiheit des künstlerischen Ausdrucks ein und wollte allen die Teilhabe am Reichtum der Kultur ermöglichen.
>
> Diesen Zielen bleiben wir verpflichtet.
>
> Unser Begriff von Kultur umfaßt mehr als die Kultur, Musik, Kunst und Wissenschaft.
>
> Gerade in einer umfassenden Kultur des Zusammenlebens rücken diese Bereiche vom Rand der Gesellschaft in ihr Zentrum. (...)
>
> Wir orientieren unsere Kulturpolitik und Kulturarbeit an unseren Grundwerten und unserer Tradition. Wir wollen kritisches Bewußtsein fördern, zu aktiver und solidarischer Lebensgestaltung anregen, persönliche und gesellschaftliche Emanzipation voranbringen.
>
> Wir wissen, daß wir das kulturelle Leben der Gesellschaft nur dann prägen können, wenn sozialdemokratische Kulturarbeit bei der eigenen Partei beginnt, bei ihren Umgangsformen, ihrer Arbeitsweise, ihrer Fähigkeit, kulturelle Impulse aufzunehmen und zu verarbeiten.
>
> Wir fördern eine Vielzahl kultureller Ausdrucksformen in Gruppen und Projekten, in Stadtteilen und Wohngebieten. Kunst muß Sache möglichst vieler Menschen werden. Hindernisse beim Zugang zu Kunst und Bildung wollen wir abbauen, soweit sie nicht in den Kulturerzeugnissen selbst liegen.
>
> Ein buntes und vielseitiges Kulturleben, daß sich dem industriell normierten Freizeitverbrauch widersetzt, ist für uns allerdings mehr als die Summe unverbundener Aktivitäten. Wir wollen, daß sich unterschiedliche Milieus und Teilkulturen einander aussetzen. Widerspruch und Provokation sind Ausdruck kultureller Vitalität.

Kunst und Kultur brauchen Orte, an denen sie sich öffentlich darstellen können. Die Voraussetzungen dafür zu schaffen und Künstlerinnen und Künstler zu fördern, ist Sache der Politik. Kulturpolitik ist eine Pflichtaufgabe der öffentlichen Hände. Der Staat darf nicht Vormund der Kultur, er soll Garant kultureller Vielfalt sein.“[13]

4. Freie Demokratische Partei (F.D.P.)

a) Die Freiburger Thesen 1971

Das Verhältnis zwischen dem Staat und dem Lebensbereich der Kunst und Kultur thematisieren die viel zitierten Freiburger Thesen der Liberalen aus dem Jahre 1971 weder in einem eigenen Abschnitt noch in einem eigenen Kapitel oder auch nur in einem eigens eingeschobenen Absatz oder Unterabsatz[14]:

Zwischen dem Ersten Teil: Eigentumsordnung (Erster Abschnitt: Eigentum; Zweiter Abschnitt: Bodeneigentum)[15], dem Zweiten Teil: Vermögensbildung (Erster Abschnitt: Überbetriebliche Vermögensbeteiligung; Zweiter Abschnitt: Nachlaßabgabe)[16], dem Dritten Teil: Mitbestimmung (Erster Abschnitt: Betriebliche Mitbestimmung; Zweiter Abschnitt: Unternehmensmitbestimmung)[17] und dem Vierten Teil: Umweltpolitik[18], ja noch nicht einmal in der „Einleitung: Liberale Gesellschaftspolitik“[19] findet sich auch nur in Ansätzen eine vertiefte oder konkret themenbezogene Auseinandersetzung mit Fragen kulturpolitischen Inhalts. Dem vor dem Hintergrund des „klassischen Liberalismus“ formulierten „sozialen Liberalismus“ wurde in der Freiburger Konzeption einer liberalen Gesellschaftspolitik keine Positionsbestimmung eines „kulturell orientierten Liberalismus“ zur Seite gestellt. Dies überrascht, die Kulturpolitik ist ja nicht nur (auch) als Gesellschaftspolitik anzusprechen, sondern die aufzuwerfenden kunst- und kulturpolitischen Fragestellungen hätten in den abstrakt formulierten Problemfeldern anklingen können, wenn die Grundsätze freiheitlichen Kunst- und Kulturlebens – als gewichtige und zu Recht Beachtung erheischende Realität sozialen Lebens neben dem Wirtschaftsleben – als wenigstens beachtenswerte Komponente „der Ziele liberaler Gesellschaft“ berücksichtigt worden wären.

---

13 Vorstand der SPD (Hrsg.), Grundsatzprogramm der Sozialdemokratischen Partei Deutschlands, 1989, S.29f.

14 Abgedruckt bei Theo Stammen u.a. (Hrsg.), o. Fußn. 11, S. 448–487.

15 Ebd., S. 455–463.

16 Ebd., S. 463–472.

17 Ebd., S. 472–483.

18 Ebd., S. 483–487.

19 Ebd., S. 448–455.

Die auf den Kunstbereich durchaus übertragbare Problemlage staatlich interventionistischer Verantwortungswahrnehmung hat im Programmtext der Freiburger Thesen bezogen auf die private Wirtschaft treffsichere Verbalisierung erfahren:

„Das Vertrauen des klassischen Liberalismus, die Ziele einer liberalen Gesellschaft aus dem Selbstlauf einer privaten Wirtschaft zu erreichen, ist nach den geschichtlichen Erfahrungen nur in Grenzen gerechtfertigt. Es besteht kein selbstverständlicher Einklang zwischen persönlichem Vorteil und allgemeinem Wohl. (...)

Der moderne Liberalismus überläßt darum nur da die Erfüllung der Ziele liberaler Gesellschaft im Selbstlauf privater Wirtschaft, wo diese durch Mechanismen des Marktes zu erreichen gesichert werden kann.

Wo die Ziele liberaler Gesellschaft durch den Selbstlauf der privaten Wirtschaft nicht erreicht werden können, wo somit von einem freien Spiel der Kräfte Ausfallserscheinungen oder gar Perversionstendenzen die Ziele liberaler Gesellschaft bedrohen, bedarf es gezielter Gegenmaßnahmen des Staates mit den Mitteln des Rechts."[20]

Daß der Bereich der Kunst und Kultur in diesen Zusammenhang nahtlos hätte thematisiert und eingefügt werden können, liegt nahe, zumal wenn man konzediert, daß dieser Lebensbereich nicht ausschließlich nach wirtschaftlichen Kriterien und wirtschaftlichen Handlungsmaximen behandelt und taxiert werden kann.

b) Wiesbadener Grundsätze 1998 und Wahlprogramm der Liberalen zur Bundestagswahl 1998

Die „das liberale Weltbild, den liberalen Gesellschaftsentwurf und das liberale Lebensgefühl" beschreibenden Wiesbadener Grundsätze[21] – die als parteiamtliche „Richtschnur für das aktuelle politische Handeln der Freien Demokraten"[22] gelten – und ebenso das Wahlprogramm zur Bundestagswahl 1998 als das „liberale Angebot für die nächste Legislaturperiode"[23], mit dem erklärten Ziel „den Staat fit (zu) machen für die neuen Herausforderungen"[24], beschreiten kulturpolitisch andere Wege.

Dem liberalen Kulturstaat (Wiesbadener Grundsätze) mit dem Plädoyer „Für eine liberale Kulturpolitik" (Wahlprogramm) wird nunmehr große

---

20 Ebd., S. 453.

21 *Guido Westerwelle*, Vorwort, in: F.D.P.-Bundesgeschäftsstelle (Hrsg.), Wiesbadener Grundsätze – Für die liberale Bürgergesellschaft, 1997, S. IV.

22 S. ebd.

23 liberal-Verlag (Hrsg.), Es ist Ihre Wahl – Das Wahlprogramm der Liberalen zur Bundestagswahl 1998, S. 5.

24 S. ebd.

Aufmerksamkeit geschenkt und beträchtlicher Platz im programmatischen Gesamtgefüge eingeräumt:

„12. Der liberale Kulturstaat

Kultur hat für die Liberalen eine besondere Bedeutung, weil die kulturellen Grundlagen einer Gemeinschaft auch die Basis für alle Verständigungen sind. Kultur bedarf zu ihrer Erhaltung der Pflege und zu ihrer Weiterentwicklung der Förderung. (...)

‚Kunst und Wissenschaft, Forschung und Lehre sind frei' (Grundgesetz Art. 5). Zur Sicherung dieser Freiheit gehört nach liberaler Auffassung auch die Verpflichtung des Staates, seinen Bürgern den Zugang zu kulturellen Einrichtungen zu ermöglichen. Museen, Bibliotheken, Universitäten, Akademien und andere Bildungseinrichtungen, kulturelle Veranstaltungen, Ausstellungen und Aufführungen sollen den Menschen nicht nur zur Unterhaltung und Belehrung dienen, sondern ihnen bei der Orientierung in einer oft komplexen und sich verändernden Umwelt helfen. Das im Grundgesetz verankerte Verbot jeglicher Zensur wird von den Liberalen auch als ein Verbot einseitiger Einmischung von Seiten des Staates, Bevorzugung oder Benachteiligung, verstanden. (...)

Im Zentrum kultureller Entwicklung und Erneuerung stehen die Künste. Kunst schuf seit je her die Voraussetzung dafür, daß Zeiterscheinungen durch Formgebung überhaupt faßbar und damit auch bürgerlich diskutierbar und politisch entscheidbar werden. Wir Liberale zählen auch gesellschaftspolitisch auf die vitale, formsuchende Dynamik der Kunst, weil wir in ihr eine zur Kommunikation quer durch alle Gruppen und Lager anregende Wirkung erkennen – gerade auch dort, wo sie im Einzelfall noch umstritten sein mag.

Kunst vertritt das humane Element der Kultur, damit die Zivilisation sich nicht in Technokratie und organisatorischen Optimierungen erschöpft. Die Künste fördern heißt deshalb politisch auch, langfristig in die Konsensfähigkeit einer pluralistischen Gesellschaft investieren. Liberale Kulturpolitik fördert daher freie Zusammenschlüsse, Selbstverwaltungsfonds und unabhängige Stiftungen im Kulturbereich. (...)

Die Liberalen wissen, daß die Frage, was Kunst sei, immer umstritten war, am meisten unter den Künstlern selbst. Wir wissen aber auch, daß dieser Streit zu den besten Traditionen unserer Kultur gehört. Wir wollen den verschiedenen kreativen Kräften Raum zu ihrer Entfaltung geben, denn es entspricht unserer liberalen Überzeugung, daß nur so die besten Möglichkeiten des Menschen entdeckt werden und zum Zuge kommen können."[25]

Die aus dem „Kulturstaatsgebot unserer Verfassung" abgeleitete „Verpflichtung als Kulturnation die Kunst zu fördern" wird dem „Grundverständnis liberaler Kulturpolitik" zugeordnet:

„Kunst und Kultur benötigen zu ihrer Entfaltung Unabhängigkeit von Bürokratie und staatlichen Vorgaben sowie materielle Unterstützung durch private und öffentliche Mittel. Die F.D.P. befürwortet private Kulturinvestitionen, ohne die

---

[25] Wiesbadener Grundsätze, o. Fußn. 21, S. 39ff.

öffentliche Hand aus ihrer Pflicht zu entlassen. Kulturförderung muß auch weiterhin eine öffentliche Aufgabe bleiben. (...)

Die Freiheit der Künste gehört zum Grundverständnis liberaler Kulturpolitik. Zur Freiheit der Kunst gehört es aber auch, Kunst zu fördern. Das Kulturstaatsgebot unserer Verfassung verlangt dieses. Auch bei angespannter Haushaltslage ist darauf zu achten, daß unser Land seiner Verpflichtung als Kulturnation in vollem Umfang gerecht wird. Trotzdem wird es unumgänglich sein, in höherem Maße für Kunst und Kultur privates Engagement zu erschließen. Deshalb setzt die F.D.P. auf Sponsoren aus der Wirtschaft, private Mäzene, Fördervereine und Stiftungen. (...)"[26]

Die bisweilen syntaktisch entgleisende Sprache („Das im Grundgesetz verankerte Verbot jeglicher Zensur wird von den Liberalen auch als ein Verbot einseitiger Einmischung von Seiten des Staates, Bevorzugung oder Benachteiligung, verstanden.")[27] oder die Verwendung unverbindlicher Lehrformeln („Wir Liberale zählen auch gesellschaftspolitisch auf die vitale, formsuchende Dynamik der Kunst, weil wir in ihr eine zur Kommunikation quer durch alle Gruppen und Lager anregende Wirkung erkennen – gerade auch dort, wo sie im Einzelfall noch umstritten sein mag. Kunst vertritt das humane Element der Kultur, damit die Zivilisation sich nicht in Technokratie und organisatorischen Optimierungen erschöpft. Die Künste fördern heißt deshalb politisch auch, langfristig in die Konsensfähigkeit einer pluralistischen Gesellschaft investieren")[28], lassen mitunter ein indifferentes Gesamtbild entstehen.

5. Bündnis 90/Die Grünen

a) Bundesprogramm „Die Grünen" 1980

Das am 22./23. März 1980 in Saarbrücken verabschiedete Bundesprogramm behandelt „Kultur" und „Kulturpolitik" im Abschnitt „V. Mensch und Gesellschaft":

„V. 7 Kultur Die Voraussetzungen für kulturelles Tun und Erleben der Menschen sind sehr unterschiedlich und von folgenden Bedingungen wesentlich abhängig:

(...)

b) Um Zugang zu den vielfältigen und recht unterschiedlichen Formen der Kultur zu gewinnen, muß man angemessen über sie informiert und zu ihrem Verständnis angeleitet worden sein.

Soll also jeder gleiche Chancen im kulturellen Bereich haben, so müssen gleich gute Bedingungen in der Arbeitswelt und gleich gute Bildung für alle angestrebt werden.

---

[26] Wahlprogramm der Liberalen zur Bundestagswahl 1998, o. Fußn. 23, S. 35ff. („Für eine liberale Kulturpolitik").

[27] Wiesbadener Grundsätze, o. Fußn. 21, S. 40.

[28] Ebd., S. 40f.

Die staatlich geförderte Kultur hat wenig mit den Lebensbedürfnissen und Interessen der Menschen zu tun. Zudem sind die Kultureinrichtungen in den Zentren der Ballungsräume konzentriert, so daß die Menschen in den Stadtteilen und vor allem auf dem Land von ihrer Nutzung nahezu abgeschnitten sind. Was über die Massenmedien an Kultur angeboten wird, hat überwiegend sehr wenig mit ihren konkreten Interessen zu tun und fördert nicht die Phantasie und den Spaß der Menschen an eigener kultureller Tätigkeit.

Besonders negativ zu beurteilen ist die Entwicklung einer Kulturindustrie:

- weil sie die Verbindung zwischen Kulturschaffenden und -aufnehmenden abreißt und so den bloßen ‚Kulturkonsum' entwickelt, (...)
- weil sie eine große Zahl von Menschen in weitgehender Passivität hält,
- und weil sie den Starkult und die Kulturvermarktung fördert.

(...) Viele Menschen in dieser Bewegung beginnen sich auch dagegen zu wehren, bloße Konsumenten des staatlichen Kulturbetriebes zu sein. Sie haben begonnen, z.B. in den Freundschaftshäusern, auf Stadtteilfesten usw. eigene Musik, Bilder, eigenes Theater zu machen, Sachen, die ihnen Spaß bereiten und ihnen nützen. Ein wichtiges Merkmal der Basiskultur ist aber das Bestreben, die Trennung zwischen Produzenten und ‚Kultur-Konsumenten' aufzuheben. Dieser Arbeit werden zuwenig Mittel zur Verfügung gestellt und sie ist oftmals Gegenstand von Behinderungsversuchen durch Kulturpolitiker aus den etablierten Parteien und durch etablierte Presseorgane.

Wenn Kulturarbeit einen wesentlichen Beitrag zur kulturellen Selbstverwirklichung der gesellschaftlich Benachteiligten leisten soll, muß sie aber frei sein von Unterdrückungsmechanismen.

(...)"[29]

Auffallend an dieser ersten kulturpolitischen Programmkonzeption der „Grünen-Bewegung" ist das dezidierte Eintreten für die Entwicklung basiskultureller Alternativformen und für eine Kulturarbeit, die die kulturelle Selbstverwirklichung gesellschaftlich Benachteiligter anstrebt; kennzeichnend ist auch die skeptisch bis ablehnend formulierte Haltung gegenüber der „staatlich geförderten Kultur", der „staatlichen Kultur", dem „professionellen Kulturbetrieb" und vor allem der „Entwicklung einer Kulturindustrie", wobei die Darlegungen im einzelnen nicht frei sind von dirigistischen Anklängen, die immerhin die Gefahr mit sich bringen können, in eine (verbindliche) inhaltliche Festlegung eines Kanons politisch-korrekter Kunst- und Kulturformen zu münden, und die zudem einer gewissen „volkspädagogischen Attitüde" nicht entbehren, die jedenfalls dann geeignet ist, im Hinblick auf das strikt zu beachtende Neutralitätsgebot des Art. 5 Abs. 3 S. 1 GG verfassungsrechtliche Bedenken zu erwecken, wenn zugleich die Forderung proklamiert wird, daß ihre Realisierung unter Inanspruchnahme öffentlicher (Geld) Mittel zu bewerkstelligen sei.

[29] Zit. nach Theo Stammen u.a. (Hrsg.), S. 565ff. (S. 570).

b) Wahlprogramme zur Bundestagswahl 1998 und zur Landtagswahl in Bayern 1998

Um einiges konventioneller als diese eher „fundamentalistisch“ gefärbten programmatischen Verlautbarungen präsentieren sich neuere kulturpolitische Akzentsetzungen von Bündnis 90/Die Grünen, die in den Programmen zur Bundestagswahl 1998 und zur Wahl des Bayerischen Landtags im gleichen Jahr zum Ausdruck gelangen:

Trotz aller auch hier enthaltenen „Affekte“ gegenüber der von der öffentlichen Hand bevorzugt geförderten etablierten Hochkultur, scheint die Federführung passagenweise unter dem Einfluß der politisch-programmatischen Strömungen des „Realo-Flügels“ der Partei gestanden zu haben:

Deutlich wird dies zumindest im Magdeburger-Programm zur Bundestagswahl 1998:

> „Kulturelle Vielfalt und künstlerische Freiheit stellen zentrale Existenzbedingungen einer demokratischen Gesellschaft dar. Der Bund hat die Existenz der von ihm mitgetragenen Kultureinrichtungen, länderübergreifenden Förderungen und kulturellen Modellprojekte nach neuen Kriterien zu sichern. Wir wollen den Ausbau der Regelungen zur sozialen Sicherung der KünstlerInnen erreichen und die Bundesfilmförderung durch eine Pflichtabgabe aller von ihr profitierenden Filmbranchen beibehalten. Die vom Bund verantwortete auswärtige Kulturpolitik ist an Kriterien zu binden, die die Verständigung und demokratische Entwicklung der Völker erleichtern und die dazu beitragen, Vorurteile und Fremdenfeindlichkeit abzubauen.“[30]

Angriffslustiger und ohne Scheu vor polemischer Attacke klingt gegenüber den vorstehenden, eher bürokratisch blassen programmatischen Bekundungen das „Landtagswahlprogramm 98: ‚Ein Zukunftsplan für Bayern.‘“:

> „4.4. Kultur schafft Orientierungen (...) Für den notwendigen Wandel schafft Kultur grundlegende Orientierungen. Um zukünftigen Herausforderungen gerecht werden zu können, muß Kulturpolitik Handlungsräume für unkonventionelle, künstlerische und wissenschaftliche Prozesse eröffnen und ihre freie Entfaltung absichern.
>
> Öffentliche Kunst- und Kulturförderung öffnen
>
> Kulturpolitik muß Projekte mit aktuellen gesellschaftlichen Bezügen fördern, die Förderung ist dezentral und transparent zu organisieren. Dabei sind experimentelle Vorhaben, die – wie immer verstörend – auf die veränderten Bedingungen reagieren, stärker zu berücksichtigen. Eigeninitiativen und soziokulturelle Projekte sind wichtiger als der Bau-, Betriebs- und Verwaltungsaufwand repräsentativer Einrichtungen, die bislang den Löwenanteil des Kulturetats verbrauchen.

---

[30] Bündnis 90/Die Grünen, (Hrsg.), Grün ist der Wechsel – Programm zur Bundestagswahl 1998, 1998, S. 116f.

Bayerischen Kulturfonds entbürokratisieren

Die der Kultur gewidmeten Privatisierungserlöse könnten vielversprechende Perspektiven eröffnen, würden die Gelder dieses Bayerischen Kulturfonds nicht im Stile zentralistischer Feudalherrschaft verwaltet. (...)"[31]

„Grünem Selbstverständnis" entspricht überdies die nachdrückliche Betonung der frauenpolitischen und internationalen Komponente der Kultur, in deren Konsequenz die Gleichbehandlung der Geschlechter und die interkulturelle Konzeption der Kulturpolitik postuliert wird:

„Frauen in der Kultur stärken. Entsprechend der wachsenden Anerkennung des Frauenanteils im Wissenschaftsbereich ist die Teilhabe von Künstlerinnen am kulturellen Geschehen zu stärken. Bei Stipendienvergabe und Projektförderungen ist für einen gleichberechtigten Zugang zu sorgen.

Kultur ist international. Von grenzüberschreitenden Kontakten und Zusammenarbeit kann Kulturarbeit nur gewinnen. Interkulturelle Institutionen, die wie das Goethe-Institut für die Vermittlung deutscher Sprache, Geschichte und Kultur sorgen, sind ebenso wie internationale SchülerInnen- und StudentInnen-Austausch Bestandteil einer Außenpolitik, die nicht ausschließlich ökonomisch orientiert ist. Innenpolitisch zielt unser interkulturelles Konzept darauf ab, daß sich unterschiedliche Orientierungen und kulturelle Traditionen kooperativ entwickeln und auf öffentliche Unterstützung rechnen können. Kulturpolitik hat die bereichernde Wirkung kultureller Vielfalt zu beachten, statt sie durch Assimilationsdruck auszulösen [muß wohl heißen: auszulöschen; Anm. des Verf.]."[32]

III. Fazit

Die nähere Analyse der aktuellen Programme der im Deutschen Bundestag vertretenen demokratischen Parteien läßt die Feststellung zu, daß die in ihnen proklamierten kunst- und kulturpolitischen Zielbestimmungen, ungeachtet aller in Details von einander abweichenden Ausdifferenzierungen zumindest in zwei ganz wesentlichen programmatischen Positionen eine durchgehende Übereinstimmung aufweisen:

Einerseits zählt zu den in den Programmen enthaltenen zentralen Aussagen das entschiedene Bekenntnis zur Garantie der Freiheit der Kunst gegenüber allen staatlichen freiheitsbeschränkenden Zwangs- und Eingriffsmaßnahmen.

Andererseits sprechen sie sich ohne Ausnahme für die prinzipielle Anerkennung einer von öffentlich-rechtlichen Hoheitsträgern zu erfüllende Verpflichtung aus, Kunst und Kultur – ideell und materiell (insbesondere finanziell) – zu fördern. Die Ermöglichung und Schaffung der Voraussetzungen der freien Entfaltung von Kunst ist in den Programmtexten stets wiederkehrend als Zielvorgabe beschworen worden.

---

[31] Bündnis 90/Die Grünen – Landesverband Bayern, (Hrsg.), Landtagswahlprogramm 98 – „Ein Zukunftsplan für Bayern", 1998, S. 109.

[32] S. ebd., S. 110f.

Da die programmatischen Äußerungen jeweils im Kontext der ausformulierten allgemein parteipolitischen Zielsetzungen stehen und von diesen ebensowenig getrennt werden können, wie von den die gesamte politische Begriffs- und Vorstellungswelt prägenden ideologisch-weltanschaulich und historisch definierten Vorverständnissen, die den Programmdeklamationen zugrunde liegen, ergibt sich auch in diesem Problemkreis aus verfassungsrechtlichen Erwägungen das Erfordernis der besonders sorgfältigen Begründung tragfähiger Legitimationsgrundlagen:

Insbesondere unter dem Aspekt des durch Art. 5 Abs. 3 S. 1 GG begründeten Neutralitätsgebots[33] bedarf dieses Erfordernis gesteigerter Aufmerksamkeit: Denn, wie aus einigen der vorliegend zitierten Programmtextpassagen abgelesen werden kann, ist vereinzelt nicht nur die Berechtigung zur Ausübung eines Kunstrichter- und -gestalteramtes anerkannt worden („Wir kämpfen gegen Schmutz und Kitsch")[34], sondern es liegt darüber hinaus auch auf der Hand, daß die Beurteilung und Anerkennung der Förderungswürdigkeit – zur Erfüllung der angenommenen Kunst- und Kulturförderungsverpflichtung – nicht völlig unabhängig und abstrahiert von den eigenen parteipolitisch-programmatischen Zielkonzeptionen erfolgen kann.

Infolgedessen wäre es also illusorisch und lebensfremd anzunehmen, daß die gleichsam präjudizierende Wirkung der parteipolitischen Programmaximen aus dem Vorgang der praktisch umsetzenden Realisierung der in den Programmen vertretenen Zielvorgaben gänzlich neutralisiert oder ausgeschaltet werden könnte.

Daß die prinzipielle Haltung etwa gegenüber der Einrichtung und Förderung von „soziokulturellen Zentren" oder der sogenannten „Graswurzel-"[35] oder „underground"-Kultur und anderer „subkultureller" Erscheinungsformen der Ausrichtung des parteipolitisch vertretenen Konservatismus[36] ferner steht, als dem Selbstverständnis nach gesellschaftspolitisch „fortschrittlicher" „linker" Politikentwürfe, ist offenkundig.

---

[33] Zu dieser Ableitung aus Art. 5 Abs. 3 S. 1 GG s. unten Kap. 6 II.

[34] CSU-Grundsatzprogramm 1946, vgl. oben Fußn. 4; s. auch CSU-Grundsatzprogramm 1957, o. Fußn. 5: („Die Achtung vor der Kunst gebietet Kampf gegen Schund, Kitsch und Schmutz.").

[35] S. z.B. *Alfred Georg Frei*, Geschichte aus den „Graswurzeln"? – Geschichtswerkstätten in der historischen Kulturarbeit, Aus Politik und Zeitgeschichte B 2 v. 8.1.1988, S. 35ff. (S. 36: Geschichtswerkstätten als Beispiel für städtische Kulturarbeit, die gemeinsam von Volkshochschulen, Kulturämtern und anderen Bildungseinrichtungen (z.B. Heimatmuseen) vor allem zur Erforschung der stadtteilbezogenen, lokalen und regionalen Geschichte ins Leben gerufen wurden.).

[36] Zu dessen Strömungen nach dem Zweiten Weltkrieg s. *Axel Schildt*, Konservatismus in Deutschland – Von den Anfängen im 18. Jahrhundert bis zur Gegenwart, 1998, S. 211ff.

Kapitel 6

Der besondere Legitimationsbedarf als rechtswissenschaftliche Problematik: Aufgrund verfassungsjuristischer Würdigung formulierte Bedenken gegenüber öffentlichen Kunst- und Kulturförderungsmaßnahmen

I. Die Konkurrenzschutzproblematik im Rahmen der öffentlichen Kulturförderungsgewährung

Die leistungsstaatliche förderungsgewährende Kulturpflege der öffentlichen Hände geht stets mit der Gefahr einher, rechtlich geschützte Interessen von Personen zu verletzen, die von dem Wirkungsradius der Subventionszuwendung an den Förderungsempfänger (Zuwendungsadressaten) erfaßt werden.

Den kulturfördernden Hoheitsträgern obliegt deshalb die Rechtspflicht, die Nebenwirkungen ihrer Förderungsmaßnahmen auf die künstlerisch-kulturellen Entwicklungsmöglichkeiten und auf die Wettbewerbs- und Existenzchancen übergangener Dritter zu berücksichtigen.[1]

Zutreffend ist immer wieder darauf hingewiesen worden, daß jede begünstigende Förderungszuwendung an eine bestimmte kulturelle Institution oder einen Künstler nicht nur unter dem Aspekt des in Art. 3 Abs. 1 GG enthaltenen Gleichbehandlungsgebots Probleme aufwirft, weil in die Rechtsposition der in sachlich gleichgelagerter Situation befindlichen nicht begünstigten kulturellen Einrichtung oder Künstler eingegriffen wird,[2] sondern eben auch zu einer Wettbewerbsverzerrung führt bzw. führen kann. Dies ist insbesondere dann der Fall, wenn das Interesse des nicht geförderten Konkurrenten erklärtermaßen oder nach den Umständen des Einzelfalles darauf abzielt, daß die begünstigende öffentliche Intervention zur Wahrung der Wettbewerbsparität unterbleibt (Abwehranspruch) und sich gerade nicht auf die Realisierung eines aus dem Gleichheitssatz abgeleiteten Forderungsanspruchs (Leistungsanspruch) richtet.[3]

---

[1] S. hierzu etwa *Hans-Ulrich Evers*, Kulturauftrag im staatlichen Gemeinwesen, NJW 1983, S. 2161 ff. (S. 2166).

[2] *Birgit Geißler*, Staatliche Kunstförderung nach Grundgesetz und Recht der EG, 1995, S. 45.

Die öffentlichen Förderungsmittelzuwendungen entfalten stets eine ambivalente Wirkung, denn die Zuwendung für den einen wird zur Zurücksetzung des anderen[4]; die Bevorzugung der einen Seite schlägt um in eine Benachteiligung der anderen, so daß die gezielte Einsetzung dieses Folgenautomatismus zudem die Gefahr von bewußten Lenkungs- und Steuerungseffekten zugunsten erwünschter und zulasten mißliebiger künstlerischer Betätigung eröffnet.[5]

II. Maßgaben der staatlichen Neutralitätsverpflichtung

Nicht minder gravierende Fragestellungen wirft der Problemkreis der verfassungsrechtlich gebotenen Wahrung der staatlichen Neutralitätsverpflichtung auf.

Es liegt in der Natur der Sache begründet, daß jede Entscheidung in kulturellen Angelegenheiten und damit insbesondere auch über die Kulturförderungsgewährung in unausweichlicher logischer Konsequenz immer zugleich Stellungnahmen und Standortbestimmungen inhaltlicher Dimension bedingt, die selbst bei Einschaltung pluralistisch besetzter gesellschaftlicher Entscheidungsgremien dem politisch-administrativen System bzw. dem Staat zuzurechnen[6] und daher unter dem Gesichtspunkt der Ausübung eines „Kunstrichertums" seitens der förderungszuwendenden öffentlichen Hoheitsträger zu behandeln sind.

Dadurch, daß staatliche Institutionen mit jeder wertenden Entscheidung gleichzeitig eine eigene Position einnehmen und infolgedessen Stellung

---

[3] Vgl. zu diesem Problemkreis die eingehende Darstellung bei *Michael Mihatsch*, Öffentliche Kunstsubventionierung, 1989, S. 44ff., der hier (S. 44) auch das berühmte Diktum von *Adolf Arndt* „Wer begünstigt, benachteiligt auch." (NJW 1966, S. 26f. (S. 27).) zitiert.

[4] So schon *Ernst Rudolf Huber*, Zur Problematik des Kulturstaats, in: Peter Häberle (Hrsg.), Kulturstaatlichkeit und Kulturverfassungsrecht, 1982, S. 122ff. (S. 126).

[5] S. dazu *Michael Mihatsch*, S. 45. – Praktische Beispiele: So berief sich etwa der Leiter des Blutenburgtheaters, René Siegel-Sorell (München-Neuhausen) darauf, daß ein neues städtisches Zuschußmodell für Privattheater des Münchener Kulturreferats gegen die Chancengleichheit verstoße, weil es die künstlerische Qualität zum maßgebendem Parameter für die Förderungsvergabe zugrundegelegt hat; der Leiter der Bühne, die ausschließlich Kriminalstücke in Boulevard-Manier spielt, sah sich trotz der hohen Publikumsakzeptanz dadurch einem wachsenden Defizit ausgesetzt und in existenzbedrohende Schwierigkeiten gebracht; aus diesem Grunde kündigte er für den Fall der Einführung der neuen Zuschußmodalitäten gerichtliche Schritte gegen dieses „wettbewerbsverzerrende Fördermodell" an (SZ Nr. 7 v. 10.1.1992, S. 14.).

[6] Vgl. hierzu auch: *Gerd Roellecke*, Kulturauftrag im staatlichen Gemeinwesen, DÖV 1983, S. 653ff. (659).

beziehen, berühren sie zwangsläufig die Kernbereiche des Neutralitätsprinzips, welches das Verhältnis des Staates zur Kunst[7] determiniert.

Verkürzt gesagt: Wer fördert, wertet!

Sofern der Wertung qualitative Kriterien zugrunde liegen, aktualisiert sich die aus dem Neutralitätsgrundsatz resultierende Ingerenz- und Diskriminierungsverbotsproblematik, die in Ansehung des Art. 5 Abs. 3 S. 1 GG besonderer Würdigung bedarf und sorgfältig begründete verfassungsrechtliche Legitimationsfundamente verlangt.

Aus der hierdurch drohenden Verletzung der Kunstfreiheitsgarantie des Art. 5 Abs. 3 S. 1 GG verdichtet sich die kultursubventionsrechtliche „Ingerenzproblematik“[8] zum verfassungsrechtlich relevanten Legitimationsproblem der Zulässigkeit staatlicher Kulturförderung nach Maßgabe des Grundgesetzes.[9]

---

[7] *Michael Mihatsch*, S. 101 und 82.

[8] *Michael Mihatsch*, S. 44.

[9] S. unten Kap. 10 zur Geltung des Gesetzesvorbehalts (insbesondere auch zum Konkurrenzschutz sowie zur Gefahr des „Goldenen Zügels“ unten Kap. 10 I. 5.).

Kapitel 7

Historische Kontinuitätslinien als Legitimationselement und Argumentationsgesichtspunkt in der Debatte über die Zulässigkeit öffentlicher Kunst- und Kulturförderung

I. Die Förderung bildender Künste als Komponente historischer Kontinuität der staatlich-gesellschaftlichen Realität

Die grundlegende Monographie „Kulturverwaltungsrecht" von Thomas Oppermann aus dem Jahre 1969 enthält die zutreffende Feststellung:

> „Das Verhältnis des Staates zu den bildenden Künsten steht in Deutschland seit langem unter den Aspekten fördernder Unterstützung schöpferischer Arbeit ...".[1]

Hinter dieser eher lapidaren Formulierung verbirgt sich eine Traditionslinie historischer Kontinuität und staatlich-gesellschaftlicher Realität, deren komplexe Bedeutungsinhalte für die Legitimationsbegründung öffentlicher Kunst- und Kulturförderung große Tragweite besitzen.

1. Geschichtskonstanten staatlicher Kulturpflege aus dem 18. und 19. Jahrhundert

In der Historie deutscher Territorialstaaten und sonstiger staatlicher Herrschaftsgebilde des 18. und 19. Jahrhunderts ist im Wege einer geschichtsbezogenen empirischen Wirklichkeitsanalyse die Konstante nachzuweisen, daß zwischen den öffentlichen Hoheitsträgern und der sozialen Gemeinschaft zumeist ein Konsens darüber bestand, den Bereich von Kunst und Kultur nicht weitestgehend „staatsfrei" zu halten, sondern ihn im Gegenteil in nicht unbeträchtlichem Maße der Fürsorge des Staates zu überantworten.[2]

Es ist sogar historisch zu belegen, daß der Aspekt der Gesellschaftsförderung als eine Dimension der Kunst- und Kulturförderung durch die

---

[1] *Thomas Oppermann*, Kulturverwaltungsrecht, 1969, S. 125.

[2] *Michael Mihatsch*, Öffentliche Kunstsubventionierung, 1989, S. 35 vermerkt vereinzelte zeitgenössische Gegenstimmen, die für eine Abstinenz des Staates eintraten (z. B. Wilhem von Humboldt).

mäzenatisch agierende fürstlich-staatliche Obrigkeit bereits im ausgehenden 18. Jahrhundert – während der Hochblüte der Aufklärung – entdeckt wurde: Da die Kunst für denjenigen, der der Vernunft verpflichtet war, nicht als etwas „Unvernünftiges" galt, sondern als ein Bestandteil der menschlichen Natur, der die Wirklichkeit widerspiegelte und der auch rational als „notwendig" zu erachten war, vermochte die Förderung der Künste zugleich der Beförderung des „Gemeinen Wohls" zu dienen.[3]

2. Der Nachweis des traditionalen Aspekts der Kulturstaatlichkeit in seinem Gegenwartsbezug

Die Führung dieser Nachweise erlaubt es, den traditionalen Aspekt der Kulturpflege und der Kulturstaatlichkeit als faktisches Kontinuum mit normativer Wirkung zu begreifen.

Seine Normativität objektiviert sich in den materiellen Verfassungsrechtsgehalten, die dem auf das Gegebensein seiner Kulturstaatseigenschaft hin zu untersuchenden jeweiligen konkreten staatlichen Gemeinwesen zu eigen sind.

Der verfassungsrechtliche Verankerungspunkt der Kulturstaatlichkeit und die aus ihm abgeleitete Legitimationsgrundlage öffentlicher Kulturinterventionen ist in diesen materiellen Verfassungsrechtsgehalten zu lokalisieren – und zwar unabhängig davon, ob sie im Wortlaut einer Verfassungsurkunde ihren positivierten Niederschlag gefunden haben oder nicht.

Der historisch gewachsene, sich nach und nach herauskristallisierende moderne Kulturstaat, der sich der Kunst- und Kulturpflege unter dem Gesichtspunkt der kulturellen Daseinsvorsorge[4] verschrieben hat, und auf

---

[3] *Hans Magenschab*, Josef II. – Revolutionär von Gottes Gnaden, 3. Aufl. 1981, S. 203. – Zur Zweckhaftigkeit der Wissenschaftsförderung, der Kunst und der Kunstförderung in der Einschätzung des aufgeklärten habsburgischen Reformkaisers s. auch das wörtlich zitierte Selbstzeugnis (S. 181): „Mir sind weder die großen Griechen noch die Römer unbekannt; ich kenne die Geschichte des Deutschen Reiches und jede meiner Staaten insbesondere. Aber meine Zeit hat mir nie erlaubt, Epigramme zu machen und Vaudevilles zu schmieden. Ich habe gelesen, um mich zu unterrichten. Ich bin gereist, um meine Kenntnisse zu erweitern. Und indem ich die Gelehrten unterstütze, erweise ich ihnen einen größeren Dienst, als wenn ich und einer derselben an einem Pult Sonette faselte."

[4] Zur Daseinsvorsorge als Staatsaufgabe, als Synonym für die staatliche Leistungsverwaltung und zu dem Begriffsverständnis von „Freiheitssvorsorge" als Aufgabe des Staates („Gebot der Fürsorge für die Freiheit des Individuums") s. *Roman Herzog*, Ziele, Vorbehalte und Grenzen der Staatstätigkeit, HdbdStR Bd. III, 1988, § 58 (S. 83ff.), Rdnr. 70ff. (Rdnr. 70, 72 und 75f.) sowie auch Rdnr. 80 („Aufgabe, Grundlagen für den sinnvollen und vor allem auch verantwortungsvollen Gebrauch der Freiheit zu legen") und Rdnr. 82ff. („Sorge für die Rahmenbedingungen einer freien Gesellschaft")). Begriffsverwendung auch bei *Peter Häberle*, Vom

den die Kunstförderungswahrnehmung des vormodernen Staates aufgrund allmählicher Ablösungsprozesse[5] kontinuierlich übergegangen ist, kann anhand der phänotypischen Kriterien der Erbringung von Kunst-, Wissenschafts- und Bildungsförderung beschrieben werden.

Demzufolge ist die Kulturstaatseigenschaft eines staatlichen Gemeinwesens dann zu konstatieren, wenn bei der wirklichkeitsorientierten Betrachtungsweise die Erfüllung der genannten phänotypischen Kriterien erkennbar wird. Die Anerkennung jener Wirkmacht der realen Gegebenheiten der Staatswirklichkeit steht auch im Hintergrund der Einschätzung, derzufolge es „nicht zu leugnen sei, daß jeweils angesichts der heutigen gesellschaftlichen Strukturen dem Staat die Rolle des ersten Schirmherrn gegenüber den Künsten de facto in einem kaum wesentlich geringeren Umfang" zufalle „wie im Verhältnis zu Bildung und Wissenschaft."[6], in der sich die real existente Kulturstaatlichkeit manifestiert.

3. Die Unterschätzung des traditionalen Aspekts im juristischen Schrifttum

Die gegenüber dem historisch-traditional grundierten Legitimationselement der „Herkömmlichkeit" und der „Staatspraxis" erhobenen Einwände[7] und insbesondere der Vorwurf, es handele sich bei der Berufung auf den traditionalen Aspekt um die „stereotype Beschwörung" zur „Grundsteinlegung einer Tradition"[8], die zudem der Gefahr ausgesetzt sei, „in einer belletristischen Grauzone (zu) versickern"[9], erweisen sich angesichts der doku-

---

Kulturstaat zum Kulturverfassungsrecht, in: ders., (Hrsg.), Kulturstaatlichkeit und Kulturverfassungsrecht, 1982, S. 37. Zum Begriff der geistigen und kulturellen Daseinsvorsorge s. *Michael Schöneich*, Kulturstaat nicht –hoheit, der städtetag 1988, S. 731 („Einrichtungen der geistigen Infrastruktur" als institutionelle Entsprechungen geistiger und kultureller Daseinsvorsorge.).

[5] *Thomas Oppermann*, Kulturverwaltungsrecht, S. 122 und 125 ff.; *Ulrich Scheuner*, in: Bitburger Gespräche 1977/78, S. 117 ff.; *Dieter Grimm*, Kulturauftrag im staatlichen Gemeinwesen, VVDStRL 42 (1984), S. 47; *Michael Mihatsch*, S. 34 (mit Verweis auf ausführliche historische Überblicksdarstellungen in Fußn. 164); *Birgit Geißler*, Staatliche Kulturförderung nach Grundgesetz und Recht der EG, 1995, S, 19 ff. (S. 19–26: Historische Entwicklung).

[6] *Thomas, Oppermann*, Kulturverwaltungsrecht, S. 443.

[7] Z.B. *Birgit Geißler*, Staatliche Kunstförderung nach Grundgesetz und Recht der EG, 1995, S. 57.

[8] *Max-Emanuel Geis*, Kulturstaat und kulturelle Freiheit, 1990, S. 130.

[9] *Ders.*, ebd. S. 122. S. dort auch zur historischen Legitmation des Kulturstaatskonzepts S. 28 ff. sowie zur „Fragwürdigkeit einer Kulturstaatstradition" S. 120 ff. (Darauf, daß *Geis* angesichts der vorzufindenden, empirisch belegbaren Entwicklungslinien öffentlicher Kunst- und Kulturförderungsaktivitäten in Deutschland die Bedeutung der geschichtlichen Genese unterschätzt haben könnte, wurde schon bei

mentierbaren Faktenlage als eine Unterschätzung der außerordentlichen Wirkmacht der historisch determinierten Konstanten.

Auch handelt es sich bei der hier vertretenen Annahme nicht um einen (unstatthaften) Schluß von einem Sein auf ein Sollen. Sondern es geht vielmehr um die Anerkennung und Fortsetzung einer im Bewußtsein historischer Verantwortlichkeit übernommenen, verfassungsrechtlich ebenso legitimen wie legitimierten Staatsfunktion bzw. Staatsaufgabendimension, die als bereits existierende reale gesellschaftliche Gegebenheit vorgefunden wurde.

4. Übertragungsprozesse der Trägerschaft kultureller Institutionen auf die öffentlichen Hände

Bezüglich der historischen Konstanten der höfischen Theaterträgerschaft und insbesondere in Bezug auf den Verantwortungsübergang auf öffentlich-rechtliche Hoheitsträger während der Ära der Republik von Weimar stellt etwa Eugen Schöndienst,[10] mit Blick auf die vor 1918 sich entwickelnde Theaterlandschaft fest:

> „Was der Weimarer Staat an äußerer und innerer Verfassung des deutschen Theaters vorgefunden hat, hatte seine Wurzeln im 17. und 18. Jahrhundert. Zunehmend gingen die Landesfürsten in dieser Zeit dazu über, einen Teil der bis dahin umherreisenden komödiantischen Gruppen für längere Zeit an ihren Hof zu binden. (...) Ähnliches vollzog sich auch auf dem Gebiet der Oper und des Balletts, die ihren Platz fast ausschließlich an den Höfen fanden. Als den fürstlichen Beispielen folgend Ausgangs des 18. Jahrhunderts, von früheren Einzelfällen abgesehen, die ersten festen Bühnen gegründet wurden, war das Fundament für die spezifisch deutsche, letztlich durch die Kleinstaaterei bedingte, breite Theaterlandschaft gelegt. (...) Waren die Prinzipale zunächst noch Unternehmer auch an den Höfen geblieben, bei denen ihnen auf längere Zeit geldliche Zuschüsse und Arbeit sicher waren, begann gegen Ende des 18. Jahrhunderts die allmähliche Übernahme von Prinzipal und Ensemble in ein Angestelltenverhältnis und die Eingliederung des Betriebes in die höfische Administration als sogn. ‚Regiebetrieb'."

Unter Hinweis auf Thomas Oppermann[11] fährt Schöndienst fort:

> „Oppermann leitet aus dieser Entwicklung mit Recht die in Deutschland im Gegensatz zu anderen europäischen Ländern selbstverständlich gewordene ‚Nähe zwischen Theater- und Musikwesen und der öffentlichen Sphäre' ab.
>
> Die Landesherren wurden damit zu den eigentlichen Unternehmern ihrer Hoftheater und die Prinzipale, wenn die künstlerische Leitung nicht einem von den

---

Erscheinen der Monographie hingewiesen: s. *Bernhard Weck*, Buchanzeige, in: AöR 117 (1992), S. 143ff.).

[10] *Eugen Schöndienst*, Kulturelle Angelegenheiten – A Theater und Orchester, in: *K. Jeserich/H. Pohl/G.-C. von Unruh*, Deutsche Verwaltungsgeschichte, Band 4. Das Reich als Republik und in der Zeit des Nationalsozialismus, 1985, S. 373ff. (375f.).

[11] S.o. Fußn. 1, S. 448f.

Bühnenkünstlern gewählten Kollegen übertragen wurde, zu angestellten artistischen Direktoren.

Hier kann nur auf die allgemeine, in die nähere Zukunft weisende Linie eingegangen werden. Die Konstruktion des Regiebetriebs wurde an einigen Hoftheatern zeitweise auch wieder aufgegeben; die Theater wurden von der Hoftheaterverwaltung dann an die Unternehmer verpachtet. So wurde das eine oder andere Hoftheater auf kürzere oder längere Zeit formal in privater Rechtsform betrieben.

Bis 1820 waren in zehn Residenzen eigentliche Hoftheater entstanden. Andere, zumeist kleinere und mittlere Höfe bevorzugten noch für einige Zeit die Überlassung ihrer Bühnen an Prinzipalschaften. Auch diese wurden aber im Laufe des Jahrhunderts in Regietheater umgewandelt. 1918 existierten 22 eigentliche Hofbühnen.

Eine in mancher Hinsicht andere Entwicklung nahmen für längere Zeit die Theater in den Nichtresidenzstädten. War bei den Hofbühnen für einen langen Zeitraum das tragende Motiv das Repräsentations- und Unterhaltungsbedürfnis, zu dem erst später ein Bildungsinteresse getreten ist, stand in den Städten der Erwerbszweck eindeutig im Vordergrund. Der Betrieb vornehmlich durch private Aktiengesellschaften errichteter Theater wurde von einem angestellten Direktor geführt oder von einem Unternehmer gegen einen möglichst hohen Pachtzins verpachtet. Gespielt wurden in der Regel, allein schon wegen des gegenüber der Oper und dem Ballett geringeren Aufwands, Schauspielstücke. Die Städte selbst beteiligten sich an diesen Unternehmen nur in den seltensten Fällen. Erst vom Beginn des 19. Jahrhunderts an entschlossen sich diese, Gebäude von den Gesellschaften zu erwerben oder zu bauen, um sie nun selbst möglichst ertragreich zu verpachten. Die Theater wurden von ihnen also als reine kommunale Geldquelle verstanden. Zunächst nur zögernd wurde diesen Pächtern später, und hauptsächlich zur Abwendung wirtschaftlicher Zusammenbrüche, aber auch zur Hebung des künstlerischen Niveaus und, weil nun das Theater langsam auch als eine Institution der öffentlichen Bildung begriffen wurde, eine Unterstützung durch ihre Stadt zuteil, vorerst durch Sachleistungen, etwa die kostenlose Belieferung mit Heizungsmaterial und Strom, die unentgeltliche Überlassung eines Dekorations- und Kostümfundus oder die zur Verfügungstellung eines städtischen Orchesters, danach aber auch durch geldliche Zuschüsse."

5. Inkurs: Das Beispiel Bayerns

Im Kontext der empirisch-wirklichkeitsorientierten Betrachtung wird die fortdauernde Wirkkraft geschichtlich geprägter Entwicklungslinien besonders augenfällig.

Seit Jahrhunderten ist Kultur in Bayern in hohem Maße „von staatlicher Kulturpolitik und öffentlicher Kulturpflege aller Gebietskörperschaften, die lange in der kulturellen Leistung vor allem der Wittelsbacher, aber auch zahlreicher weltlicher und geistlicher Fürstentümer innerhalb der Grenzen des heutigen Freistaats wurzelten", geprägt.[12]

---

[12] *Wolfgang Zorn/Marcus Kleiner*, Bayern als Kulturstaat, in: Bernd Rill (Hrsg.), Bavaria Felix, 1986, S. 149ff. (S. 149: „Tradition und Verfassungsauftrag").

Die wirkmächtigen und auf die wahrzunehmenden Aufgabenfelder staatlicher Gemeinwesen geradezu prädestinierende Kraft entfaltenden Konsequenzen historischer Konstanten, die sich geschichtlicher Umbruchs- und Entwicklungsprozesse zum Trotz beharrlich zu behaupten vermochten, können in exemplarischer Weise an der historischen Bedingtheit der Kulturpolitik König Ludwigs I. und Max' II. sichtbar gemacht werden.

Seit seiner Gründung am 1. Januar 1806 – ein Datum, daß den Beginn einer neuen bayerischen Geschichte markierte – sah sich das Königreich Bayern auf dem Weg in die Moderne vor weitreichende Herausforderungen gestellt.

Dem neuen bayerischen Staat oblag es, die ihm in der Folge der Säkularisation und durch die napoleonischen Kriege auch im übrigen ausgelösten Wandlungs- und Neuordnungsprozesse der deutschen Staatenwelt zugesprochenen Territorien in ein neustrukturiertes Herrschaftsgebilde zu integrieren.[13] Die vollzogene staatliche Einigung umfaßte „große und kleine, weltliche, geistliche und bürgerliche ‚Staaten' und Städtchen, Herrschaftsgebiete verschiedenster Herkunft, Größe und Kultur, die alle ein Eigengewicht und eine kulturelle Identität besaßen.[14]

Die Übernahme dieses „reichen Kulturerbes von den säkularisierten und mediatisierten Kulturherden des ganzen Landes und dem plötzlichen Fehlen zahlreicher Auftraggeber, Mäzene und Träger von Kunst, Wissenschaft und Volksbildung", die mit dem Verlust ihres souveränen Herrschaftsanspruches ihrer kulturellen Gestaltungsmacht beraubt und um die Möglichkeiten der Einflußnahme gebracht worden waren, „aber auch aus der kulturellen Entleerung der Lande erwuchsen dem Monarchen und dem Gesamtstaat vielfache Aufgaben der Kulturpflege und Kulturpolitik. Ludwigs Kunstmäzenatentum sprang in die Bresche, wenngleich sein Hauptinteresse der Landeshauptstadt" München, „ihren Sammlungen, Museen und Prachtbauten galt."[15] Hingegen war das Hauptanliegen von König Max' II. die Pflege von Wissenschaft und Bildungswesen, der auf diesem Gebiet neben seinem Vater Ludwig I. Leistungen von eigenständigem Rang erbringen konnte.[16]

> „Daß in diesem Jahrhundert Bayern insgesamt sich zum bewußt und planmäßig gepflegten Kulturstaat entwickelte, hat auch noch der kulturellen Entwicklung nach dem Zweiten Weltkrieg gesicherte Grundlagen gegeben, nicht minder die gewahrte Geschlossenheit des Staatsgebietes."[17]

---

[13] *Karl Bosl*, Bayerische Geschichte, 7. Aufl., 1990, S. 191f.; *Helmut Hoffmann*, Bayern – Handbuch zur staatspolitischen Landeskunde der Gegenwart, 7. Aufl., 1981, S. 33f.

[14] *Karl Bosl*, ebd.

[15] *Ders.*, ebd., S. 224f.

[16] *Ders.*, ebd.

[17] *Wolfgang Zorn/Marcus Kleiner*, S. 149.

Außerordentlich bemerkenswert ist in diesem Zusammenhang die zu unterstreichende Ansicht, daß die Bayerische Verfassung von 1946 die kulturelle Rolle und Aufgabe Bayerns bekräftigt und Bayern nicht nur einen Rechts- und Sozialstaat, sondern ausdrücklich auch einen Kulturstaat genannt hat, – und daß sich dies dem Umstand verdankte, daß „bei den Vätern dieser Verfassung (...) die Erinnerung an die Kontinuität der Bayerischen Staats- und Kulturentwicklung" mitklang. Die „umfassende Förderung" der Kunst beruht auf den Grundsätzen der Verfassung von 1946 ebenso, wie auf einer auf Kontinuität bedachten Kulturpflege.[18]

II. Die Beachtung historischer Kontinuitätslinien und ihrer argumentativen Verwendung in kulturpolitischen Debattenbeiträgen – Empirische Beispiele

Unübersehbar zahlreich sind die empirisch erfaßbaren Beispiele der historischen Kontinuität der Trägerschaft von oder der Förderungszuwendung an Kulturinstitutionen durch die öffentlichen Hände, die zur Begründung der hier vertretenen Ansicht herangezogen werden könnten: Im Grunde genommen ließe sich in diesem Zusammenhang prinzipiell jede öffentlich gegründete, übernommene oder auf irgendeine Weise subventionierte kulturelle Einrichtung anführen, deren Gründungsdatum vor dem Gründungstag der Bundesrepublik Deutschland liegt.

Die Darlegung beschränkt sich auf einige wenige besonders beispielhafte Institutionen.

In dem Essay „Vom Volk für das Volk – Warum Kunst und Demokratie einander bedingen" wies der Theaterpublizist C. Bernd Sucher nach, daß die Wurzeln des subventionierten Theater- und Musiksystems in die Zeit der attischen Demokratie zurückreichen und die zunächst freiwillige Bereitschaft wohlhabender Athener Bürger, einmal im Jahr die Aufführung einer Tragödie, einer Komödie und eines Dithyrambenchors zu finanzieren, als leitourgia genannte Pflicht in der Mitte des 4. Jahrhunderts v. Chr. auf die

[18] *Ebd.*, S. 150. Der auf S. 149 hervorgehobenen und besonders betonten Bedeutung der ungewöhnlichen Kontinuität der bayerischen Kulturstaatstradition kann in Konsequenz des hier vertretenen Ansatzes nur entschieden beigepflichtet werden: „Bayerische Kultur im umfassenden Sinne, die das Bildungswesen, die Wissenschaft, die Pflege überlieferter und neuer künstlerischer Bemühungen einschließt, weist über viele Epochen hinweg eine ungewöhnliche Kontinuität auf. (...) Sie hängt vor allem im altbayerischen Kernstaat räumlich und geschichtlich eng zusammen mit den südlich und östlich angrenzenden Kulturlandschaften (...) mit denen Bayern ein reger geistig-kultureller Austausch verbindet. Die bayerische Kulturentwicklung und Kulturpflege hat aber auch die geistigen und künstlerischen Traditionen der zu Beginn des 19. Jahrhunderts hinzugewonnenen fränkischen und schwäbischen Gebiete ohne Bruch und Konflikte einbezogen."

politische Verwaltung überging, die fortan theatrale Feste mit Steuergeldern ermöglichte.[19] Im Jahre 354 v. Chr. erklärte ein Gesetz das theorikon bezeichnete Theaterbudget zum wichtigsten Posten des Staatsetats.

Auf die in den letzten 1000 Jahren von der Kirche, den Höfen und dem Bürgertum stets erbrachte Subventionierung der Kunstmusik berief sich Reinhard J. Brembeck[20] in seiner Parteinahme für das Fortbestehen des aus Kostengründen in Frage gestellten Festivals der „Donaueschinger Musiktage", da anspruchsvolle, hochorganisierte Musik nur in Schutzwinkeln entstehen könne, weil der kapitalistische Markt wegen seiner auf Effizienz und Masse gerichteten Gesetze und seiner Einschaltquoten-Mentalität auf Kunst kontraproduktiv wirke.[21]

Seinen Rücktritt vom Amt des Intendanten des Stadttheaters Augsburg zum Ende des Jahres 1999, für den einschneidende Sparpläne der Stadt ausschlaggebend gewesen waren, begründet der derzeitige Theaterleiter Helge Thoma in der Augsburger Theaterzeitung nicht zuletzt mit einem Rückgriff auf das Argument der Bedeutung geschichtlicher Konstanten öffentlicher (städtischer) Kulturverantwortung für die gegenwärtige Lage der bestehenden Kulturinstitutionen:

Nachdem er sich entschieden gegen die in der Spardiskussion erwogene Möglichkeit der Schließung einer der drei Sparten (Sprech-, Musik- und Tanztheater) des Augsburger Bühnenhauses gewandt und dies als „Kulturabbau der allerschlimmsten Sorte" bezeichnet hatte, fuhr Thoma fort: „Es ist erschreckend, daß derzeit eine der ältesten Kulturstätde der Welt ihre seit Jahrhunderten gewachsene Kultur wegen einer vorübergehenden finanziellen Talsohle in vielen Bereichen in Frage stellt."[22]

III. Einzelne empirische Beispielsfälle der Trägerschaftsübernahme kultureller Institutionen durch kommunale Hoheitsträger

Zu Recht ist immer wieder dargestellt und hervorgehoben worden, daß „unter den kulturellen Aufgaben der Epoche bürgerlicher Selbstverwaltung (...) das städtische Theater einen besonderen Platz ein(genommen)" hat und „die gesellschaftliche Emanzipation des deutschen Bürgertums (...) seit Lessings, Goethes und Schillers Tagen vor allem im Bereich der Kunst und insbesondere des Theaters vollzogen" worden ist.[23]

---

[19] *C. Bernd Sucher*, SZ Nr. 112 v. 17./18./19.5.1997, S. 15.

[20] *Reinhard J. Brembeck*, Malt Menschheitsbilder – 75 Jahre Donaueschinger Musiktage: Wer braucht und wer will Neue Musik, SZ Nr. 241 v. 18.10.1996, S. 14.

[21] S. hierzu auch *Eleonore Büning*, Feurio! – Wird Donaueschingen geschlachtet?, Die Zeit Nr. 15 v. 5.4.1996, S. 47.

[22] Zit. nach NK v. 9.6.1998, S. 8.

Häufig wurden Theaterbauten entweder zuerst durch eine Kaufmannschaft (z. B. 1849 in Stettin), seitens bürgerschaftlicher Vereinigungen (z. B. 1882 in Frankfurt am Main) bzw. unter der maßgeblichen Beteiligung einzelner Bürger (z. B. in Essen) oder auch durch die Städte selbst errichtet, die diese Häuser nach ihrer Erbauung zunächst einmal verpachteten:

Im Jahre 1910 verfügten von 61 Städten mit mehr als 80.000 Einwohnern 32 über einen städtischen Theaterbau; in 10 Städten existierten Staats- oder Hoftheater, 7 Theater befanden sich im Besitz von bürgerschaftlichen Aktiengesellschaften und lediglich 5 Theater waren in privater Hand, wobei besonders herauszustreichen ist, daß die Stadtverwaltungen bereits damals fast allen Arten von Theatern – einschließlich der staatlichen Bühnen – Zuschüsse zuwendeten.[24]

Die vielerorts nachweisbaren Ablösungs- und Übernahmeprozesse, die zum Übergang privater Kulturverantwortlichkeiten auf den Staat führten, die Übertragung von in privater Trägerschaft stehenden Kulturinstitutionen auf kommunale öffentliche Hoheitsträger bzw. staatliche Herrschaftsgebilde, läßt sich in besonders augenfälliger Weise für den zumeist sehr gut dokumentierten Bereich des Theaters nachzeichnen.

In geradezu prototypischer Musterhaftigkeit können die Stationen des verschlungenen Weges vom privaten Gründungsakt bis zur kommunalen Verantwortungsübernahme anhand der Entwicklung des heutigen Stadttheaters Würzburg exemplifiziert werden[25]:

Am 3. August 1804 fand die offizielle Eröffnung der durch Julius Reichsgraf von Soden als Privatinstitution (mit 700 Zuschauerplätzen)

---

23 *Wolfgang Hofmann*, Aufgaben und Struktur der kommunalen Selbstverwaltung in der Zeit der Hochindustrialisierung, in: *K. Jeserich/H. Pohl/G.-C. von Unruh*, Deutsche Verwaltungsgeschichte, Bd. 3: Das Deutsche Reich bis zum Ende der Monarchie, 1984, S. 578ff. (S. 598).

24 S. *ders.*, ebd.

25 *Wolfgang Schulz*, Vom Schul- und Jesuitenschauspiel zum Würzburger Stadttheater – Ein Gang durch Würzburgs Theatergeschichte von 1600 bis 1945, in: Volker Müller-Veith (Hrsg.), Das erste Würzburger Kulturbuch, 1992, S. 39ff. (S. insbes. S. 42f., 45, 51, 54, 65, 74f.); s. zum Nachfolgenden auch: *Werner Dettelbacher*, Würzburg – Ein Gang durch seine Geschichte, 1974, S. 122ff. (insbes. S. 128ff.) sowie zur Person und zum Wirken Julius Reichsgrafs von Sodens – als dem Begründer der Würzburger Theatertradition *Bruno Rottenbach*, Julius von Soden, in: Heinz Otremba (Hrsg.), Würzburger Portraits, 1982, S. 74f. – Vergleichbare Entwicklungslinien werden sichtbar bei *Erich Rosendahl*, Geschichte der Hoftheater in Hannover und Braunschweig, (Hannover) 1927. – Einen detaillierten Einblick in die Epochen der Entwicklungsgeschichte der Berliner Theaterlandschaft (und besonders der königlich-preußischen Opern- und Theaterprojekte und -bauten (1742–1828) und die Traditionen der Nationaltheateridee (1822–1894) u. v. a. m. bietet die umfangreiche Darstellung von *Ruth Freydank*, Theater in Berlin – Von den Anfängen bis 1945, 1988, S. 54ff. und 222ff.

gegründeten „Churfürstlich privilegirte(n) fränkische(n) Nationalbühne" statt. Nach kurzer Zugehörigkeit zum kurfürstlichen Bayern infolge der Säkularisation und einem kurzen historischen „Zwischenspiel", in dem die Würzburgischen Territorien 1806 ein Großherzogtum von Napoleons Gnaden bildeten, gelangte das ehemalige Hochstift und geistliche Fürstentum 1814 endgültig an das seit 1806 bestehende Königreich Bayern, welches das Würzburger Theater fortan als „Königlich bayerisch privilegirte Schaubühne" anerkannte.

Am 20. Januar 1820 erging ein vom Staatsminister des Inneren, Graf von Thürheim, unterzeichnetes Reskript, durch das eine Förderung des Theaters in Höhe von 4.000 fl jährlich gewährt wurde.

1842 erwarb die Stadt Würzburg die Theatergebäude zu Eigentum.

Im Jahr 1845 wurde sie Inhaberin des Theaterprivilegiums und verpachtete das Haus an einen privaten Theaterunternehmer, der zunächst alleine das volle Haftungsrisiko zu tragen hatte und von Seiten der Stadt lediglich finanzielle Unterstützung erfuhr.

Mit der Spielzeit 1920/21 übernahm dann die Stadt Würzburg den Bühnenbetrieb schließlich in ihre alleinige Verantwortung; in den Genuß der nach dem Ersten Weltkrieg durch das Bayerische Staatsministerium für Kultus und Unterricht fortgesetzten Förderungsgewährung kam das Theater auch nach dem Übergang der ausschließlichen Trägerschaft auf die Stadt.

Eine ebenfalls erwähnenswerte Variante eines mit städtischen Mitteln geförderten Theaterbetriebes stellt das Erlanger Markgrafentheater dar: Bis zum Beginn der 90er Jahre unseres Jahrhunderts veranstaltete ein 1876 gegründeter privater (Traditions-)Verein („Gemeinnütziger Theater- und Konzertverein Erlangen" (GVE)) in eigener Regie die Bespielung dieses Hauses[26].

Die meisten Städte entfalteten ihre Tätigkeiten allerdings nicht nur auf dem Sektor der Theater- und Bühnenkunst, sondern erstreckten ihre kulturellen Ambitionen auch auf die Gebiete der Museen, des Bibiliotheks- und Archivwesens, wobei anzumerken ist, daß es sich bis zur Epoche des Kaiserreiches bei den von den Städten unterhaltenen Bibliotheken vor allem um sogenannte Gelehrten-Bibliotheken handelte, die für breitere Volksschichten zumeist erst seit dem letzten Jahrzehnt des 19. Jahrhunderts öffentlich zugänglich waren.[27]

Nach einer Untersuchung aus dem Jahre 1908 ist davon auszugehen, daß von den 58 in preußischen Städten bestehenden Volksbibliotheken nur 5 vor

---

26 *Andreas Gressmann*, Modell Erlangen – Ein städtisches Theaterexperiment, SZ Nr. 89 v. 19.4.1994, S. 12.

27 *Wolfgang Hofmann*, S. 599.

1870 und lediglich 6 zwischen 1871 und 1890, die übrigen 47 jedoch zwischen 1891 und 1908 eingerichtet worden waren.[28]

Durchaus vergleichbare und lediglich in unwesentlichen Details abweichende Entwicklungsmuster zeigen sich etwa in der Historie der Münchner Stadtbibliothek:

Der Magistrat der königlichen Haupt- und Residenzstadt hatte am 1. März 1843 dem Offizianten und Stadtchronisten Ulrich von Destouches den Auftrag erteilt „sämmtliche dem Magistrat und dem unter magistratischer Verwaltung stehender Anstalten gehörenden Bücher zu sammeln, abzustempeln, zu verzeichnen und zu katalogisieren.“

Obwohl die Eröffnung für die Benutzung durch die Bürger erst 1873 erfolgte, gilt die Auftragserteilung an Destouches als die Geburtsstunde der noch heute öffentlich getragenen Bibliothek, an deren kontinuierlich fortbestehender Trägerschaft, die heute die Landeshauptstadt innehat, die Zeitläufte substantiell nichts zu ändern vermochten.[29]

Ein mehr als in nur einer Hinsicht außergewöhnliches Beispiel bietet in diesem Zusammenhang die berühmte Wolfenbütteler Bibliothek:

Die Gründungsurkunde der Herzog-August-Bibliothek in Wolfenbüttel, deren Gründung durch Herzog Julius von Braunschweig auf das Jahr 1572 zu datieren ist (und wo Gottfried Wilhelm Leibnitz 1790 als nebenamtlicher Bibliothekar tätig war und seit 1770 bis zu seinem Tod im Jahre 1781 Gotthold Ephraim Lessing als herzoglicher Hofbibliothekar lebte und wirkte), vermag nicht nur in vorzüglicher Weise zu belegen, wie weit zurück in die Historie gerade im Bereich des Bibliothekswesens die Kontinuitätslinien reichen, sondern sie verdient darüber hinaus auch deshalb besondere Beachtung, weil ein testamentarisch abgesicherter Schutz der kontinuierlichen Entwicklung in der Zukunft bestand, der regelte, daß die vorhandenen Bücher unveräußerlich waren und als Staatsschatz galten.[30]

Die Zielsetzungen, die die Bestrebungen leiteten, die Museen zu „Volksbildungsstätten“ zu entwickeln, folgten im wesentlichen den gleichen Tendenzen, wie sie auf dem Felde des Bibliothekswesens aufzufinden sind.[31]

---

[28] Zit. nach *ders.*, ebd.

[29] SZ Nr. 192 v. 21./22.8.1993, S. 39.

[30] Beilage zur SZ Nr. 46 v. 25.2.1992, S. 48.

[31] Zu Museumsgründungen in Bayern s. auch *Karl Bosl*, o. Fußn. 13, S. 225. Zu den eigenen Einrichtungen des Bayerischen Staates bzw. zu den von ihm geförderten Kulturinstitutionen (z. B. Staatliche Malerakademie, Staatliche Musikhochschulen), Staatskonservatorien (z. B. Würzburg seit 1820 Staatsanstalt), Staatstheatern, Kunstmuseen und Gemäldesammlungen (z. B. Graphische Staatssammlung, die aus dem 1758 gegründeten und 1793/94 nach München überführten Mannheimer Kupfer-

Nicht von ungefähr ist die Hamburger Kunsthalle 1994 aus Anlaß ihres 125-jährigen Bestehens als „Dokument des Bürgerwillens“ gefeiert worden: Erst nach der privaten Gründung einer „Städtischen Gemäldegallerie“ in den „Börsen Arkaden“ hatte sich der Senat der Hansestadt angesprochen gefühlt, Geld in das geplante Museum zu investieren, das, nachdem 1850 ein Architektenwettbewerb ausgeschrieben worden war, 1869 seine Pforten öffnete.[32]

---

stichkabinett hervorgegangen ist) s. die frühe Darstellung von *Ernst Schnerr*, Staatliche Verwaltung im Bereich der Kunst, BayVBl. 1960, S. 304ff. (insbes. S. 305ff.). – Als beispielgebend kann auch die Entwicklungsgeschichte der Kunstsammlungen zu Weimar gelten, die in ihrer heutigen Form 1922/23 aus der Zusammenlegung verschiedener Museen und Schloßgebäude entstanden sind, deren Ursprünge in der Geschichte, der Bau- und Sammlertätigkeit des Großherzoglichen Hauses Sachsen-Weimar-Eisenach liegen; vgl. hierzu: *Rolf Bothe u. a.*, Kunstsammlungen zu Weimar – Schloßmuseum, Gemäldegalerie, 1994, S. 5–10. Eine eingehende Darstellung verfassungs- und verwaltungsrechtlicher Rechtsprobleme des Museumswesens enthält *Wilhelm Mößle*, Handbuch des Museumsrechts 7: Öffentliches Recht, 1999 (S. insbes. S. 48ff. zur „Museumspolitik der Länder und ihre rechtliche Erscheinungsweise“; S. 58ff. zur „Museumsverwaltung der Länder und Gebietskörperschaften“ (und hier vor allem S. 60ff. zu den Gemeinden, Landkreisen und anderen Gebietskörperschaften als Museumsträger)).

32 *Claudia Herstatt*, Dokument des Bürgerwillens – 125 Jahre Hamburger Kunsthalle: Rückblick und Aussichten, SZ Nr. 199 v. 30.8.1994, S. 12.

Kapitel 8

Die Problematik der staats- bzw. verfassungsrechtlichen Grundlagen der Kulturstaatlichkeit (und des Kultur(förderungs)auftrages) in der Bundesrepublik Deutschland

I. Die Pflege von Kunst und Kultur durch die öffentlichen Hände als (durch die Verfassungen von Bund und Ländern legitimierte) Staatsaufgabe

Die Darlegung der staats- bzw. verfassungsrechtlichen Fundamente der als existent anzuerkennenden Kulturstaatlichkeit in der Bundesrepublik Deutschland, die Begründung der Kulturstaatseigenschaft von Bund (Gesamtstaat) und Ländern sowie der hieraus abzuleitenden Aufgabenzuweisungen und Aufgabenlegitimierungen, erfordert zunächst eine Bestimmung der einschlägigen Rechtsnormen des geltenden Verfassungsrechts als normativer Anknüpfungspunkte. Hierbei ist die maßgebende Normierung gegebenenfalls über den ausdrücklichen Wortlaut eines insofern nicht aussagekräftigen positivierten Verfassungstextes hinausgehend jeweils im Wege der Interpretation als materielle Verfassungsrechtsregelung herauszuarbeiten.

1. Kulturstaatsfundamente auf der Ebene des Bundes(verfassungs)rechts

a) Kulturverfassungsrechtliche Bestimmungen des Grundgesetzes

Das Kulturverfassungsrecht des Bundes – als Gesamtheit der spezifisch kulturorientierten, von ihren materiellen Regelungsinhalten auf die Gegenstandsbereiche der Kulturphänomene und der Sphäre der geistig-kulturellen Lebenswelt bezogenen Rechtsnormen auf der Geltungsebene des Grundgesetzes – hat sich im Grundgesetz in vereinzelten kodifizierten kulturstaatlichen Verfassungsvorschriften niedergeschlagen (z.B. Grundrechte und Einrichtungsgarantien gem. Art. 5 GG; Schul- und religionsrechtliche Vorschriften z.B. Art. 4, 7 und 140 GG; Kompetenzbestimmungen z.B. Art. 74 Nr. 13 GG [Regelung der Ausbildungsbeihilfen])[1], die zum Teil als „Besondere Kulturstaatsklauseln“[2] kategorisiert worden sind.

Ein verfassungstextlich explizit ausgestalteter Regelungstatbestand der (gesamtstaatlichen) Kulturstaatseigenschaft der Bundesrepublik Deutschland – etwa in Gestalt oder im Sinne einer allgemeinen Kulturstaatsklausel –[3] läßt sich dem Grundgesetz nicht entnehmen.

Diese als „gewisse normative Unterbilanz des Grundgesetzes in kulturverfassungsrechtlicher Hinsicht“ [4] oder gar als „Textlücke“ [5] angesprochene Enthaltsamkeit[6] (i. S. eines Regelungsdesiderates) bedeutet indessen nicht, daß sich der Grundgesetzgeber dem Kulturstaatsgedanken (der Kulturstaatsidee) verschließen wollte.

Ein wirklichkeitsorientiertes, dem wirklichkeitswissenschaftlichen Interpretationsansatz[7] verpflichtetes Verfassungsverständnis vermag zu dem Resultat zu gelangen, daß über den ausdrücklichen Normtextbefund hinausgreifend die „Bundesrepublik im ganzen wie im einzelnen seiner Gliedländer ‚ungeschrieben‘ realiter längst ein Kulturstaat“ [8] ist: Denn sie steht und handelt in der Kontinuität der zu Beginn des 19. Jahrhunderts begründeten politisch-staatlichen Traditionslinie, die „Kultur (...) als Auftrag auch des

---

[1] *Klaus Stern*, Das Staatsrecht der Bundesrepublik Deutschland, Bd. III/1, 1988, S. 886f. („... gewichtiges normatives Kulturverfassungsrecht des kulturstaatlichen Gemeinwesens Bundesrepublik Deutschland.“).

[2] *Peter Häberle*, Vom Kulturstaat zum Kulturverfassungsrecht, in: ders. (Hrsg.), Kulturstaatlichkeit und Kulturverfassungsrecht, 1982, S. 10.

[3] Siehe zu diesem Begriff *Peter Häberle*, Vom Kulturstaat ..., S. 8f. (Mit dem Verweis auf das „Paradebeispiel“ des Art. 3 Abs. 1 S. 1 BV („Bayern ist ein Rechts-, Kultur- und Sozialstaat.“) und die Möglichkeiten der dogmatischen Ausdeutung einer allgemeinen Kulturstaatsklausel, die „von der bloßen Kompetenznorm bis zum Verfassungsauftrag, in Einzelfällen vielleicht bis hin zu subjektiv-rechtlichen Ausformungen“ reichen könne.); zum Begriff „Bundesdeutscher Kulturstaatsklausel“ siehe ebd. S. 25.

[4] Siehe *Klaus Stern*, S. 885.

[5] *Dieter Grimm*, Kulturauftrag im staatlichen Gemeinwesen, VVDStRL 42 (1984), S. 46ff. (S. 67: „... Textlücke, keine Rechtslücke ...“; S. 65: „Ein Kulturauftrag besteht ... unabhängig davon, ob ihn der Verfassungstext ausdrücklich formuliert oder nicht.“); übernommen z. B. von: *Otmar Mick*, Instrumentarien und Grenzen öffentlicher Bau- und Stadtgestaltung im Kultur- und Rechtsstaat, 1989, S. 103.

[6] *Peter Häberle*, Kulturverfassungsrecht im Bundesstaat, 1980, S. 23; *Klaus Stern*, S. 886 betont, daß es angesichts der Respektierung der kulturföderalen Zuständigkeit der Länder auf der Hand liege, daß das Kulturverfassungsrecht des Grundgesetzes seinem Umfang nach ärmer sei als das der Weimarer Reichsverfassung. Nach Ansicht von *Hilmar Hoffmann*, Kultur als Lebensform, 1990, S. 16 „erklärt sich die relative Zurückhaltung der Kulturpolitik im Nachkriegsdeutschland“ und die Begründung eines „dezidierten(n) Föderalismus für die Kulturpolitik“ „aus der vom Hitler-Staat erzwungenen Abdankung des freien Geistes“.

[7] Zur theoretischen Fundierung siehe z. B. *Peter Häberle*, JöR 40 (1991), S. 4 und weiterhin oben Einleitung (Fußn. 7).

[8] *Peter Häberle*, Das Problem des Kulturstaates im Prozeß der deutschen Einigung, JöR 40 (1991/1992), S. 291 ff. (353).

Staates verstanden“ [9] hat und bis heute versteht. Der Begriff Kulturstaat, der vor allem „das Problemfeld der Beziehungen von Staat und kulturellem Leben mit einem Akzent auf eine positive, fördernde und freiheitliche Einstellung der staatlichen Einrichtungen gegenüber den Erscheinungen des kulturellen Lebens“ erfaßt, erweist sich somit primär als die Umschreibung eines klassischen Aufgabenfeldes des modernen Staates.[10]

b) Die Normativität von verfassungstextlichen Kulturstaatsklauseln in wirklichkeitsbezogener Betrachtung

Eingedenk der stets zu vergegenwärtigenden Mahnung, sich vor einem „Übermaß an Juridifizierung (...) der Sache Kultur“ zu hüten,[11] die der

---

[9] *Klaus Stern*, S. 884; *Udo Steiner*, Kulturpflege (§ 86), in: HdbdStR Bd. III, 1988, S. 1235 ff., Rdnr. 1.

Zur geschichtlichen Entwicklung des Kulturstaatsbegriffs *Otmar Jung*, Die Entwicklung des Kulturstaatsbegriffs von J.G. Fichte bis zur Gegenwart unter besonderer Berücksichtigung der Verfassung des Freistaats Bayern, 1973 (Bemerkenswert in diesem Kontext ist der auf S. 107 nachgewiesene „früheste Beleg über ‚die Pflicht der Kunstförderung, die der Culturstaat hat‘“ in *Rotteck-Welcker*, Staatslexikon, 3. Aufl., Bd. IX, 1864, S. 374; s. auch den Verweis auf die S. 375 (Stichwort „Kunst“: Die positiven Wirkungen des Theaters seien „Grund genug, daß der Culturstaat in der Darstellung der dramatischen Dichtungen wieder wie im perikleischen Athen eine öffentliche Angelegenheit sehe.“)); zur geschichtlichen Genese der Begriffsbildung s. ferner *ders.*, Zum Kulturstaatsbegriff, 1976.

[10] *Ulrich Scheuner*, Die Bundesrepublik als Kulturstaat, in: Bitburger Gespräche Jahrbuch 1977/78, S. 113 ff. (113). *Ernst Rudolf Huber*, Deutsche Verfassungsgeschichte, Bd. VI, 1981, S. 855 hebt hervor, daß der moderne Staat sich von Beginn an als Kulturstaat begriffen hat, dem kraft seines Wesens der Kulturauftrag innewohne. S. auch *Thomas Oppermann*, Kulturverfassungsrecht, S. 443 („... ist nicht zu leugnen, daß jedenfalls angesichts der heutigen gesellschaftlichen Struktur dem Staat die Rolle des ersten Schirmherrn gegenüber den Künsten de facto in einem kaum wesentlich geringeren Umfang zufällt wie im Verhältnis zu Bildung und Wissenschaft.“); s. weiterhin *ders.*, Ergänzung des Grundgesetzes um eine Kultur(staats)klausel?, in: FS f. O. Bachof zum 70. Geburtstag, 1984, S. 3 ff. (4): „Ist doch die Betätigung des Gemeinwesens im kulturellen Bereich, herkömmlicherweise also Förderung und Schutz von Bildung, Wissenschaft und Kunst, neben der Wahrung rechtsstaatlicher Freiheits- und Sicherheitsbedürfnisse sowie deren sozialstaatlichen Bemühungen und öffentliche Wohlfahrt seit jeher ein drittes klassisches Aufgabenfeld des modernen Staates gewesen.“ Die historische Prägung und Determiniertheit gelangt pointiert zum Ausdruck bei *Hans-Ulrich Evers*, Kulturauftrag im staatlichen Gemeinwesen, NJW 1983, S. 2161 ff. (2165): „Kulturförderung hat noch etwas von dem Flair landesväterlicher Verantwortung für das Glück der Untertanen und Pflege der Kultur. Akademien und andere Einrichtungen haben ihre Rechtsgrundlage in Akten der Organisationsgewalt der Exekutive, einige noch in den Akten ihres monarchischen Gründers.“ Zum Kulturstaatsbegriff als Begriff der Verfassung siehe schließlich *Ernst Mahrenholz*, Freiheit der Kunst, in: Handbuch des Verfassungsrechts, § 26, Rdnr. 122 ff.

Einsicht in die spezifischen Eigengesetzlichkeiten des Wesens des Kulturlebens geschuldet ist, kann der Auffassung beigepflichtet werden, daß die Kulturaufgabenwahrnehmung des staatlichen Gemeinwesens in einer tieferen Schicht wurzelt als in der Normativität von verfassungstextlich positivierten Kulturstaatsklauseln.[12]

Die wirklichkeitsbezogene Betrachtungsweise besitzt ebenfalls große Überzeugungskraft in der von Klaus Stern dezidiert vertretenen Version: „Ob die Bundesrepublik Deutschland wirklich ein Kulturstaat ist, hängt nicht von ihrer Verfassung ab, sondern von der kulturellen Tätigkeit ihrer Menschen und ihrer Politik. Eine Kulturverfassung ist nicht in erster Linie rechtlich zu determinieren; primär kann sie rechtlich nur umrahmt werden."[13]

Dem trägt das geltende Verfassungsrecht der Bundesrepublik Deutschland Rechnung.

Ein umfassend geregeltes Programm der Staatsziele, Staatszwecke und Staatsaufgaben[14] ist im Grundgesetz nämlich gerade nicht ausdrücklich niedergelegt oder gar in einem enumerativen Aufgabenkatalog festgeschrieben worden. Dies verwundert auch nicht, denn die Staatsziele eines verfaßten Gemeinwesens (als „die Belange des Gemeinwohls [öffentlicher Interessen], die der Staat sich zu eigen macht und in deren Dienst er sich planmäßig stellt."[15]) entspringen den praktischen Notwendigkeiten und politischen Bedürfnissen des staatlichen Lebens in seinen raum-zeitlichen Bedingungen und nicht einem theoretischen System.

---

[11] *Peter Häberle*, Vom Kulturstaat ..:, S. 22; siehe auch *ders.*, Das Problem des Kulturstaates im Prozeß der deutschen Einigung, S. 349 (Erinnerung „an die Grenzen der Verrechtlichung im Kulturbereich.") und S. 353 („Gerade Kultur darf nur weitmaschig verrechtlicht werden.", so *ders.* wörtlich auch in: Aktuelle Probleme des deutschen Föderalismus, Die Verwaltung; 1991, S. 169ff. (204)). Zum Problembereich und der begrifflichen Vielschichtigkeit des Phänomens der Verrechtlichung s. *Rüdiger Voigt*, Verrechtlichung in Staat und Gesellschaft, in: ders., (Hrsg.), Verrechtlichung – Analysen zur Funktion und Wirkung von Parlamentarisierung, Bürokratisierung und Justizialisierung sozialer, politischer und ökonomischer Prozesse, 1980, S. 15ff. (S. 16: „Reglementierung des menschlichen Lebens im allgemeinen und Vergesetzlichung (Parlamentarisierung), Bürokratisierung und Justizialisierung im besonderen ...".) sowie auch *Ulrich Pensky*, Verrechtlichung von Verwaltungshandeln durch Verwaltungsrechtsprechung – Tendenzen und Probleme, ebd., S. 232ff.

[12] *Hans-Ulrich Evers*, S. 2166.

[13] *Klaus Stern*, S. 887.

[14] *Herbert Bethge*, Staatszwecke im Verfassungsstaat – Vierzig Jahre Grundgesetz, DVBl. 1989, S. 841ff. (842).

[15] *Josef Isensee*, Gemeinwohl und Staatsaufgaben im Verfassungsstaat, HdbdStR Bd. III, 1988, § 57, Rdnr. 115.

Da selbst die klassischen Staatsaufgaben Ergebnis einer historischen Entwicklung sind und als historisch determiniert dem Wandel in der Geschichte unterliegen, versagen sie sich einer abschließenden definitorischen Festlegung und Katalogisierung in wissenschaftlicher Begrifflichkeit.[16]

Unabhängig vom Verfassungsgesetz können sich die Staatsziele in der Wirklichkeit des staatlichen Lebens entwickeln[17] oder auch als vorgefundener traditioneller Aufgabenbestand vom (gegebenenfalls sich neu konstituierenden) Staatswesen – gleichsam konkludent – übernommen werden, ohne daß es zwingend einer entsprechenden geschriebenen Verfassungstextkomponente bedürfte.

c) Art. 5 Abs. 3 S. 1 GG als normtextlicher Verankerungspunkt einer ungeschriebenen Kulturstaats(Kulturauftrags)klausel

Die inzwischen allgemein verbreitete Erkenntnis, daß „der grundgesetzliche Verfassungsstaat im Sinne von Staatszielbestimmung sowie Verfassungsauftrag Kulturstaat“[18] ist, erübrigt nicht die Bestimmung bzw. Lokalisierung eines normativen verfassungstextlichen Verankerungspunktes im geschriebenen Regelungsbestand der grundgesetzlichen Vorschriften.

Der Konturierung einer Art. 5 Abs. 3 S. 1 GG zugeordneten ungeschriebenen Kulturstaatsklausel in der bundesverfassungsgerichtlichen Judikatur ist daher besondere Aufmerksamkeit zu widmen.

Bereits aus dem Jahr 1981 stammt der Hinweis, daß Einzelaspekte einer Kulturstaatsjudikatur in der bis dahin ergangenen Rechtsprechung des Bundesverfassungsgerichts erkennbar geworden sind, die die Wissenschaft zunächst nur zögerlich aufgriff und zu diesem Zeitpunkt noch nicht zusammenhängend gewürdigt und „verdichtet“ hatte, obgleich sich aus den Bundesverfassungsgerichtsurteilen in Umrissen schon damals „eine Art bundesdeutscher Kulturstaatsklausel“ – gleichsam als „ein ‚Konzentrat‘ an Kulturverfassungsrecht“ – abzeichnete, deren „Spektrum sowohl geschriebene und ungeschriebene staatliche Kompetenzen von Bund und Ländern (auch Kommunen) zu Kulturaufgaben“[19] erfaßte:

---

[16] *Peter Häberle*, Verfassungsstaatliche Staatsaufgabenlehre, AöR 111 (1986), S. 595ff. (601). Vgl. auch *Josef Isensee*, Gemeinwohl und Staatsaufgaben, Rdnr. 116.

[17] Vgl. auch *Josef Isensee*, Gemeinwohl und Staatsaufgaben, Rdnr. 119.

[18] Statt vieler *Rupert Scholz*, in: Maunz/Dürig/Herzog/Scholz, Grundgesetz-Kommentar, Loseblattsammlung – Stand 36. Ergänzungs-Lfg. Okt. 1999, Rdnr. 8 zu Art. 5 Abs. 3.

[19] *Peter Häberle*, Vom Kulturstaat ..., S. 25f. (mit Hinweis auf und Zitat aus u.a. BVerfGE 10, 20 (36f.) auf S. 26).

aa) Im Urteil des 2. Senates vom 14. Juli 1959 führte das BVerfG aus: „Versteht man unter Kultur die Gesamtheit der innerhalb einer Gemeinschaft wirksamen geistigen Kräfte, die sich unabhängig vom Staate entfalten und ihren Wert in sich tragen, so kann Kultur in diesem Sinne ihrem Wesen nach nicht staatlich ‚verwaltet' werden.

Andererseits betrachtet es der moderne Staat als seine Aufgabe, die kulturelle Entwicklung der Gemeinschaft zu fördern und erfüllt darum auch in ständig wachsendem Maße kulturelle Verwaltungsaufgaben. Diesem Zweck dienen u.a. die Errichtung und Unterhaltung von Akademien, Forschungsanstalten, Hochschulen, Theatern und Museen. Zur Erfüllung seiner Aufgabe im Bereich der Kultur muß der Staat auch Gegenstände erwerben und unterhalten, die für die Kulturpflege unentbehrlich sind."[20]

bb) Von dieser Basis aus schlug das Bundesverfassungsgericht sodann – freilich bezogen auf die neben Kunst-, Forschungs- und Lehrfreiheit in Art. 5 Abs. 3 S. 1 GG garantierte Wissenschaftsfreiheit – im Urteil des 1. Senats vom 29. Mai 1973 – den Bogen zwischen der Kulturstaatseigenschaft und dem Regelungsgehalt des Art. 5 Abs. 3 S. 1 GG; in den Entscheidungsgründen heißt es:

Die objektive Wertentscheidung des Art. 5 Abs. 3 GG „bedeutet nicht nur mehr die Absage an staatliche Eingriffe in den zuvor gekennzeichneten Eigenbereich der Wissenschaft; sie schließt vielmehr das Einstehen des Staates, der sich als Kulturstaat versteht, für die Idee einer freien Wissenschaft und seine Mitwirkung an ihrer Verwirklichung ein und verpflichtet ihn, sein Handeln positiv danach einzurichten, d.h. schützend und fördernd einer Aushöhlung dieser Freiheitsgarantie vorzubeugen."[21]

cc) Schließlich formulierte das Bundesverfassungsgericht in der fortan als das grundlegende Judikat zum Kulturstaatsaufgabenthema geltenden, in den zu diesem Gegenstand bisher publizierten kulturrechtlichen Literaturbeiträgen geradezu allgegenwärtig zitierten und die künftige gerichtliche Spruchpraxis fundierenden „Schallplattenentscheidung" die Sprachwendung, die den „Aufstieg des Art. 5 Abs. 3 GG zur allgemeinen Kulturstaatsbestimmung im Grundgesetz (...) unaufhaltsam"[22] forciert hat: „Als objektive

---

[20] BVerfGE 10, 20 (36f.).

[21] BVerfGE 35, 79 (114).

[22] *Udo Steiner*, Kulturauftrag im staatlichen Gemeinwesen, VVDStRL 42 (1984), S. 13 (*Steiner* übt hier (S. 13ff.) ebenso heftige, polemisch „gewürzte" Kritik an dieser Rechtsprechungspraxis wie in seinem Artikel „Kulturpflege" im Handbuch des Staatsrechts, Rdnr. 3: „Diese gleichermaßen feierliche wie (verfassungsdogmatisch) fahrlässige Formulierung des Bundesverfassungsgerichts haben Kulturpolitiker, Festredner und Fachliteratur längst dankbar aufgegriffen und als höchstrichterliche Bestätigung eines kulturstaatlichen Verfassungsauftrags des Grundgesetzes bewertet.").

Wertentscheidung für die Freiheit der Kunst stellt sie [die Regelung des Art. 5 Abs. 3 GG] dem modernen Staat, der sich im Sinne einer Staatszielbestimmung auch als Kulturstaat versteht, zugleich die Aufgabe, ein freiheitliches Kunstleben zu erhalten und zu fördern."[23]

Die hier wiedergegebene Formel ist in der Folgezeit als „wenn auch etwas verschachtelt(e) (...) Kulturstaatsklausel" bezeichnet worden, „aus der dem Art. 5 Abs. 3 GG die Dimension (...) eines kulturellen Förderungsauftrages zuwächst."[24]

d) Die Diskussion über die Kulturstaatseigenschaft in der verfassungsrechtswissenschaftlichen Literatur

Mittlerweile hat sich die Ansicht, daß Art. 5 Abs. 3 GG, der aufgrund der Gesamtheit seiner über den grundrechtlichen Gehalt hinausreichenden Garantiefunktionen im System der grundgesetzlichen Kulturverfassung eine zentrale Stellung[25] einnimmt, eine „Vollmacht für den Staat" erteilt, kunstfördernd[26] tätig zu werden, im verfassungsrechtswissenschaftlichen Schrifttum behauptet und als überwiegende (wohl herrschende) Meinung durchgesetzt.[27]

Im ganzen betrachtet steht die Befürwortung und Anerkennung eines auf die Kulturstaatseigenschaft der Bundesrepublik Deutschland gestützten Kultur(förderungs)auftrages jedenfalls vom Ergebnis her außer Streit.[28]

---

[23] BVerfGE 36, 321 (331) – Urteil des Ersten Senats vom 5. März 1974; s. auch BVerfGE 81, 108 (116).

[24] *Peter Häberle*, Vom Kulturstaat ..., S. 26, Fußn. 86.

[25] *Rupert Scholz*, Rdnr. 7 zu Art. 5 Abs. 3.

[26] *Peter Häberle*, Vom Kulturstaat ..., S. 33.

[27] *Ingolf Pernice*, in: Horst Dreier (Hrsg.), Grundgesetz-Kommentar, Bd.1, 1996, Art. 5 Abs. 3 (Freiheit der Kunst), Rdnr. 43; *Hans D. Jarass/Bodo Pieroth*, Grundgesetz für die Bundesrepublik Deutschland – Kommentar, 4. Aufl., 1997, Rdnr. 66 zu Art. 5. – Eine gründliche und mit zahlreichen Nachweisen versehene Erörterung des Problemkreises leistet *Wolfgang Palm*, Öffentliche Kunstförderung zwischen Kunstfreiheitsgarantie und Kulturstaat, 1998, S. 118ff.; zum Problemkreis s. weiterhin *Wilhelm Mößle*, Handbuch des Museumsrechts 7: Öffentliches Recht, 1999, S. 20, 21f. und 22ff.

[28] Zusammenfassend zur vorliegend nicht weiter zu vertiefenden Kontroverse um die Aufnahme einer positivierten „Kulturstaatsklausel" in das GG s. *Peter Häberle*, Kulturhoheit im Bundesstaat ..., AöR 124 (1999), S. 549ff. (575f.), der den Art. 35 des Einigungsvertrages von 1990 als eine „versteckte Kulturstaatsklausel auf Bundesebene" qualifiziert, die „‚ungeschrieben' eine gewisse Argumentationsstütze für die punktuelle Kulturkompetenz des Bundes" biete und die ausreiche, um „die Bundesrepublik Deutschland als Ganzes, d.h. zusammen mit den Ländern und Kommunen als ‚Kulturstaat' erscheinen zu lassen ...".

Das „Kulturverfassungsrecht im Bundesstaat" – Art. 35 EV und Kulturstaatsklauseln in zahlreichen Länderverfassungen – weise – in ganzheitlicher Betrachtung –

Einige gewichtige Abweichungen der gegenüber dieser Auffassung erhobenen kritischen Stimmen seien kurz beleuchtet:

Von dem auf Art. 5 Abs. 3 S. 1 GG zurückgreifenden Begründungsansatz nicht überzeugte Autoren ziehen zum Teil zur argumentativen Absicherung der Kulturstaatlichkeit andere grundgesetzliche Grundrechtsgarantien heran: So wird beispielsweise in der verfassungsrechtlichen Entscheidung für Individualfreiheit zugleich eine Anerkennung des staatlichen Kulturauftrages erblickt; die Stelle einer Kulturstaatsklausel – so lautet das Konzept – würde gewissermaßen stellvertretend von Art. 1 und 2 Abs. 1 GG eingenommen.[29]

Eine andere These sieht die Grundlage eines staatlichen Kulturauftrages in der Menschenwürdegarantie des Art. 1 Abs. 1 GG und ihrer Ausprägungen (Normprogramme) in den Einzelgrundrechten.[30]

Bemerkenswert für die Annahme einer materiellen Fundierung des Phänomens Kultur durch Grundrechtsverbürgungen des Grundgesetzes erscheint zudem das aus kulturtheoretischer Sicht geäußerte Diktum, daß im Grundgesetz mit den Grundrechten geradezu idealtypisch ein kultureller Überbau geschaffen wurden sei.[31]

Darüber hinaus ist mit großer Berechtigung immer wieder angemahnt worden, Kultur als Gegenstandsbereich des Sozialstaats zu begreifen (Hilmar Hoffmann):[32] „Die sozialstaatliche Verpflichtung, jedem Menschen ein Höchstmaß an Förderung zur Entfaltung seiner Persönlichkeit zukommen zu lassen", sei für aktive Kulturpolitik von besonderer Bedeutung (Hermann Glaser); deshalb zähle es zum Aufgabensektor des Sozialstaates, Möglichkeiten kultureller Selbstentfaltung zu sichern, kulturelle Bedürfnisse

---

die Bundesrepublik als „Kulturstaat" aus. S. zum Problemkreis auch: *ders.*, Das Problem des Kulturstaats im Prozeß der deutschen Einigung, JöR 40 (1991/92), S. 292ff. (317ff.); *Helmuth Schulze-Fielitz*, Art. 35 EinigungsV – Freibrief für eine Bundeskulturpolitik?, NJW 1991, S. 2456ff.; *Wolfgang Palm*, o. Fußn. 27, S. 133f., der in diesem Kontext mit Recht pointiert herausstellt, daß „die Zielsetzung der Wiedervereinigung (...) auch für die Kulturstaatsdiskussion eine normativ wie heuristisch eminent wichtige Aussage" enthält, derzufolge die „kulturelle Bindungsmasse des Gesamtstaats" mehr sei „als die Summe der einzelnen Länderkulturen und der ihnen zugeordneten Kompetenzen." sowie *Wilhelm Mößle*, o. Fußn. 27, S. 24f.

[29] *Dieter Grimm*, S. 67.

[30] *Max-Emanuel Geis*, Kulturstaat und kulturelle Freiheit, 1990, S. 268 (S. auch S. 231 (Kulturauftrag und Grundgesetz) sowie S. 235f. (Kulturauftrag und Menschenwürde)).

[31] *Hermann Glaser*, Kultur und Gesellschaft in der Bundesrepublik, Aus Politik und Zeitgeschichte B 1-2/91 v. 4.1.1991, S. 3ff. (7).

[32] S. SZ Nr. 260 v. 11.11.1996, S. 13. – Kritisch zur Zurechnung der staatlichen Kunstpflege zum Sozialstaatsauftrag des Grundgesetzes: *Wolfgang Palm*, S. 124f.

der Bevölkerung zu befriedigen und Zutrittsbarrieren zu kulturellen Einrichtungen abzubauen.[33]

Für eine Anreicherung des Sozialstaatsprinzips (der objektiv-rechtlichen Staatszielbestimmung aus Art. 20 Abs. 1 GG) mit dem objektiven kulturrechtlichen Gehalt des Grundrechts der Kunstfreiheit plädiert Hilmar Hoffmann, wenn er für die Praxis kommunaler Kulturpolitik aus dem Sozialstaatsprinzip in Verbindung mit Art. 5 GG die zweifache Verpflichtung entnimmt, zum einen durch entsprechende Förderung und Vermittlung die Produktion von Kunst sicherzustellen und zum anderen diese mit öffentlichen Mitteln geförderte Kunst möglichst allen Bürgern in gleicher Weise zugänglich zu machen.[34]

Die argumentativen Grundlagen der interpretatorischen Ausdeutung der grundrechtlichen Kunstfreiheitsgarantie des Art. 5 Abs. 3 S. 1 GG als einer über den individualrechtlichen (subjektiv-öffentlichen) Gewährleistungsbereich hinausreichenden institutionellen[35] (objektiv-rechtlichen) Kulturstaatsnorm belegt eindrucksvoll die Mehrdimensionalität der Grundrechtsgehalte.

Der Zusammenhang zwischen der Wahrnehmungs- bzw. Realisierungsmöglichkeit[36] grundrechtlicher Freiheitsverbürgungen und der Schaffung und Gewährleistung der unverzichtbaren Voraussetzungen durch den grundrechtsfördernden (Leistungs)staat[37] wird auf dem Sektor der kulturellen

---

33 *Hermann Glaser*, Kommunale Kulturpolitik, in: Hellmut Wollmann/Roland Roth (Hrsg.), Kommunalpolitik, 2. Aufl. 1998, S. 676ff. (677); s. auch *Hans-Ulrich Evers*, S. 2162. Diese Anschauung steht durchaus in Einklang mit der im 19. Jahrhundert anzutreffenden bildungsbürgerlichen Idealvorstellung, die ein Recht auf gleiche Teilhabe voraussetzt: vgl. *Hermann Glaser*, Bildungsbürgertum und Nationalismus – Politik und Kultur im Wilhelminischen Deutschland, 1993, S. 20 („Die das Bildungsbürgertum bewegenden humanistischen Ideale implizierten, daß vor der Kunst, vor der Kultur, vor den Anforderungen der ästhetischen und intellektuellen Bildung alle gleich waren."). Die vielfältigen, nicht spannungsfreien Bezüge zwischen Sozialstaatsprinzip und Kultur beleuchtet auch *Udo Steiner*, Kulturauftrag, Rdnr. 5ff. – Eine besonders eindrucksvolle Verdeutlichung der antagonistischen Zielkonflikte zwischen dem sozialen und dem kulturellen Prinzip, die beide der Erfüllung elementarer Lebensbedürfnisse dienen, formulierte *Karl Kraus*: Er erkannte, daß „in jeder wahren Kultur der Mensch oberster Zweck ist und daß die Menschheit ‚einen Rembrandt erst haben kann, wenn ringsum nicht der Tod die Schöpfung bestreitet, und daß die produktive Tat in leerer Zeit der Entschluß wäre, mit der Leinwand des vorhandenen Rembrandt die Blößen eines Frierenden zu bedecken. Denn der Geist steht zwar über dem Menschen, doch über dem, was der Geist erschaffen hat, steht der Mensch; und eben dieser könnte ein Rembrandt sein'."; zit. nach *Paul Schick*, Karl Kraus in Selbstzeugnissen und Bilddokumenten, 4. Aufl. 1976, S. 102.

34 *Hilmar Hoffmann*, Kultur für alle, 2. Aufl., S. 48.

35 S. hierzu *Peter Häberle*, Die Wesensgehaltgarantie des Artikels 19 Abs. 2 GG, 3. Aufl. 1983, S. 124.

36 *Peter Häberle*, Grundrechte im Leistungsstaat, VVDStRL 30 (1972), S. 43ff. (Grundrechtserfüllung S. 90ff., Grundrechtsmöglichkeit und -wirklichkeit S. 99).

Aufgabenwahrnehmung besonders evident. In überspitzter Formulierung kulminiert das Credo des entsprechenden Verständnisses vom Staat und seinen Aufgaben in der Sentenz: Der Zweck des Staates ist die Ermöglichung von Kultur.[38]

Kultursubventionierung zeigt sich demnach als Grundrechtsförderung, die den realen Grundrechtsgebrauch erleichtert oder überhaupt erst ermöglicht.[39]

Der spezifisch kulturrechtliche Problemkomplex läßt auch deutlich zutage treten, daß ein „starrer Dualismus zwischen Staatsaufgaben einerseits und Grundrechten andererseits"[40] überholt ist und in „Grundrechten Verfassungsaufträge zur Erfüllung von Staatsaufgaben ‚verborgen' sein" können,[41] die sich somit nicht nur als negative, sondern auch als „positive Kompetenznormen"[42] darstellen.

e) Folgerungen

aa) Die verfassungsrechtliche Legitimationswirkung

Der Gewinn der Herausarbeitung einer ungeschriebenen Kulturstaatlichkeitsbestimmung des Grundgesetzes und ihrer normativen Verankerung in Art. 5 Abs. 3 S. 1 GG – im Sinne einer Kulturstaatsklausel, deren innerste Wesensnatur trefflich mit den Begriffen Grundrechtsverwirklichungsklausel[43] oder grundrechtsorientierte Staatsaufgabenklausel[44] (grundrechtsorien-

---

[37] Ebd., S. 191.

[38] *Gerhard Robbers*, Hermann Heller: Staat und Kultur, 1983, S. 93 („Der Staat ist um der Kultur, also um des Menschen Willen aufgegeben, sein Zweck ist die Ermöglichung von Kultur. Sie ist auf seine Existenz angewiesen, weil sie nur durch gesellschaftliches Zusammenwirken entsteht und besteht. Die gegenseitige Bedingtheit von Individuum und Gemeinschaft, die den Anknüpfungspunkt von Hellers dialektischer Methode bildet, findet hier ihre Ausprägung. Der Staat wird über die Zweckbestimmung der Kulturermöglichung zur Klammer der Beziehung von Individuum und Gemeinschaft (...). Nur er kann die organisatorischen Voraussetzungen schaffen, auf denen Kultur wachsen kann." *Robbers* sieht in dieser Auffassung die „materielle Fundierung" der Staatszwecklehre *Hermann Hellers*.).

[39] Zum parallel gelagerten Problem medienspezifischer Subventionierungen und der Pressesubventionsgewährung siehe *Wolfgang Hoffmann-Riem*, Anmerkungen zum Beschluß des BVerfG v. 6.6.1989 – 1 BvR 727/84, JZ 1989, S. 482f. (482).

[40] *Peter Häberle*, Verfassungsstaatliche Staatsaufgabenlehre, o. Fußn. 16, S. 602.

[41] *Ders.*, ebd., S. 605.

[42] *Peter Häberle*, Wesensgehaltgarantie, S. 103 (S. 104: „Grundrechte sind Gemeinwohlaufgaben der res publica, sie umschreiben demnach (auch) staatliche Kompetenz ...").

[43] *Peter Häberle*, Grundrechte und parlamentarische Gesetzgebung im Bundesstaat – das Beispiel des deutschen Grundgesetzes, AöR 114 (1989), S. 361ff. (S. insbesondere S. 364, 365, 373).

tierte Staatsaufgabenlehre) charakterisiert werden kann, die den leistungsstaatlichen Aspekt der grundgesetzlichen Grundrechtsgarantien zutage treten lassen – besteht zuallererst in einer Offenlegung und Sichtbarmachung der verfassungsrechtlichen Legitimationsgrundlagen des staatlichen Hineinwirkens in den autonom und eigengesetzlich existierenden Lebensbereich der Kultur.[45]

Besonders im Bereich der praktischen Kulturförderungsgewährung tritt somit eine wünschenswerte Klarstellungswirkung ein: Die Vergabe öffentlicher Finanzmittel auf dem Kultursektor erzeigt sich als verfassungsrechtlich unmittelbar legitimierte staatliche Aufgabenwahrnehmung, die vom Grundgesetz nicht nur zugelassen, sondern als Auftrag an den Staat konstituiert worden ist.

Der Stellenwert der Kultursubventionsvergabe durch den Staat kann hierdurch im öffentlichen Bewußtsein eine massive Steigerung erfahren, die nicht zuletzt auch im konkreten Förderungsalltag fruchtbar gemacht werden könnte, beispielsweise als schlagkräftige Argumentationsfigur in kultur- und finanzpolitischen Debatten über die Haushaltsmittelverteilung oder Diskussionen über die Quotierung, Umsetzung und Erreichung von durch Finanzmittelengpässe unausweichlich gewordenen Einsparvorgaben.

Ebenfalls kaum zu unterschätzen sind die offengelegten Legitimationsgrundlagen für die Fragen der grundsätzlichen verfassungsrechtlichen Zulässigkeit der staatlichen Definition von Förderungszwecken, die sich als die maßgeblichen tatbestandlichen Voraussetzungen für die Zuwendung der Förderungsmittel im konkreten Anwendungsfall darstellen. Für die Regelung, Organisation, Ausgestaltung der Vergabe- und Auswahlverfahren sind sie ebenfalls von essentieller Bedeutung, da dem definierten Förderungszweck als maßgebendem Auswahlkriterium faktisch die Letztentscheidungsfunktion für das Förderungsvotum zukommt. Die genannten „Handlungsinstrumente" lassen sich jedenfalls unter den genannten Prämissen auf die grundgesetzliche Kulturauftragsklausel zurückführen und rechtfertigen. Dies hat zur Folge, daß etwa im Zuge der Lösung von durch das kulturelle Tätigwerden des Staates ausgelösten Konfliktfällen der Verwaltungstätigkeit aus Art. 5 Abs. 3 S. 1 GG eine spezielle Legitimationswirkung zuwächst: Anwendungsbereiche, in denen der Legitimationswirkung eine ausschlaggebende Rolle beizumessen ist, sind beispielsweise Konkurrenzschutzprobleme oder andere Streitfragen, wie etwa die Gefährdung der grundrechtlichen Freiheit des Geförderten durch belastende Nebenbestimmungen der

---

[44] Vgl. *ders.*, ebd., S. 371 und 377.

[45] *Max-Emanuel Geis*, S. 268 (der beispielsweise die auf der Grundlage des Kulturauftrages beruhende Kulturgestaltungsmacht in thesenhafter Zuspitzung als „Legitimation zu staatlichen Kultureingriffen" bezeichnet).

Förderungszuwendung sowie Streitigkeiten, die aus der Mißachtung von vom Förderungsgeber verbindlich festgelegten Förderungsbedingungen durch den Förderungsnehmer resultieren können.

Der durch Art. 5 Abs. 3 S. 1 GG grundgesetzlich abgesicherten (objektiv-rechtlichen) Kulturförderungsklausel ist – wie im Rahmen der Darstellung der Grundrechtsschranken der Kunstfreiheitsgarantie näher dargelegt (S.o. Kap. 9 I. 2.) – folgerichtig auch die Funktion einer freiheitslimitierenden verfassungsimmanenten Schranke zu entnehmen. Dadurch vermag sie die Verfassungskonformität auch von solchen kulturverwaltungsrechtlichen Maßnahmen zu bewirken, mit denen belastende Eingriffswirkungen einhergehen; verwaltungsrechtlich gesprochen führt die Schrankenziehung, sofern ihre (tatbestandlichen) Voraussetzungen vorliegen, schließlich die Rechtmäßigkeit der Verwaltungsentscheidung herbei.

Diese mit Rechtfertigungswirkung verbundene Legitimationserstreckung gilt namentlich für das Problemfeld des „goldenen Zügels" (S.u. z.B. Kap. 10 I. 5.) und die subventionsrechtsspezifische Drittschutzproblematik (bei der sich die Subventionszuwendung an den Begünstigten zugleich als Verwaltungsakt mit belastender Drittwirkung zum Nachteil des sich gegebenenfalls auf das vom Wortlaut her ebenfalls schrankenlos gewährte Kunstfreiheitsgrundrecht berufenden Konkurrenten darstellt).

bb) Weitere Konsequenzen aus der Einordnung der Kulturstaats(auftrags-/förderungs-)klausel als Staatszielbestimmung

Im gängigen Begriffsverständnis sind Staatszielbestimmungen als Verfassungsnormen mit rechtlich bindender Wirkung zu definieren, die der Staatstätigkeit die fortdauernde Beachtung oder Erfüllung bestimmter Aufgaben vorschreiben[46] und denen es wesentlich ist, daß sie keine individualrechtlichen (subjektiv-öffentlichen) Anspruchsgrundlagen enthalten: Auch die in

---

[46] Bericht der Sachverständigenkommission „Staatszielbestimmungen/Gesetzgebungsaufträge" (hrsg. von dem Bundesminister des Innern und dem Bundesminister der Justiz), 1983, S. 21; s. auch *Peter Badura*, Staatsaufgaben und Teilhaberechte als Gegenstand der Verfassungspolitik, in: Aus Politik und Zeitgeschichte B 49/91 v. 29.11.1991, S. 20ff. (21). S. auch *Peter Häberle*, Wesensgehaltgarantie, S. 104, der neue Staatsaufgaben (wie die kulturstaatliche Subventionspolitik, ebd. Fußn. 262) als Grundrechtsaufgaben bezeichnet; s. weiterhin, *ders.*, o. Fußn. 2, S. 38 (wo das Staatsziel Kulturstaat(lichkeit) sich genauer als „Verfassungsziel" angesprochen findet.). Zur Vertiefung des Problemkreises s. weiterhin *Helmuth Schulze-Fielitz*, Staatsaufgabenentwicklung und Verfassung, in: Dieter Grimm (Hrsg.), Wachsende Staatsaufgaben – sinkende Steuerungsfähigkeit des Rechts, 1990, S. 11ff. (Insbes.: S. 11ff. („Staatsaufgaben als Verfassungsaufgaben"); 18ff. („Zur historischen Entwicklung der Staatsaufgaben"); 26f. („Die Verfassung als Anregung und Schranke der Staatsaufgabenentwicklung") u.a.).

den Grundrechten mitgedachten Staatsaufgaben verlangen ebenso wie die in den Staatsaufgaben angelegten „Grundrechtsinteressen" nach dem Gesetzgeber[47]; gerichtlich einklagbare („prozessual realisierbare") Leistungsansprüche des Bürgers sind also prinzipiell gesetzesabhängig, sie setzen stets unabdingbar einen gesetzgeberischen Transformationsakt[48] voraus.

Insbesondere kann aus Art. 5 Abs. 3 S. 1 GG grundsätzlich kein Anspruch auf staatliche Kunstförderung abgeleitet werden.[49]

Daß die in Art. 5 Abs. 3 S. 1 GG enthaltene Kulturstaatsklausel für Legislative, Exekutive und Judikative eine verbindliche objektive Rechtsnorm darstellt, folgt nicht zuletzt aus Art. 1 Abs. 3 GG.

Als verfassungsrechtliche Grundsatzentscheidung schreibt sie dem Staat (bzw. speziell dem Gesetzgeber[50]) jedoch nicht vor, in welchem Umfang und in Sonderheit in welcher Form der verpflichtende Förderungsauftrag auszuführen ist; das Grundgesetz beläßt insoweit einen breiten Gestaltungsspielraum.[51]

Wie weit allerdings die aus dem vergleichsweise schlichten Satz „die Kunst ist frei." deduzierte, einem scheinbaren Paradoxon entspringende „Staatshilfe zur Staatsfreiheit" bzw. „staatlich geförderte Staatsfreiheit"[52] wirklich reicht, läßt sich nicht aufgrund exakt definierbarer Parameter messen: Daß ein völliger Rückzug des Staates aus dem Förderungssektor des Kulturlebens dem Grundgesetz widerspräche,[53] liegt nach dem vorstehend Dargelegten auf der Hand: Da sich die Einstandspflicht des Staates aufgrund des Kulturförderungsauftrages nicht nur auf die eigengesetzliche Entwicklung der Kunstformen beschränkt, sondern weitergehend auch auf ihre Pluralität erstreckt, die durch den Primat der Gewinnerziehlungsabsicht bedroht werden würde, gilt die vollständige Unterwerfung des Kulturlebens unter Marktgesetze als Grenze zulässiger Überantwortung kultureller Einrichtungen an den privaten Sektor, die nicht überschritten werden darf; die Sicherstellung „einer gewissen kulturellen Grundversorgung, für die aller-

---

47 *Peter Häberle*, Grundrechte, S. 382.

48 *Herbert Bethge*, Staatszwecke, S. 847; s. weiterhin *Ulrich Scheuner*, Staatszielbestimmungen, in: FSf. Ernst Forsthoff zum 70. Geburtstag, 1972, S. 325ff. (330ff.).

49 Für viele: *Ingolf Pernice*, Rdnr. 45.

50 BVerfG, Beschl. v. 29.11.1989 – 1BvR 1402/87, 1528/87, NJW 1990, S. 2053ff. (2053).

51 BVerfG, ebd.

52 *Hans Peter Bull*, Die Staatsaufgaben nach dem Grundgesetz, 2. Aufl. 1977, S. 308.

53 So auch im Hinblick auf eine Stadt, die sich aus der gesamten kulturellen Förderung zurückzöge: *Stefan Kadelbach*, Kommunaler Kulturbetrieb, Freiheit der Kunst und Privatrechtsform, NJW 1997, S. 1114ff. (1115).

dings zu fragen ist, auf welchem Standard und auf welche Einzugsbereiche diese zu beziehen wäre",[54] steht vom Prinzip her jedenfalls nicht zur Disposition.

Angesichts der rechtswissenschaftlich kaum weitergehend präzisierbaren Grenzziehungen ist es aber nicht erstaunlich, daß das partielle Verharren juristischer Begrifflichkeit im Ungefähren und die Variationsbreite möglicher verfassungsrechtlicher Auslegungsspielräume die Kulturforscherin und zeitweilige Nürnberger Kulturreferentin Karla Fohrbeck schon 1980 zu der Formulierung eines ironisch persiflierenden Definitionsrahmens provozierte, demzufolge der Bedeutungsgehalt der in Art. 5 Abs. 3 S. 1 GG getroffenen Bestimmung „‚die Kunst ist frei' von der unbezahlten Vogelfreiheit bis zur finanzierten Sicherung der Rahmenbedingungen für die Kunstfreiheit" reichen könne.[55] Und, so fuhr sie – nicht ohne einen Seitenhieb auf die wie selbstverständlich eine letztentscheidende Definitionsmacht für sich in Anspruch nehmenden juristischen Rechtsanwender – hinsichtlich der Rechtsfolgen der verfassungsrechtlichen Fundamentalnorm fort: „‚Jeder hat das Recht, seine Meinung in Wort, Schrift und Bild frei zu äußern und zu verbreiten', heißt es in Abs. 1 eben dieses Artikels; aber das verpflichtet nach der sogenannten ‚herrschenden Meinung' (von Verwaltungsjuristen, versteht sich) die Kulturverwaltung keineswegs, Vereinsräume, Medienbusse, Übungskeller für Musikgruppen oder Kreativitätszentren einzurichten. Sie kann, aber sie muß nicht."[56]

Der Problemkomplex der Entwicklung von aus der Kulturstaatsklausel resultierenden Mindesterfordernissen erfährt in dieser Arbeit im Rahmen der Behandlung der kommunalen Kulturförderungsbetätigungen (Einwirkungen des Art. 5 Abs. 3 S. 1 GG auf das Landes- und Kommunalrecht) im Zusammenhang der Erörterung der Gesetzesvorbehaltsproblematik eine vertiefende Betrachtung.[57]

2. Kulturstaatsfundamente (Kulturförderungsaufträge) auf der Ebene des Landesverfassungsrechts

Für den Bereich der Kunst- und Kulturförderung der Bundesländer sind in einer beträchtlichen Anzahl von Landesverfassungen ausdrücklich normierte Legitimationsgrundlagen enthalten, die in Gestalt positivierter Förderungsaufträge oder sonstiger Bekenntnisse zur kulturstaatlichen Pflichten-

---

[54] *Ders.*, ebd., m.w.N.

[55] *Karla Fohrbeck*, Kulturfinanzierung – Ein internationales Dilemma, in: Kulturpolitische Gesellschaft e.V. (Hrsg.), Was ist uns die Kultur wert?, 1980, S. 17ff. (18).

[56] *Dies.*, ebd.

[57] S.o. Kap. 10 II. 2. und 3.

wahrnehmung in Staatszielbestimmungen (-aufgabennormen) auftreten, wobei die Verfassungstexte mitunter – gegebenenfalls an anderer Stelle und in anderem Kontext – kulturelle Aufgabenzuweisungen und Berechtigungen an die Gemeinden (z.B. Art. 83 BV) in sich tragen.[58]

Bemerkenswert sind die Unterschiede der verfassungsgesetzgeberischen Ausgestaltung in den einzelnen Verfassungsurkunden.

Sie können aus der Befundanalyse der im Überblick zusammengestellten Regelungsvarianten abgelesen werden.

Von vereinzelten Ausnahmen abgesehen, fügen sie sich in der Gesamtbetrachtung wiederum zu einem zwar „buntscheckigen", in ihrer Variationsbreite einem föderalistischen Staat aber durchaus angemessenen – „Gesamtbild" zusammen.

Dies zeigt die Bestandsaufnahme der Kunstpflege- und kulturförderungsbezogenen Staatsziel- und Staatsaufgabennormen im geltenden Verfassungsrecht der deutschen Bundesländer.

a) Land Baden-Württemberg

Einen nur sehr knapp gehaltenen, vom Wortlaut her auf den Denkmalschutz beschränkten „Kunstpflege"-Artikel enthält die Verfassung des Landes Baden-Württemberg vom 11. November 1953:

> „Art. 86. [Umwelt-, Landschafts-, Denkmalschutz] Die natürlichen Lebensgrundlagen, die Landschaft sowie die Denkmale der Kunst, der Geschichte und der Natur genießen öffentlichen Schutz und die Pflege des Staates und der Gemeinden."

b) Freistaat Bayern

Mit den Vorschriften der Art. 3 Abs. 1 S. 1 BV („Bayern ist ein Rechts-, Kultur- und Sozialstaat"), und Art. 140 BV („(1) Kunst und Wissenschaft sind von Staat und Gemeinde zu fördern. (2) Sie haben insbesondere Mittel zur Stützung schöpferischer Künstler, Gelehrter und Schriftsteller bereitzustellen, die den Nachweis ernster künstlerischer oder kultureller Tätigkeit erbringen") ist in der Verfassung des Freistaates Bayern vom 2. Dezember 1946 das verfassungsrechtliche Fundament öffentlicher Kulturförderung gelegt worden. Dabei unterstreicht die auf die gemeindliche Selbstverwaltungsgarantie des Art. 11 Abs. 2 BV bezugnehmende Vorschrift des Art. 83 Abs. 1 BV das Recht der Gemeinden, im Rahmen des eigenen Wirkungs-

---

[58] Auf die vertiefte Darstellung der Grundlegung des kommunalen Kulturverfassungsrechts wird insoweit verwiesen – s.o. Kap. 10 II 2.

kreises die Aufgabe der örtlichen Kulturpflege wahrzunehmen [Zur Vertiefung s.u. III. Inkurs: Besonderheiten der kulturverfassungsrechlichen Rechtslage im Freistaat Bayern nach Maßgabe der BV].

c) Land Berlin

Eine völlige Abstinenz hinsichtlich ausdrücklicher Kunstpflege- oder Kulturförderungsartikel ist in der Verfassung von Berlin vom 1. September 1950 festzustellen, deren Grundrechtsteil (Art. 6 bis Art. 24) auch keine die Kunstfreiheit garantierende Grundrechtsnorm enthält.

(Als Legitimationsgrundlage der Kulturförderungsgewährung durch das Land Berlin kann hier nur auf Art. 5 Abs. 3 S. 1 GG zurückgegriffen werden.)

d) Land Brandenburg

Hingegen normiert die Verfassung des Landes Brandenburg vom 20. August 1992 in Art. 34:

„(1) Die Kunst ist frei. Sie bedarf der öffentlichen Förderung, insbesondere durch Unterstützung der Künstler.

(2) Das kulturelle Leben in seiner Vielfalt und die Vermittlung des kulturellen Erbes werden öffentlich gefördert. Kunstwerke und Denkmale der Kultur stehen unter dem Schutz des Landes, der Gemeinden und Gemeindeverbände.

(3) Das Land, die Gemeinden und Gemeindeverbände unterstützen die Teilnahme am kulturellen Leben und ermöglichen den Zugang zu den Kulturgütern.“

e) Hansestadt Bremen

Eine verfassungsrechtliche Verankerung staatlicher Kunstpflege und Schutzverpflichtungen findet sich im Grundrechtsteil der Landesverfassung der Freien Hansestadt Bremen vom 21. Oktober 1947:

„Art. 11. [Freiheit von Kunst und Wissenschaft]

Die Kunst, die Wissenschaft und ihre Lehre sind frei.

Der Staat gewährt ihnen Schutz und nimmt an ihrer Pflege teil.“

f) Hansestadt Hamburg

Da vom Verfassungsgesetzgeber in die „Verfassung der Freien und Hansestadt Hamburg vom 6. Juni 1952“ weder ein Grundrechtsteil, noch eine kunst- und kulturbezogene Staatszielbestimmung aufgenommen worden ist, muß auch hier (wie im Falle des Landes Berlin) als verfassungsrechtliche

Legitimationsgrundlage öffentlicher Kunst- und Kulturförderungsgewährung die grundgesetzliche Vorschrift des Art. 5 Abs. 3 S. 1 GG herangezogen werden.

g) Land Hessen

Gleich mehrere Normen der Verfassung des Landes Hessen vom 1. Dezember 1946 sind dem Schutz von Kunst und Kultur gewidmet:

„Art. 10. [Freiheit des geistigen Schaffens] Niemand darf in seinem wissenschaftlichen oder künstlerischen Schaffen und in der Verbreitung seiner Werke gehindert werden.";

„Art. 46. [Geistiges Eigentum] Die Rechte der Urheber, Erfinder und Künstler genießen den Schutz des Staates.";

„Art. 62. [Denkmal- und Landschaftsschutz] Die Denkmäler der Kunst, der Geschichte und Kultur sowie die Landschaft genießen den Schutz und die Pflege des Staates und der Gemeinden. Sie wachen im Rahmen besonderer Gesetze über die künstlerische Gestaltung beim Wiederaufbau der deutschen Städte, Dörfer und Siedlungen."

h) Land Mecklenburg-Vorpommern

Art. 7 Abs. 1 S. 1 der Verfassung des Landes Mecklenburg-Vorpommern vom 23. Mai 1993 garantiert die Kunstfreiheit („Kunst, Wissenschaft, Forschung und Lehre sind frei.");

Darüber hinaus ist Art. 16 Abs. 1 MecklV speziell auf die Kunst- und Kulturförderung ausgerichtet („Land, Gemeinden und Kreise schützen und fördern Kultur, Sport, Kunst und Wissenschaft. Dabei werden die besonderen Belange der beiden Landesteile Mecklenburg und Vorpommern berücksichtigt").

i) Land Niedersachsen

Anders als noch die „Vorläufige Niedersächsische Verfassung" vom 13. April 1951, die ohne Grundrechtsteil und ohne Normierung einer kunst- und kulturbezogenen Staatsaufgabennorm in Kraft getreten war, sind in die „Niedersächsische Verfassung" vom 19. Mai 1993 nunmehr gemäß Art. 3 Abs. 2 S. 1 VerfNiedersachen „die im Grundgesetz für die Bundesrepublik Deutschland festgelegten Grundrechte" als Bestandteil inkorporiert worden.

Außerdem hat der niedersächsische Landesverfassungsgeber die Verfassungsbestimmungen im übrigen um die Aufnahme einer ausdrücklichen Kulturförderungsklausel („Art. 6. Kunst und Kultur. Das Land, die Gemeinden und die Landkreise schützen und fördern Kunst und Kultur.") ergänzt.

Die zitierten Neuregelungen wurden in den gänzlich neu strukturierten „Ersten Abschnitt. Grundlagen der Staatsgewalt, Grundrechte und Staatsziele" eingefügt.

j) Land Nordrhein-Westfalen

In einem eigens ausgestalteten kulturverfassungsrechtlichen Abschnitt (Art. 7 bis 23 VerfNordrh.-Westf.) hat der Landesverfassungsgeber das in der Verfassung für das Land Nordrhein-Westfalen vom 28. Juni 1950 den staatlichen Kunst- und Kulturförderungsauftrag einbezogen:

„Art. 18. [Kultur, Kunst, Sport und Wissenschaft] (1) Kultur, Kunst und Wissenschaft sind durch Land und Gemeinden zu pflegen und zu fördern.

(2) Die Denkmäler der Kunst, der Geschichte und der Kultur, die Landschaft und Naturdenkmale stehen unter dem Schutz des Landes, der Gemeinden und Gemeindeverbände.

(3) Sport (...)."

k) Land Rheinland-Pfalz

Ebenfalls über einen eigenen kulturverfassungsrechtlichen Abschnitt (Art. 27 bis 40 VerfRheinland-Pfalz) verfügt die Rheinland-Pfälzische Verfassung vom 8. Mai 1947; dort ist dem Staat durch Art. 40 die Wahrnehmung eines Kunst- und Kulturförderungsauftrages zugewiesen:

„Art. 40. [Kultur, Schutz der geistigen Arbeit, Denkmal- und Landschaftspflege] (1) Das künstlerische und kulturelle Schaffen ist vom Staate zu fördern.

(2) Die Erzeugnisse der geistigen Arbeit, die Rechte der Urheber, Erfinder und Künstler genießen den Schutz und die Fürsorge des Staates.

(3) Der Staat nimmt die Denkmäler der Kunst, der Geschichte und der Natur sowie die Landschaft in seine Obhut und Pflege. Die Teilnahme an den Kulturgütern des Landes ist dem gesamten Volke zu ermöglichen."

l) Saarland

Ebenfalls angereichert durch eine Kulturförderungsklausel ist die Verfassung des Saarlandes vom 15. Dezember 1947:

„Art. 34. [Kultur; Denkmalschutz] (1) Kulturelles Schaffen genießt die Förderung des Staates.

(2) Die Denkmäler der Kunst, der Geschichte und der Natur sowie die Landschaft genießen den Schutz und die Pflege des Staates. Die Teilnahme an den Kulturgütern ist allen Schichten des Volkes zu ermöglichen."

m) Freistaat Sachsen

Die von der verfassungsgebenden Landesversammlung am 26. Mai 1992 beschlossene Verfassung des Freistaates Sachsen (vom 27. Mai 1992) hat mit dem Art. 11 VerfSachsen eine besonders detaillierte Kulturförderungsklausel geschaffen:

„Art. 11. [Kultur, Wissenschaft, Sport] (1) Das Land fördert das kulturelle, das künstlerische und wissenschaftliche Schaffen, die sportliche Betätigung sowie den Austausch auf den Gebieten.

(2) Die Teilnahme an der Kultur in ihrer Vielfalt und am Sport ist dem gesamten Volk zu ermöglichen. Zu diesem Zweck werden öffentlich zugängliche Museen, Bibliotheken, Archive, Gedenkstätten, Theater, Sportstätten, musikalische und weitere kulturelle Einrichtungen sowie allgemein zugängliche Universitäten, Hochschulen, Schulen und andere Bildungseinrichtungen unterhalten.

(3) Denkmale und andere Kulturgüter stehen unter dem Schutz und der Pflege des Landes. Für ihr Verbleiben in Sachsen setzt sich das Land ein."

n) Land Sachsen-Anhalt

Im „Dritte(n) Abschnitt des ‚2. Hauptteil(s). Bürger und Staat'" regelt die „Sachsen-Anhaltinische Verfassung vom 16. Juli 1992" Staatsziele.

Art. 36 Abs. 1 bis 4 VerfSachsen-Anhalt bildet die verfassungsrechtliche Legitimationsbasis für öffentliche Kunst- und Kulturförderung.

„Art. 36. [Kunst, Kultur und Sport]. (1) Kunst, Kultur und Sport sind durch das Land und die Kommunen zu schützen und zu fördern.

(2) Die heimatbezogenen Einrichtungen und Eigenheiten der einzelnen Regionen innerhalb des Landes sind zu pflegen.

(3) Das Land und die Kommunen fördern im Rahmen ihrer finanziellen Möglichkeiten die kulturelle Betätigung aller Bürger insbesondere dadurch, daß sie öffentlich zugängliche Museen, Büchereien, Gedenkstätten, Theater, Sportstätten und weitere Einrichtungen unterhalten.

(4) Das Land sorgt, unterstützt von den Kommunen, für den Schutz und die Pflege der Denkmale von Kultur und Natur.

(5) Das Nähere regeln die Gesetze."

Als Besonderheit der Sachsen-Anhaltinischen Verfassung ist die ausdrückliche Aufnahme eines „Finanzierungsvorbehaltes" (Art. 36 Abs. 3) und die in diesem Regelungskontext singuläre Konkretisierungsnorm des Art. 36 Abs. 5 („Das Nähere regeln die Gesetze.") hervorzuheben.

o) Land Schleswig-Holstein

Der ausdrücklich normierte Kunst- und Kulturförderungsauftrag der Verfassung des Landes Schleswig-Holstein vom 13. Dezember 1949 ist in Artikel 9 enthalten:

„Art. 9. [Förderung der Kultur]. (1) Das Land fördert und schützt Kunst und Wissenschaft, Forschung und Lehre.

(2) Die Förderung der Kultur und der Erwachsenenbildung, insbesondere des Büchereiwesens und der Volkshochschulen, ist Aufgabe des Landes, der Gemeinden und Gemeindeverbände."

p) Freistaat Thüringen

Schließlich schreiben Art. 30 Abs. 1 und 2 VerfThüringen vom 25. Oktober 1993 die Kultur-, Kunst- und Brauchtumspflege als Aufgabe des Landes und der Kommunen fest:

„(1) Kultur, Kunst, Brauchtum genießen Schutz und Förderung durch das Land und seinen Gebietskörperschaften.

(2) Die Denkmale der Kultur, Kunst, Geschichte und die Naturdenkmale stehen unter dem Schutz des Landes und seiner Gebietskörperschaften. Die Pflege der Denkmale obliegt in erster Linie dem Eigentümer. Sie sind der Öffentlichkeit im Rahmen der Gesetze unter Beachtung der Rechte anderer zugänglich zu machen."

II. Resümee

1. Im Gegensatz zu der klärungsbedürftigen Verfassungsrechtslage auf der Ebene des Grundgesetzes begegnet die Absicherung der Legitimationsgrundlagen öffentlicher Kunst- und Kulturförderung auf landesverfassungsrechtlicher Ebene zumeist keinen nennenswerten Schwierigkeiten (auf die Ausnahmen des Landes Berlin und der Freien und Hansestadt Hamburg, wo eine Anlehnung an die grundgesetzliche Regel des Art. 5 Abs. 3 S. 1 GG erfolgen muß, wurde bereits hingewiesen).

2. Vor dem Hintergrund der Art. 31 und Art. 142 GG erweisen sich die herangezogenen ausdrücklichen landesverfassungsrechtlichen Kulturförderungsklauseln hinsichtlich ihrer Wirksamkeit und Anwendbarkeit als unbedenklich.

Allerdings ist zu beachten, daß bei der verfahrensrechtlichen Ausgestaltung der Kunst- und Kulturförderungsgewährung der einfachgesetzlichen Landesgesetzgebung bzw. der Rechtsetzung durch die Kommunen sowie auch deren Umsetzung in der Anwendungspraxis der Verwaltung die grundgesetzlichen Vorgaben – etwa des Grundsatzes des Vorbehalts des Gesetzes (als „Parlamentsvorbehalt") und die Maßgaben des Art. 5 Abs. 3 S. 1 GG und Art. 3 Abs. 1 GG (etwa bei der Konkurrentenschutzproblematik; Beachtung des Gleichbehandlungsgebots etc.) – zu beachten sind. Besondere Bedeutung gewinnt in diesem Zusammenhang das Postulat, daß beispielsweise die Neutralitätsvorgaben des GG (etwa i.S.e. Verbots staatlichen Kunstrichtertums) und andere aus Art. 5 Abs. 3 S. 1 GG entwickelte Modalitäten als Leitlinie der Kulturförderungsgewährung Verbindlichkeit auch auf Landesebene entfalten und durch hierzu im Widerspruch stehende landesverfassungsrechtliche Normen nicht derogiert werden können.[59]

Ein Normwiderspruch zwischen Vorschriften der Verfassungen der deutschen Bundesländer und Bestimmungen des GG darf insoweit also nicht eintreten; im Kollisionsfalle ist ein solcher nach Maßgabe des GG aufzulösen.[60]

3. Die in den Landesverfassungen der deutschen Bundesländer enthaltenen kunst- und kulturbezogenen Staatsaufgabennormen (bzw. Staatszielbestimmungen) sind durchweg als objektive Gewährleistungen ausgestaltet worden. D.h., daß sie keine subjektiv-rechtlichen Anspruchsgrundlagen gerichtlich einklagbarer, öffentlich-rechtlicher Individualrechtspositionen zu begründen vermögen.

Die Erfüllung der objektiv-rechtlichen Handlungsoptionen liegt somit im (pflichtgemäßen) Ermessen der von verfassungswegen zur Kulturförderung verpflichteten öffentlich-rechtlichen (staatlichen und kommunalen) Körperschaften, deren „Entschließungsermessen" (im Sinne der Frage des „ob") jedoch aus vielfältigen Gründen der historischen Kontinuität und (u.a. hieraus abgeleiteter) rechtlicher Ermessensspielraumrestriktionen unterworfen ist.

4. Weiterhin erscheint es besonderer Unterstreichung wert, daß die Verfassungen der Bundesländer zugleich mit der Normierung eines in Landesverantwortung stehenden Kulturförderungsauftrages häufig eine ent-

---

59 Zum Verbot staatlichen Kunstrichtertums als Konsequenz der verfassungsrechtlich gemäß Art. 5 Abs. 3 S. 1 GG gebotenen Pflicht staatlicher Neutralitätswahrung s. u. Kap. 9 IV.3. Besonders anschaulich wird die Problemlage durch die Kollision der vorrangig geltenden grundgesetzlichen Prärogativen aus Art. 5 Abs. 3 S. 1 GG mit der Bestimmung des Art. 140 Abs. 2 BV: Die Voraussetzung, daß Staat und Gemeinden Mittel zur Unterstützung schöpferischer Künstler bereitzustellen haben, „die den Nachweis ernster künstlerischer oder kultureller Tätigkeit erbringen", ist nicht grundgesetzkonform. [Vertiefend: unten III.2.].

60 Zum Problemkreis der Auslegung und Anwendung der Art. 31 und 142 GG s. *Johannes Dietlein*, Die Grundrechte in den Verfassungen der neuen Bundesländer, 1993, S. 25ff. und 42ff.; *Jost Pietzcker*, Bundesgrundrechte und Landesgrundrechte, JuS 1988, L 9ff. Vgl. auch *Hans-Peter Schneider*, Verfassungsrecht der Länder – Relikt oder Rezept, DÖV 1987, S. 749ff. (Speziell zum Kulturstaatsproblem: S. 753f.) sowie *Richard Bartlsperger*, Das Verfassungsrecht der Länder in der gesamtstaatlichen Verfassungsordnung, HdbdStR Bd. IV, 1990, § 96, S. 457ff.

sprechende Ausdehnung der Aufgabenwahrnehmung auf die Kommunen (Gemeinden, Gemeindeverbände, gemeindliche Gebietskörperschaften) vorgesehen haben.

Auf landesverfassungsrechtlicher Ebene ist damit auf breitem Fundament das kommunale Kulturverfassungsrecht abgesichert worden.

5. In vordringlicher Weise hervorgehoben zu werden verdient schließlich die zum Teil vorbildliche Ausgestaltung der kulturverfassungsrechtlichen Förderungsklauseln in den Verfassungen der fünf „neuen" Bundesländer: Brandenburg, Mecklenburg-Vorpommern, Sachsen, Sachsen-Anhalt und Thüringen.[61]

In der Verfassungsgebung verkörpert sich „für die neuen Bundesländer ein Stück Selbstfindung nach vielen Jahren der Diktatur"[62].

Der Stellenwert, der der öffentlichen Kunst- und Kulturförderung in den einschlägigen Verfassungsbestimmungen zumeist eingeräumt worden ist und das hierin sichtbar werdende engagierte Bemühen um eine gemeinwohlorientierte Bewältigung dieses verfassungsrechtlich schwierigen Problemkomplexes, offenbaren ein hohes Maß an Verantwortungsbewußtsein und Verantwortungsbereitschaft zur Wahrung des Jahrhunderte alten kulturstaatlichen Erbes und historisch-traditioneller Kontinuitätslinien der Kulturentwicklung.[63]

III. Inkurs: Besonderheiten der kulturverfassungsrechtlichen Rechtslage im Freistaat Bayern nach Maßgabe der BV

1. Der Freistaat Bayern als Kulturstaat

Im Rahmen einer vertiefenden Betrachtung der in der Verfassung des Freistaates Bayern enthaltenen Regelungen zur Förderung von Kunst und Kultur durch Staat und Gemeinden ist zunächst erwähnenswert, daß die BV als einzige Verfassung eines Landes der Bundesrepublik Deutschland den Begriff „Kulturstaat"[64] aufgegriffen und in den Normtext integriert hat (Art. 3 Abs. 1 S. 1 BV).

---

61 Zur Verfassungsentwicklung in diesen Bundesländern und ihrer eingehenden Analyse s. *Peter Häberle*, Die Verfassungsbewegung in den fünf neuen Bundesländern, JöR 41 (n.F.), 1993, S. 69ff. (Bes. S. 83ff. zum Staatsziel Kultur (und der wachsenden Grundrechtsnähe)).

62 *Hans v. Mangoldt*, Die Verfassungen der neuen Bundesländer, 2. Aufl., 1997, S. 7 (aus dem Vorwort zur ersten Auflage (1993, S. 5)).

63 S. auch *ders.*, S. 91.

64 Zum Begriff s. *Theodor Maunz/Hans Jürgen Papier*, Verfassungs- und Verfassungsprozeßrecht in: *W. Berg/F.-L. Knemeyer/H. J. Papier/U. Steiner*, Staats- und Verwaltungsrecht in Bayern, 6. Aufl. 1996, Rdnr. 103 („Kulturstaatsprinzip"); – an dieser Stelle ist anzumerken, daß die 6. Aufl., 1996 im Gegensatz zur VorAufl.,

In dieser begrifflichen Rezeption gelangt zum Ausdruck, daß sich der Bayerische Landesverfassungsgeber der schon an anderer Stelle aufgezeigten Kulturstaatstradition Bayerns[65] und der Bedeutung und Tragweite der in die Zukunft fortwirkenden Kontinuitätslinien in der Historie liegender kultureller Entwicklungs- und Wachstumsprozesse überaus deutlich bewußt gewesen ist.

Art. 3 BV kommt die Aufgabe zu, die Zwecke des Staates, die kein Selbstzweck sind, in der Verfassung festzulegen und den Charakter des Bayerischen Staates programmatisch zu umschreiben.[66]

Folgerichtig wird die „Selbsteinschätzung Bayerns als ‚Kulturstaat‘ (als) programmatische Absage an eine rein materialistische Denkweise und eine Hervorhebung der geistig und sittlich fundierten Lebensbereiche wie Bildung, Wissenschaft, Kunst und Religion“ verstanden.[67]

Der Kulturstaatsgrundsatz enthält unmittelbar geltendes Recht, ohne subjektive Rechte oder gar Grundrechtspositionen zu begründen[68]; die Regelungsgegenstände des Art. 3 BV, die die Grundwerte und -ziele formulieren, denen der Staat verpflichtet sein muß, lassen sich also nicht auf bloße Programmsätze reduzieren. Vielmehr stellen sie als Staatszielbestimmungen verbindliche, beim Vollzug der Gesetze und von der Rechtsprechung zu beachtende Auslegungsgesichtspunkte gesetzlicher Normen dar.[69]

Als ein unverzichtbares Kriterium des Kulturstaates gilt die Pflege und Förderung des geistigen Lebens durch den Staat.[70]

(*T. Maunz/K. Obermayer/W. Berg/F.-L. Knemeyer*, 5. Aufl. 1988) kein Kapitel „Kulturverwaltungsrecht“ (Autor in der Voraufl.: *Theodor Maunz* (S. 605–626)) mehr enthält (Zur kulturstaatlichen Kunstförderung s. dort S. 620)! – Zur Begriffsgenese s. auch die breit angelegten monographischen Darstellungen von *Otmar Jung*, Die Entwicklung des Kulturstaatsbegriffs von J.G. Fichte bis zur Gegenwart unter besonderer Berücksichtigung der Verfassung des Freistaates Bayern vom 2. Dezember 1946, 1973 sowie *ders.*, Zum Kulturstaatsbegriff, 1976.

65 S. oben Kap. 7 I 5.

66 *Karl Schweiger*, in: *Hans Nawiasky*, Die Verfassung des Freistaates Bayern, Loseblatt-Kommentar, Stand: Juli 2000 (11. Ergänzungslieferung), Rdnr. 1 zu Art. 3.

67 *Ders.*, ebd., Rdnr. 13 zu Art. 3.

68 Wie hier: *Theodor Maunz/Hans Jürgen Papier*, Rdnr. 103; ebenso *Theodor Meder*, Die Verfassung des Freistaates Bayern – Handkommentar, 4. Aufl., 1992, Rdnr. 21 zu Art. 3; diese Ansicht teilt ebenfalls *Karl Schweiger*, o. Fußn. 66, Rdnr. 2 zu Art. 3.

69 *Karl Schweiger*, o. Fußn. 66, Rdnr. 2 zu Art. 3.

70 *Ders.*, ebd., Rdnr. 13 zu Art. 3.

2. Verfassungstextliche Konkretisierung des Kunst- und Kulturpflegeauftrags durch Art. 140 BV

Die ideale Wesensbestimmung des Kulturstaates als eines staatlichen Gemeinwesens, das „das kulturelle Erbe des Volkes pflegt, die freie geistige, künstlerische und religiöse Entfaltung seiner Angehörigen (...) fördert und, soweit erforderlich, durch eigene Einrichtungen, gleiche Erziehungs- und Bildungschancen für alle schafft“[71], ist im Bayerischen Landesverfassungsrecht durch Art. 140 BV für den Bereich von Wissenschaft und Kunst in spezifischer Weise auf Verfassungstextebene konkretisierend ausgestaltet worden:

Gemäß Art. 140 Abs. 1 BV sind „Kunst und Wissenschaft (...) von Staat und Gemeinde zu fördern.“

Deutlich von dem zur Entstehungszeit herrschenden Zeitgeist geprägt[72] erweist sich indessen der Absatz 2 der Norm:

Daß hiernach Staat und Gemeinde „insbesondere Mittel zur Unterstützung schöpferischer Künstler (...) und Schriftsteller bereitzustellen (haben), die den Nachweis ernster künstlerischer oder kultureller Tätigkeit erbringen“, bedarf der einschränkenden, grundgesetzkonformen Interpretation der Vorschrift entgegen ihres Wortlauts, weil auf andere Weise der hier offenkundig auftretende Normwiderspruch zu Art. 5 Abs. 3 S. 1 GG nicht behoben werden kann und er nach Maßgabe der Art. 142 und 31 GG unausweichlich zur Nichtigkeit bzw. Unwirksamkeit der landesverfassungsrechtlichen Vorschrift des Art. 140 Abs. 2 BV führen würde.[73]

Der Norminhalt des Art. 140 Abs. 2 BV stellt nämlich zumindest dann einen eklatanten Verstoß gegen das aus dem Neutralitätsgebot des Art. 5

---

[71] *Ders.*, ebd.

[72] Daß „die Bayerische Verfassung ein Spiegelbild der Zeit“ ist, „in der sie ausgearbeitet wurde“, ist zu Recht auch beim offiziellen Festakt zum 50-jährigen Bestehen der Bayerischen Verfassung am 1. Dezember 1996 in der Ansprache der Präsidentin des BayVerfGH und des OLG München betont worden – s. *Hildegund Holzheid*, Gedanken zur Bayerischen Verfassung, BayVBl. 1997, S. 129ff. (S. 132). Im Entwurf der „Verfassung des Volksstaates Bayern“ vom Februar 1946 aus der Feder von Wilhelm Hoegner besaß die entsprechende Vorschrift des Art. 96 folgenden Wortlaut: „(1) Die Förderung der Kunst und Wissenschaft ist Aufgabe des Staates und der Gemeinden. / (2) Sie haben insbesondere auch Mittel zur Unterstützung schöpferischer Künstler, Gelehrter und Schriftsteller bereit zu stellen, die den Nachweis ernster künstlerischer und kultureller Tätigkeit erbringen, aber mit ihren Werken den Lebensunterhalt nicht verdienen können.“, abgedr. in: Frank R. Pfetsch (Hrsg.), Verfassungsreden und Verfassungsentwürfe. Länderverfassungen 1946–1953, 1986, S. 333ff. (346).

[73] Vgl. o. Fußn. 60 die Nachweise zu den Grundrechten in den Landesverfassungen der Bundesländer und ihrem Verhältnis zum GG.

Abs. 3 S. 1 GG fließende – spezifisch auf den Gewährleistungsbereich des autonomen Kunstlebens zugeschnittene – Verbot des Kunstrichtertums dar, wenn der Inhaltsbestimmung der Vorschrift und der Normanwendung der Interpretationsansatz des am meisten verbreiteten Kommentars[74] zur BV zugrundegelegt wird:

> „Auswahl ist nach Art. 140 nicht nur erlaubt, sondern geboten: Nur ‚schöpferische' Künstler sollen für ‚ernste künstlerische ... Tätigkeit' gefördert werden. Die Absicht des Verfassungsgebers, der hier sogar diese Pleonasmen nicht scheut, ist klar: Er will verhüten, daß kommunale oder staatliche Stellen unreife Versuche oder Scharlatanerien aus öffentlichen Mitteln unterstützen – eine Gefahr, die z. B. besteht, wenn man mangelndes Kunstverständnis durch blinde ‚Progressivität' zu ersetzen versucht. Es kann sich empfehlen, Sachverständige beizuziehen, die freilich nicht selten einseitig bestimmten Kunstrichtungen verschworen sind. Vor schlimmen Mißgriffen vermag Art. 3 Abs. 2 zu bewahren, der den Schutz der kulturellen Überlieferung vorsieht."

„Unreife Versuche", „Scharlatanerien", „mangelndes Kunstverständnis", das durch „blinde (!) ‚Progessivität'" ersetzt werden soll, „Sachverständige (...), die freilich nicht selten einseitig bestimmten Kunstrichtungen verschworen sind" – all diese Reizworte und Unterstellungen verraten in ihrer eifernden Diktion tief sitzende Vorurteile und Ressentiments des Autors gegenüber künstlerischen Experimenten, die sich anschicken, für unüberwindbar gehaltene Grenzlinien zu überschreiten, obwohl er sich gerade im Gegenteil bemüht, den Anschein unvoreingenommener Objektivität zu erwecken. Dabei erweist es sich bei näherer Betrachtung, daß der vorgebliche Blick von der höheren objektiven, alleinige Wahrheitserkenntnis für sich beanspruchenden Warte ästhetischen Maßstäben entspricht, die bestenfalls auf die Zeit eines noch dem Idealismus des Schönen verhafteten 19. Jahrhunderts[75] zu datieren sind: Sie klingen so, als habe es Strömungen

[74] Wobei dem Umstand besonders Rechnung zu tragen ist, daß es außer dem „Standard – Kommentar" von *Theodor Meder* keine nennenswerte Bearbeitung des Art. 140 BV in einem Kommentarwerk zur Bayerischen Verfassung gibt und sich auch in *Theodor Meders* Kommentar selbst keine eigenständige Bearbeitung dieser Norm findet; lediglich in zwei Erläuterungen zu Art. 108 BV (Rdnr. 4 und 5 b) wurde Art. 140 BV knapp angesprochen; der angesehene Kommentar von *Hans Nawiasky*, enthält nach wie vor weder eine Kommentierung des Art. 108 noch des Art. 140 BV.

[75] Sehr bezeichnend hierfür ist z. B. die Ausdrucksweise des Berichts über eine Ausstellung im Glaspalast „Münchener Künstler und Kunst-Verhältnisse", der 1879 anonym in der Zeitschrift „Die Grenzboten" erschienen ist und Werke der naturalistischen Malerei mit heftigen Worten abkanzelte: „Man braucht kein Schwärmer für die Kunsterzeugnisse jener Epoche zu sein, wo der ganze Reiz der Komposition nur in dem Rhythmus der Linien lag, wo Farbe und Stimmung als falscher Zauber galt, und doch wird man bekennen müssen, daß die Künstler jener Epoche nie das ewig giltige [Schreibweise im Original, B.W.] Gesetz des Schönen so übertraten, wie es jetzt durch den verwilderten Naturalismus mit seinem gedankenarmen, schwindel-

des Symbolismus, Surrealismus, Dadaismus, Expressionismus und anderer moderner Kunstrichtungen nie gegeben. Alle in der zitierten Kommentarpassage verwendeten (Einschüchterungs-)Vokabeln und Begriffe, stammen aus dem Arsenal eines überlebten Kunstrichtertums, das gegenüber den Anforderungen des Grundgesetzes keinen Bestand mehr haben kann.

(Bundes-)Verfassungsrechtlich erst recht nicht zu halten ist die oben wiedergegebene Ansicht, sofern sie dahin zu verstehen sein sollte, daß solchen Kunstrichtungen vorrangig Förderung angedeihen zu lassen ist, die den Ausdruckswelten herkömmlich tradierter Kunstauffassungen zugeordnet werden können, weil nur sie im Einklang mit der kulturellen Überlieferung i.S.d. Art. 3 Abs. 2 BV zu stehen vermögen.

Im Klartext bedeutet der Umkehrschluß der besagten „Lehrmeinung" aber letztendlich doch wohl nichts anderes, als daß – avantgardistische – Kunstwerke und künstlerisches Schaffen, welche der Vorstellungswelt der kulturellen Überlieferung nicht entsprechen und daher ihrem Schutz nicht

---

haften Haschen nach Originalität geschieht." Die Stoßrichtung des Berichts zielte nicht nur auf die Maler „Piloty, Lenbach und Konsorten" sondern geißelte insbesondere auch ein Werk Max Liebermanns: „Von den zahlreichen Schüler- und Dilettantenarbeiten abgesehen, möchten wir nur einige Bilder erwähnen, welche als die Vorboten einer neuerwachten, glänzenden Kunstepoche gepriesen werden, und welche doch *ein wahrer Hohn auf die Kunst* sind. So der viel besprochene ‚Christus im Tempel' von Liebermann. Durch die Aufnahme dieses Bildes hat die Jury den Beweis geliefert, daß sie der Mehrzahl nach dem Prinzip huldigt: *Verherrlichung des Häßlichen* durch die Kunst." [Hervorhebungen B.W.]; die vorstehenden Zitate sind abgedr. bei: Heidi C. Ebertshäuser (Hrsg.), Kunsturteile des 19. Jahrhunderts. Zeugnisse – Manifeste – Kritiken zur Münchner Malerei, 1983, S. 125ff. (128f.). Aufschlußreich für die Einschätzung „juristischer" Bewertungen und Urteile über „häßliche" Kunstwerke – insbesondere des 19. Jahrhunderts, aber auch mit Bedeutung für die Gegenwart – durch Protagonisten der Welt der Kultur, ist die Erörterung eines gegen Gustave Flaubert in Paris angestrengten Prozesses wegen des Vorwurfs der Unsittlichkeit seines („Ehebruchs-") Romans „Madame Bovary" von *Ludwig Marcuse*, Paris 1857 – Emma Bovary und andere Blumen des Bösen, in: *ders.*, Obszön. Geschichte einer Entrüstung, Taschenbuchedition 1984, S. 107ff. (S. 134f.): „So tadelte das Gericht (drittens): (...) Flaubert sei nicht der Verpflichtung des Künstlers nachgekommen, zu verschönen, den Verstand zu kräftigen, das Benehmen zu veredeln ... Es wäre falsch, dieser Forderung sofort den Ton der Fest-Phrase unterzulegen. Die griechischen Tempel verschönten. Voltaire kräftigte den Verstand. Goethe veredelte. / Aber die Künste sind nicht aus einer einzigen Wurzel erwachsen und haben nicht nur eine einzige Funktion. Eine andere ist: Wirklichkeiten, die noch nicht Wort geworden sind, zur Sprache zu bringen. Es gibt Sphären des Daseins, die alle oder viele oder manche häßlich nennen. Die Künste stellen Schönes und Unschönes – auf schöne Weise nichts verschönernd dar. Das Fehl-Urteil war also nicht nur ein moralisches: daß es die Sehnsucht der Heldin nach Seligkeit häßlich nannte; auch ein ästhetisches: welches das Häßliche aus dem Gebiet der Kunst ausschloß, ohne Ahnung von dem großen Raum, den es hier einnimmt. Die Kenner der Straf-Paragraphen, die in solch einem Prozeß funktionieren, sollten vorher die Bildung erhalten, die nötig ist, um sich vom ungesunden Menschenverstand freimachen zu können."

unterfallen sollen, vom Vertreter dieser Auffassung als „schlimme Mißgriffe" abqualifiziert werden! Eine derartige Verengung der Beurteilungs- und Bewertungsmaßstäbe zur Unterscheidung förderungswürdiger von förderungsunwerter Kunst läßt sich mit den vorrangige Geltung beanspruchenden Verfassungsrechtsprinzipien des Art. 5 Abs. 3 S. 1 GG keinesfalls vereinbaren.

Inwieweit indessen die Bewertung der Förderungswürdigkeit eines künstlerischen Projekts durch den förderungswilligen staatlichen (öffentlich-rechtlichen) Subventionsgeber aufgrund von Modalitäten vorgenommen werden kann, die mit Art. 5 Abs. 3 S. 1 GG vereinbar sind, wird an anderer Stelle dargelegt.[76]

3. Die besondere Vorschrift des Art. 83 BV

Die im Zusammenhang mit der Selbstverwaltungsgarantie des Art. 11 Abs. 2 BV (Hier: speziell des Art. 11 Abs. 2 S. 2 BV!) stehende Norm des Art. 83 Abs. 1 BV, der dem eigenen Wirkungskreis der Gemeinden unter ausdrücklicher Bezugnahme auf Art. 11 Abs. 2 BV von Verfassungs wegen die örtliche Kulturpflege[77] zuordnet, ist neben Art. 3 Abs. 1 S. 1 und Art. 140 BV als weitere grundlegende verfassungsnormative Absicherung der kompetentiellen Wahrnehmungsbereiche kommunalen Kulturverfassungsrechts einzuordnen.[78]

---

[76] S.u. Kap. 9 IV 3. c.

[77] S.u. Kap. 10 II. 2.

[78] Dazu m.w.N. *Theodor Meder*, Rdnr. 2 (Ziff. 8 auf S. 243) zu Art. 83.

Kapitel 9

Spezielle Problemstellungen hinsichtlich der grundrechtlichen Regelungsgehalte der Kunstfreiheitsgarantie gemäß Art. 5 Abs. 3 S. 1 GG unter besonderer Berücksichtigung von Positionen der Kunstwissenschaft und von Künstlern

I. Problemaufriß: Der subjektiv-individualrechtliche Gewährleistungsbereich

1. Das Problem der Schutzbereichsbestimmung und das Problem der Kunstbegriffsdefinition

Die praktische Anwendbarkeit der grundrechtlichen Kunstfreiheitsgarantie hängt – unabhängig vom jeweils einschlägigen Gewährleistungsbereich – davon ab, ob die Eröffnung des Schutzbereichs des Art. 5 Abs. 3 S. 1 GG hinsichtlich des konkreten Einzelfalls feststellbar ist.

Grundrechtsdogmatisch formuliert setzt dies voraus, daß der die Grundrechtsverletzung behauptende Beschwerdeführer die Freiheitsverbürgung in im Frage stehenden Anwendungsfall überhaupt für sich reklamieren kann.[1]

Dies erfordert neben der im allgemeinen Sinne grundsätzlich bestehenden Grundrechtsträgerschaft, die wegen der Ausgestaltung des Art. 5 Abs. 3 S. 1 GG als „Jedermann-Grundrecht“ in aller Regel keine Schwierigkeiten aufwerfen wird, voraus, daß sich der Sachverhalt, bezüglich dessen die Freiheit der Kunst geltend gemacht wird, unter den Kunstbegriff der Grundrechtsnorm subsumieren läßt.

Daraus folgt die bei jeder subjektiven Inanspruchnahme des Grundrechts aus Art. 5 Abs. 3 S. 1 GG auftretende prinzipielle Problemstellung, daß unter Zugrundelegung eines verfassungsrechtlich definierten Begriffs der Kunst, den der Grundgesetzgeber selbst nicht näher bestimmt hat, eine Entscheidung über die Schutzbereichseröffnung getroffen werden muß.

---

[1] Zur systematischen Grundrechtsprüfung des Art. 5 Abs. 3 S. 1 GG (Kunstfreiheit) s. *Bodo Pieroth/Bernhard Schlink*, Grundrechte Staatsrecht II, 16. Aufl., 2000, Rdnrn. 608–632.

Das Ziel der interpretatorischen Gewinnung einer tragfähigen und verfassungsrechtlich einwandfreien Kunstbegriffsdefinition ist also nicht zuletzt darin zu sehen, für die juristische Rechtsanwendungspraxis einen handhabbaren Rechtsbegriff festzuschreiben, der den für die Feststellung der Grundrechtsberechtigung im Einzelfall notwendigen Subsumtionsvorgang ermöglicht.

Die Definitionsversuche des verfassungsrechtlichen Kunstbegriffs sind in ihrer Quantität und Variabilität ins Unübersehbare gewachsen.[2]

Da jedoch letztlich für die verfassungsrechtliche Interpretation eines grundrechtlichen Tatbestandsmerkmals der Definition in der Rechtsprechung des Bundesverfassungsgerichts die maßgebliche Bedeutung zukommt, ist zunächst die Auffassung des Bundesverfassungsgerichts als Ausgangspunkt für eine Definition heranzuziehen. Dies entspricht der vielzitierten Äußerung von Rudolf Smend, daß das Grundgesetz nunmehr praktisch so gelte, wie es das Bundesverfassungsgericht auslege[3] – und sinngemäß einem Ausspruch eines früheren Präsidenten des Supreme Court: „We are under a Constitution, but the Constitution is what the judges say it is."[4]

Mit der „Mephisto-Entscheidung" des Bundesverfassungsgerichts vom 24.02.1971 (E 30, 173), einem Meilenstein der verfassungsrichterlichen Bemühungen um die Kunstbegriffsdefinition, wurde erstmals in der verfassungsgerichtlichen Spruchpraxis ein tragfähiger Grund für die allmähliche Etablierung und Durchsetzung eines weiten und offenen Kunstbegriffs in der Rechts- und Verfassungswirklichkeit der Bundesrepublik Deutschland gelegt.

Mit diesem wegweisenden Beschluß ist der Durchbruch zu der heute mitunter wieder als zu weitgehend gescholtenen konsequenten Liberalisierung der Kunstrechtsprechung des Bundesverfassungsgerichts[5] gelungen.

---

2 Statt vieler s. nur die gründliche und überaus instruktive Darstellung bei *Joachim Würkner*, Das Bundesverfassungsgericht und die Freiheit der Kunst, 1994; eingehendere Darstellungen finden sich auch bei *Axel Enderlein*, Der Begriff der Freiheit als Tatbestandsmerkmal der Grundrechte – Konzeption und Begründung eines einheitlichen, formalen Freiheitsbegriffs, dargestellt am Beispiel der Kunstfreiheit, 1995. Eine „frühe" und tiefschürfende Erörterung des Problemkreises bietet *Friedrich Müller*, Freiheit der Kunst als Problem der Grundrechtsdogmatik, 1969 (u.a. S. 97ff.: grundlegend für die Differenzierung zwischen Werk- und Wirkbereich).

3 *Rudolf Smend*, Das Bundesverfassungsgericht (1962), in: *ders.*, Staatsrechtliche Abhandlungen, 3. Aufl., 1994, S. 581ff. (S. 582). – S. auch *Joachim Würkner*, Das Bundesverfassungsgericht, S. 2 und 174 („Das BVerfG ist der primäre Kunstfreiheitsinterpret.").

4 Zit. nach: *Hildegund Holzheid*, Gedanken zur Bayerischen Verfassung, BayVBl. 1997, S. 129ff. (S. 131).

Seither ist verfassungsrechtlich klargestellt, daß der Staat die Eigengesetzlichkeit des „Lebensbereichs Kunst" zu respektieren und auch die in einer künstlerischen Avantgarde zum Ausdruck kommenden wesenseigenen Tendenzen zur Grenzüberschreitung zu tolerieren hat.

In einem der Kernsätze des Beschlusses zog das Bundesverfassungsgericht einen Definitionsrahmen für den Begriff der Kunst im Sinne von Art. 5 Abs. 3 S. 1 GG: „Das wesentliche der künstlerischen Betätigung ist die freie schöpferische Gestaltung, in der Eindrücke, Erfahrungen, Erlebnisse und Gedanken des Künstlers durch das Medium einer bestimmten Formensprache zur unmittelbaren Anschauung gebracht werden."[6]

---

[5] Zur Behandlung dieses Problems s. *Johann Friedrich Henschel*, Die Kunstfreiheit in der Rechtsprechung des BVerfG, NJW 1990, S. 1937ff.

[6] BVerfGE 30, 173 (189). Eine typische Rezeptionsvariante enthält: *Bruno Schmidt-Bleibtreu/Franz Klein*, Grundgesetz-Kommentar, 9. Aufl. 1999, S. 234 (Kunst als „Gestaltung eines seelisch-geistigen Gehalts durch eine eigenwertige Form nach bestimmten Gesetzen."). Neben dem material wertbezogenen (material qualitativen) Begriffsverständnis hat sich das BVerfG in späteren Entscheidungen auch einer formal typologischen Betrachtungsweise bedient und das Gegebensein eines Kunstwerks von der Erfüllung bestimmter werktypischer Gattungskriterien abhängig gemacht: Sofern die schöpferisch-gestaltende Tätigkeit Werkgattungen – etwa des Malens, Dichtens oder der Bildhauerei – zugeordnet werden kann, wird sie hiernach als Kunst vom Schutzbereich des Art. 5 Abs. 3 Satz 1 GG erfaßt (BVerfGE 67, 226f.); schließlich ist vom BVerfG die Möglichkeit, daß sich der Darstellung eines künstlerischen Werks „im Wege einer fortgesetzten Interpretation immer weiterreichende Bedeutungen (...) entnehmen (lassen), so daß sich eine praktisch unerschöpfliche vielstufige Informationsvermittlung ergibt", als entscheidendes Charakteristikum der Kunst angesehen worden (BVerfGE 67, 227); zu den vom BVerfG verschieden strukturierten Kunstbegriffen s. auch die zusammenfassende Darstellung und kritische Würdigung von *Christian Starck*, in: Hermann v. Mangoldt/Friedrich Klein/ders., Das Bonner Grundgesetz, Bd. 1, 4. Aufl., 1999, Rdnrn. 278ff. zu Art. 5 Abs. 3 – Wie tief die sich in diesen Definitionsformeln manifestierenden Vorverständnisse vom Wesenhaften der Kunst in tradierten Vorstellungen kunsttheoretischer Diskurse wurzeln, kann durch die nachfolgenden, augenfällige Parallelen aufweisenden Zitate belegt werden: S. etwa *Konrad Fiedler*, Vom Wesen der Kunst (1876–1881), abgedr. in: Heidi C. Ebertshäuser, (Hrsg.), Kunsturteile des 19. Jahrhunderts, 1983, S. 131ff. (133): „Alle wahre Kunst – und das allein ist das Wesentliche an ihr – fast in einer höchsten geistigen Verarbeitung eine ungeheure Fülle von Erfahrungen zusammen, und wenn ihre Gebilde typisch genannt wurden, so hat dies keinen anderen Sinn als den, daß in ihnen ganze unendliche Reihen von Lebensformen und Lebensvorgängen zum Lichte der Verständlichkeit und Klarheit erhoben scheinen. (1881)". Noch sinnfälliger erscheint in diesem Zusammenhang ein Satz von *Heinrich Wölfflin*, Nachschrift 1940 zu Das Erklären von Kunstwerken (1920), in: *ders.*, Aufsätze – Das Erklären von Kunstwerken, Ausgabe 1972, S. 25ff. (28f.), in dem er den Terminus der „inneren Form" – im Verhältnis zur „äußeren Form" – in seinem Begriffsverständnis erläutert: „... sie ist (...) das Medium, in dem ein künstlerisches Motiv erst Gestalt gewinnt."

Auch diese abstrakte Formel läßt Fragen offen, aber ihre Bedeutung für die Rechtsanwendung im Alltag ist nicht zu unterschätzen. Sie gibt die Leitlinie vor, die Richtersprüche in Fällen mit Bezug zur Kunstfreiheit zu beachten haben. Der wichtigste Einwand indessen, der gegenüber dem „Mephisto-Urteil" vorgebracht werden kann, ist seine Indifferenz gegenüber den Existenzformen und Richtungen (moderner bzw. avantgardistischer) Kunst, die sich einer definitorischen Faßbarkeit prinzipiell von vornherein völlig versagen und damit entziehen. Zu nennen wäre hier etwa das Paradoxon einer programmatisch postulierten Antikunst, wie sie z.B. im „Dadaismus" erblickt werden kann. [7]

Schlagworte und Programmformeln von der Liquidierung des Kunstwerks, vom anti-artistischen Impetus der Künstler und die Vorstellung einer Koinzidenz von Leben und Kunst, von Kunst und Nichtkunst, umschreiben dadaistische Positionen und Manifestationen.[8]

Die programmatischen Selbsteinschätzungen der künstlerischen Vertreter dieser Anti-Kunstrichtung des „Dadaismus" zielen auf die Destruktion des herkömmlichen Kunstbegriffs ab und sehen gerade hierin die eigentliche Kunstäußerung ihrer Bewegung. Künstlerische Haltungen dieser und ähnlicher Art lassen auch die liberalsten Bemühungen um einen weiten verfassungsrechtlichen Kunstbegriff leerlaufen. Angesichts solcher unüberwindbaren paradoxen Prämissen sind jegliche Interpretationsansätze dazu verurteilt, in unauflösbare Antinomien zu münden und daher zu scheitern: Verfassungsrechtsprechung und Verfassungsrechtswissenschaft vermögen derartige Antinomien ebensowenig aufzulösen, wie die fachgerichtlichen Instanzgerichte oder behördliche Entscheidungsträger; und sofern künstlerische Positionen dekretieren, daß schlechterdings alles als Kunst anzusehen sei, ist die Auflösung des Kunstbegriffs in ihnen selbst angelegt: „Wenn alles Kunst ist, heißt dies, ist nichts mehr Kunst."[9]

---

[7] Ausführlich: *Bernhard Weck*, „Dada vor Gericht" – Ein Schlaglicht auf den schwierigen Umgang der (Weimarer)Justiz mit avantgardistischer Kunst, NJW 1994, S. 1929f.

[8] *Werner Hofmann*, Die Grundlagen der modernen Kunst, 3. Aufl., 1987, S. 388, 390, 394, 396.

[9] *Jost Nolte*, Kollaps der Moderne, 1989, S. 28; zum Vorstehenden ausführlich *Bernhard Weck*, „Dada vor Gericht", S. 1930. – Daß letztlich mit der „Auflösung des Begriffes der Kunst (...) seine juristische Unbrauchbarkeit" einhergeht, problematisiert beispielsweise auch *Rudolf Wendt*, in: Ingo v. Münch/Philip Kunig (Hrsg.), Grundgesetz-Kommentar, 5. Aufl., 2000, Rdnr. 91 zu Art. 5, der diese Gefahr dann für gegeben erachtet, wenn in streitigen Grenzfällen allein ein subjektives Definitionsmonopol des Künstlers als ausschlaggebendes Begriffskriterium anzuerkennen und mithin seine subjektive Behauptung zur Annahme der Kunsteigenschaft eines „Werkes" ausreichend wäre. Allerdings erscheint es höchst fragwürdig zu sein, ob der Staat befugt sein kann, allgemein auf dem Kunstsektor und kunstgeschichtlich konsensfähig gewordene Positionen nur deshalb gegenläufigen und verengten Be-

2. Das Problem der Schrankenziehung (Rechtsgüter und andere verfassungsrechtlich geschützte Gemeinwohlgüter als verfassungsimmanente Schranken)

Ein vor allem pragmatisch praxis- und anwendungsorientierter Lösungsansatz kann m. E. nur in einer Verlagerung des Problems in die Schrankenziehung des Grundrechts gesehen werden.

Zwar unterliegt die grundrechtliche Kunstfreiheitsgarantie nach dem Wortlaut des Art. 5 Abs. 3 S. 1 GG keinem geschriebenen Eingriffsvorbehalt.

Und es entspricht auch der inzwischen nahezu einhellig vertretenen Auffassung, daß die Schrankenziehung des Art. 5 Abs. 2 GG aus systematischen Gründen auch auf den Art. 5 Abs. 3 GG keine Anwendung finden kann.[10] Gleichwohl bleibt aber festzuhalten, daß nicht zuletzt aufgrund des Grundsatzes der Einheit der Verfassung auch diejenigen Grundrechte, die vom Wortlaut her ohne Einschränkungsvorbehalt versehen sind, sogenannten verfassungsimmanenten Schranken unterworfen sind.[11]

Verfassungsimmanente Schranken sind zu definieren als Grenzziehungen gegenüber der Ausübung der grundrechtlichen Freiheit, die sich ihrerseits auf in der Verfassung selbst geschütze Rechtspositionen beziehen. Diese können zum einen Grundrechte anderer Personen sein oder aber auch andere mit Verfassungsrang ausgestattete und im Grundgesetz ausdrücklich genannte Schutzgüter bzw. Rechtsgüter.

---

griffsbildungsregeln zu unterwerfen, um die „juristische Brauchbarkeit" von Begriffen herbeizuzwingen; juristische Begriffe lassen sich nicht an der faktischen Realität vorbei definieren (zum Problemlösungsansatz, der in dieser Arbeit vertreten wird, s. sogleich unten Kap. 9 I.2.).

[10] Statt vieler: *Ingolf Pernice*, in: H. Dreier (Hrsg.), Grundgesetz-Kommentar, Bd. 1, 1996, Art. 5 III (Freiheit der Kunst), Rdnr. 31.

[11] *Ders.*, ebd. Zur Anerkennung eines „unentbehrlichen Beschränkungsvorbehalts" der Kunstfreiheit, der in Literatur und Rechtsprechung – ungeachtet aller Begründungsunterschiede im Detail – weitgehende Akzeptanz finden dürfte s. statt vieler *Rudolf Wendt*, Rdnr. 96 zu Art. 5 GG: Aus der Vorbehaltlosigkeit der Kunstfreiheitsgarantie ist nicht etwa ihre schrankenlose Gewährleistung zu folgern, sondern es ergibt sich hieraus die Konsequenz, „dass ihre Grenzen nur von der Verfassung selbst bestimmt werden"; der „dogmatische Ansatz für die Begrenzungs- bzw. Beschränkungsvoraussetzungen (wird) aus der Verfassung selbst gewonnen". – Die Auflösung der Kollision zwischen Kunstfreiheitsausübung und Grundrechten Dritter bzw. mit Verfassungsrang ausgestatteten Rechtswerten erfolgt durch eine einzelfallbezogene Güterabwägung zur Herstellung „praktischer Konkordanz" (*Konrad Hesse*); zur Rechtfertigung von Eingriffen in die Kunstfreiheit durch „kollidierendes Verfassungsrecht" s. auch *Bodo Pieroth/Bernhard Schlink*, Rdnr. 630 sowie zu den Schranken: *Christian Starck*, in: Hermann v. Mangoldt/Friedrich Klein/ders., Das Bonner Grundgesetz, Bd. 1, 4. Aufl. 1999, Rdnrn. 302 ff. (u. insbes. 307 ff.) zu Art. 5 Abs. 3.

Mit der Anerkennung der verfassungsimmanenten Schrankenziehung ist jedenfalls sichergestellt, daß die Wahrnehmung der grundrechtlichen Kunstfreiheit nicht dazu führen kann, daß die Verletzung von Rechtsgütern anderer oder verfassungsrechtlich geschützer Gemeinwohlgüter gewissermaßen sanktions- und folgenlos bleibt.

Wenn aufgrund des Selbstverständnisses eines Grundrechtsträgers von diesem eine bestimmte Betätigung als Äußerung der Kunst angesehen wird, obwohl diese künstlerische Betätigung dem herkömmlichen Kunstverständnis nicht entspricht, so kann die Frage, ob diese künstlerische Betätigung dem Schutzbereich überhaupt unterfällt, selbst dann offen bleiben, wenn durch diese künstlerische Äußerung Rechte anderer verletzt worden sind.

Für die Frage, ob gegenüber dieser künstlerischen Betätigung eine wirksame Beschränkung vorgenommen werden kann, ist dann die Frage nach der Schutzbereichseröffnung nicht mehr ausschlaggebend; sie kann vielmehr dahinstehen.

Dem wirksamen, effektiven Rechtsschutz des durch die Kunstausübung in seiner Rechts- und Persönlichkeitssphäre nachteilig Betroffenen wird dadurch zur Genüge Rechnung getragen, daß die verfassungsimmanente Schranke durchaus geeignet ist, diesem Rechtsgut den ausreichenden Schutz zu verleihen.

Die in der Verfassung selbst angelegten verfassungsimmanenten Schranken erweisen sich in der Rechtsordnung als konkretisiert durch die einfachen Gesetze. So ist beispielsweise der verfassungsrechtlich durch Art. 2 Abs. 1 i.V.m. Art. 1 Abs. 1 GG geschützte Bereich der persönlichen Ehre (Ausfluß des allgemeinen Persönlichkeitsrechts) einfachgesetzlich konkretisiert durch den Beleidigungstatbestand des § 185 StGB. Falls eine ehrverletzende Beleidigung durch eine künstlerische Äußerung unternommen wird, erfolgt die Anwendung der Strafrechtsnorm unter Berücksichtigung ihrer verfassungsrechtlichen Grundlage. § 185 StGB dient dem Rechtsgüterschutz und zwar hier ganz konkret dem seinerseits grundrechtlich abgesicherten allgemeinen Persönlichkeitsschutz.

II. Kunsttheoretische Gegenbilder zu juristischen Definitionsversuchen der Kunst

1. Begriffsdefizite juristischer Definitionsansätze

„Die Frage nach dem Wesen der Kunst ist so alt wie die Kunst selber. Die Antwort steht aus – glücklicherweise.“[12]

Dieses Bonmot des früheren Feuilletonchefs der Wochenzeitung „Die Zeit" unterstreicht die Unabschließbarkeit kunsttheoretischer Debatten, die Offenheit pluralistischer Kunstverständnisse und die Vergeblichkeit aller „Reflexionen zur Ästhetik" (F.J. Raddatz) in ihrem Bemühen, eine einzig gültige und allein richtige Auffassung vom – wahren – Wesen der Kunst statuieren zu wollen.

In der kunstgeschichtlichen und kunsttheoretischen Literatur sind zur Beschreibung des Lebensphänomens Kunst und seiner Begriffsbestimmung vor allem Einsichten zu finden, die prononcierte Gegenbilder zu solchen Positionen des juristischen Schrifttums darstellen, in denen – definitorische Selbstgewißheit implizierend – die scharfe Abgrenzung des verfassungsrechtlich (also durch Verfassungsinterpretation) zu gewinnenden Begriffs der Kunst im Sinne von Art. 5 Abs. 3 S. 1 GG als Rechtsbegriff gegenüber der empirisch erfahrbaren realen Lebenswirklichkeit der Kunstwelt vertreten wird.[13]

Als ein geradezu prototypisches Exempel kann etwa die in einer apodiktischen Tonlage geäußerte Ansicht von Mihatsch gelten:

> „Es gibt keinen für Kunsttheorie und Rechtswissenschaft gleichermaßen gültigen Kunstbegriff. Hier darf sich die Jurisprudenz nicht auf die ‚unendliche Geschichte' ästhetischer Erwägungen einlassen, will sie nicht die ohnehin geringe Chance einer eigenen Begriffsbildung von vornherein verspielen. Wenn auch der Kunstbegriff notwendig außerrechtlich determiniert ist und das Recht auf Hilfestellungen metajuristischer Disziplinen auch nicht verzichten darf, bleibt dennoch die Aufgabe, ebenso wie für viele andere ‚außerrechtliche Bereiche' (Religion, Bildung, Wissenschaft, Sport) auch für die Kunst eine rein juristische Definition zu erarbeiten."[14]

Daß Mihatsch indessen die Erfüllung der von ihm mit einer gewissen Vehemenz geforderten Erarbeitung einer rein juristischen Definition schuldig bleibt, daß er sich mit einer im Vagen und Ungefähren verbleibenden „pragmatisch-praktischen Rechtsanwendung mit dem Bestand der bisherigen" (eingestandenermaßen unzulänglichen), „Versuche auszukommen" zufrieden geben und lediglich „über das Vorliegen der Kunsteigenschaft von Fall zu Fall entscheiden" will[15], was ja nichts weniger als den Verzicht

---

[12] *Fritz J. Raddatz*, Revolte und Melancholie. Essays zur Literaturtheorie, 1982, S. 7.

[13] S. z.B. *Thomas Geiser*, Die Persönlichkeitsverletzung insbesondere durch Kunstwerke, 1990, S. 2 („... kann sich die Definition des ‚Kunstwerkes' in der Rechtswissenschaft nicht nach Definitionen aus den Kunstwissenschaften richten, weil die Zwecke dieser Wissenschaften andere sind.").

[14] *Michael Mihatsch*, Öffentliche Kunstsubventionierung, 1989, S. 15.

[15] *Ders.*, ebd., S. 16.

auf eine (abstrakte) rein juristisch definierte Begriffsbildung bedeutet, sei ergänzend angemerkt.

Wesentlich zurückhaltender, aber mit durchaus verwandt erscheinender Tendenz äußerte sich Joachim Würkner zu diesem Problemkomplex:

„Die These von der ‚Unmöglichkeit, Kunst zu definieren' hat ihre Praxisrelevanz und Nützlichkeit bis heute nicht unter Beweis stellen können. Denn die Schwierigkeit, Kunst umfassend und allgemeinverbindlich zu definieren, darf nicht dazu verleiten, für diesen Bereich auf jegliche über den Einzelfall hinaus Verbindlichkeit beanspruchende Erklärungen verzichten zu wollen. Bei funktionaler Betrachtungsweise kann die Freiheitsverbürgung als individuelles Abwehrrecht nur dann effektiven Schutz gewähren, wenn das zu schützende Verfassungsgut einzelfallübergreifend beschreibbar – und sei es nur konturierbar – ist. Gerade aus der freiheitsschützenden Funktion des Grundrechts folgt ein Definitionsgebot, ‚denn Kunst, die sich nicht bestimmen ließe, könnte auch nicht geschützt werden'".[16]

2. Die Unauflösbarkeit des interpretatorischen Dilemmas bei der definitorischen Bestimmung des Kunstbegriffs

Angesichts des unauflösbaren Rätselcharakters der Kunst (T. W. Adorno)[17] besitzt die Meinung, es sei eine rein juristische Definition zur Bestimmung des objektiv gültigen und allein richtigen Sinngehalts des in Art. 5 Abs. 3 Satz 1 GG enthaltenen grundrechtlichen Tatbestandsbegriffs „Kunst" möglich, nur wenig Überzeugungskraft.

Im krassen Widerspruch zu dieser Auffassung steht die Vorstellung, die Ernst H. Gombrich in seinem kunstgeschichtlichen Standardwerk[18] vom Wesen der Kunst entwirft:

„Genaugenommen gibt es ‚die Kunst' gar nicht. Es gibt nur Künstler. Einstmals waren das Leute, die farbigen Lehm nahmen und die rohen Umrisse eines Büffels auf eine Höhlenwand malten. Heute kaufen sie ihre Farben und entwerfen Plakate für Fleischextrakt. Dazwischen taten sie noch manches andere. Es schadet natürlich nichts, wenn man alle diese Tätigkeiten Kunst nennt, man darf nur nicht vergessen, daß dieses Wort in verschiedenen Ländern und zu verschiedenen Zeiten etwas ganz verschiedenes bedeuten kann, und man muß sich vor allem merken, daß es ‚Die Kunst' eigentlich nicht gibt. Sie ist zu einer Art Götze geworden, und all das Nachdenken und Reden über das ‚Wesen der Kunst' hat den Künstlern mehr geschadet als genützt. Wenn man einem Künstler sagt, seine Arbeiten seien ja in ihrer Art recht anständig, nur hätten sie mit ‚Kunst' nichts zu tun, so ist er erledigt. Man

---

[16] *Joachim Würkner*, Das Bundesverfassungsgricht, S. 123f.; *Adolf Arndt*, NJW 1966, S. 26 (S. 28); vgl. weiterhin *Peter Lerche*, Ausgewählte Fragen der Kunstfreiheit nach deutschem Verfassungsrecht, in: *Berka/Häberle/Heuer/Lerche*, Kunst und Recht im In- und Ausland, 1994, S. 1–18 (2ff.).

[17] Zit. nach *Fritz J. Raddatz*, S. 7.

[18] *Ernst H. Gombrich*, Die Geschichte der Kunst, 5. Aufl., 1992, S. 13.

kann jedem die Freude an einem Bild durch die Bemerkung verderben, ihm gefiele daran nicht der ‚künstlerische Wert‘ sondern irgend etwas anderes.“

3. Die Bedeutung einer empirisch-wirklichkeitswissenschaftlich erweiterten Problemsicht

Der Gefahr, allzu großer und letztlich täuschender Selbstüberzeugtheit zu erliegen, vermag die wirklichkeitswissenschaftlich an empirisch erfahrbaren Fakten orientierte Besinnung auf die Eigengesetzlichkeit der (verfassung)rechtlichen Regelungen unterliegenden Lebensbereiche und „sozialen Tatsachen“ (John R. Searle) entgegenzuwirken.

Die inzwischen anerkannte Offenheit und Wandelbarkeit des verfassungsrechtlichen Kunstbegriffs besitzt einen maßgeblichen außerjuristischen Bezugspunkt in der Erweiterung des Kunstbegriffs durch seine kommunikationswissenschaftliche Funktionalisierung: „Kunstwerke sind nicht Kunstwerke“ als solche, sondern Kunstwerke „für jemand“ (für bestimmte soziale Gruppen); was jeweils als Kunst gilt, „beruht auf der Übereinkunft von sozialen Gruppen, auf historisch veränderlichen Gruppennormen.“[19]

Die Jurisprudenz darf ihren Gegenstand nicht aus einem juristisch zu sehr eingeengten Blickwinkel betrachten, da sie sonst Gefahr läuft, seine wesentlichen Seiten aus den Augen zu verlieren. Sie muß vielmehr die in der sozialen Realität geltenden Hilfskategorien zur Kenntnis nehmen und bei der Definition der Rechtsbegriffe zugrunde legen, und zwar alleine schon deshalb, um fehlleitende Anachronismen zu vermeiden.

So hat es beispielsweise der Akzeptanz und der Vertrauenswürdigkeit der Strafrechtsjudikatur der Weimarer Republik nachhaltigen Schaden zugefügt, daß die Strafrichter im Großen und Ganzen zu einem Zeitpunkt der traditionellen Vorstellungswelt bürgerlicher Kunstideale verhaftet geblieben waren, als die Protagonisten der künstlerischen Avantgarde die Kategorien des Schönen und Wahren als verpflichtende Orientierungswerte der Kunst längst zertrümmert hatten. Auf der einen Seite vertrat die Rechtsprechung noch immer den Standpunkt, daß das Wesen künstlerischer Gestaltung im Durchgeistigen, Verklären und Veredeln des in ein Kunstwerk umzuwandelnden Stoffes zu sehen sei, während auf der anderen Seite Avantgardekünstler künstlerische Veredelung, Umsetzung und Paraphrasierung der stofflichen Wirklichkeit demonstrativ negierten und den antiartistischen Impetus zum Prinzip ihrer „Kunst der Kunstlosigkeit“[20] erhoben.

---

[19] *Dieter Breuer*, Literaturwissenschaft in semiotischer Sicht, in: ders./P. Hocks/ H. Schanze/P. Schmidt u. a. (Hrsg.), Literaturwissenschaft, 1973, S. 169ff. (169).

[20] Ausführlich *Bernhard Weck*, „Dada vor Gericht“ S. 1930; *Werner Hofmann*, S. 394. Zur Unbrauchbarkeit und zur (verfassungs-)rechtlichen Unhaltbarkeit der „Veredelungs“- und „Vergeistigungs“-These s. *Friedrich Müller*, S. 32ff.

Die Lebenswelt der Kunst läßt sich der juristischen Begrifflichkeit nicht ohne Berücksichtigung ihres jeweils gegenwärtigen Entwicklungsstandes unterwerfen. Von der Realität der Kunstpraxis und Theorie abgehoben erdachte abstrakte Rechtsbegriffe bleiben mangels Anschauung leer (im Sinne der Einsicht Immanuel Kants: Das „Gedanken ohne Inhalt (...) leer, Anschauungen ohne Begriffe (...) blind" sind.[21]). Allein an der gängigen juristischen Nomenklatur und Begriffssystematik ausgerichtete, anscheinend stimmige Definitionskonstrukte, die das Wesen ihres Regelungsgegenstands verfehlen, weil der interpretatorisch aus ihnen herauszulesende Sinngehalt das der rechtlichen Regelung bedürftige Lebensphänomen nicht zu fassen vermag, lassen sich ohne große Mühe aushebeln.

Es besteht dann die Gefahr, daß das – aller Unstimmigkeit zum Trotz – gleichwohl für verbindlich und verpflichtend erachtete Recht sich zum reinen Machtinstrument entwickelt, mit dem (möglicherweise längst überholte) Anschauungen der Juristen in der Gesellschaft durchgesetzt werden: Daß das Ansehen von Recht, Justiz, Juristen und von Rechtsanwendern (etwa Verwaltungsbeamten) auf dem Spiele stehen kann, illustriert eine oft kolportierte, für den Juristenstand wenig schmeichelhafte Anekdote, die offenbart, was der amerikanische Maler James Abbott McNeill Whistler von der Kompetenz der Gerichte in Kunstfragen gehalten hat: „Als Sachverständiger vom Vorsitzenden befragt, ob er dem Gericht erklären könne, was Kunst sei, klemmte Whistler sein Monokel ein, musterte das Gericht, Mann für Mann, ließ das Monokel fallen und sagte: ‚Nein.'"[22]

---

[21] *Immanuel Kant*, Kritik der reinen Vernunft 1 (hrsg. von Wilhelm Weischedel, TB-Sonderausgabe 1995), S. 98 („Daher", fährt Kant, ebd., fort, „ist es ebenso notwendig, seine Begriffe sinnlich zu machen (d.i. ihnen den Gegenstand in der Anschauung beizufügen), als, seine Anschauungen sich verständlich zu machen (d.i. sie unter Begriffe zu bringen). Beide Vermögen, oder Fähigkeiten, können auch ihre Funktionen nicht vertauschen. Der Verstand vermag nichts anzuschauen, und die Sinne nichts zu denken. Nur daraus, daß sie sich vereinigen, kann Erkenntnis entspringen." – „Anschauungen und Begriffe machen also die Elemente aller unsrer Erkenntnis aus, so daß weder Begriffe, ohne ihnen auf einige Art korrespondierende Anschauung, noch Anschauungen ohne Begriffe, ein Erkenntnis abgeben können." (ebd., S. 97)).

[22] Zit. nach: *Georg Hensel*, Wider die Theaterverhunzer – 13 polemische Predigten, Erstausgabe 1972, S. 45. – Von *James Abbott McNeill Whistler*, Die feine Art sich Feinde zu machen, Ausgabe 1984, S. 34, stammt übrigens auch das für den vorliegenden Kontext beachtenswerte Bonmot: „Den Maler anweisen, die Natur so zu nehmen, wie sie ist, heißt den Musiker anweisen, sich auf die Tasten des Klaviers zu setzen". – Als geradezu skandalös kann es gelten, daß in einer 1959 von der juristischen Fakultät der Julius-Maximilians-Universität Würzburg angenommenen Dissertation von *Hans-Heinrich Frankenberger*, Verfassungsrechtliche Garantien und Grenzen der Freiheit des künstlerischen Schaffens im Lichte der neueren Rechtsprechung unter besonderer Berücksichtigung der Verhältnisse in der Bundesrepublik, Diss. Würzburg 1959, S. 125, offenbar unbeanstandet die Ansicht vertre-

Als symptomatisches Fallbeispiel aus der Alltagspraxis der Rechtsanwendung durch die öffentliche Verwaltung kann der in überaus harschem Ton gehaltene Kommentar der Süddeutschen Zeitung zu einer Veranstaltungsverbotsverfügung des Münchner Kreisverwaltungsreferats gelten, mit der im August 1997 der Auftritt der britischen Frauen-Band „Rock Bitch" wegen zu erwartender pornographischer Bühnen-Show-Einlagen untersagt worden war:

„Wozu ist eine Ordnungsbehörder da? Sie soll Sicherheit und Ordnung aufrecht erhalten. Geschmacksfragen hingegen gehen sie überhaupt nichts an. Das Münchner Kreisverwaltungsreferat verstößt seit Jahren immer wieder gegen diesen Grundsatz und tut sein Bestes, die Stadt im Rest der Republik lächerlich zu machen. Ob es nun um angeblich gewaltverherrlichende Texte von Death-Metal-Gruppen geht oder um vermuteten Schweinkram auf offener Bühne – die Ordnungsbehörde spielt sich sofort als oberster Kunstrichter auf. Das ist prinzipiell schon Amtsanmaßung, wenn es aber auch noch dazu führt, daß eine Hundertschaft von Polizisten vier Stunden lang damit beschäftigt wird, volljährige Besucher von einem Konzert fernzuhalten, dann ist die Grenze zum Skandal überschritten. Es sei um den Tatbestand der ‚Erregung öffentlichen Ärgernisses' gegangen, begründet das Kreisverwaltungsreferat seine absurde Staatsaktion. Ärgernis erregt hat jedoch vor allem die Behörde selbst, bei den rund 1.000 Konzertbesuchern, die umsonst in den Kunstpark gekommen waren und zu Recht der Ansicht sind, daß sie sich nicht von einer Stadtverwaltung vorschreiben lassen müssen, was sie sich zumuten wollen und was nicht. Über die Frage, was Pornographie ist und was Kunst, läßt sich gut streiten. Solange aber niemand ernstlich geschädigt werden kann, sollte sich eine Ordnungsbehörde aus Dingen heraushalten, von denen sie nichts versteht. Es habe sich eindeutig gezeigt, bekräftigte das KVR gestern noch einmal sein Verbot, ‚daß der Schwerpunkt der Darbietungen der Gruppe nicht im musikalischen oder sonstigen künstlerischen, sondern eindeutig im pornographischen Bereich liegt'. Welche Kompetenz haben Verwaltungsjuristen festzustellen, ob etwas Kunst ist oder nicht? Gar keine. Solange das KVR keine besseren Gründe nennt, muß man ihm nicht nur vorwerfen, mit dem vierstündigen Großeinsatz der Polizei Steuergelder sinnlos verplempert zu haben, sondern auch gegen das Zensurverbot verstoßen zu haben."[23]

---

ten werden konnte, es seien Kunstwerke, die „wilde Götzen der Neger und Südseeinsulaner" darstellen, aus dem Schutzbereich des Art. 5 Abs. 3 S. 1 GG auszunehmen, weil die europäische Rasse mit ihnen doch kaum Mitmenschliches verbinde und die Darstellungen (etwa Noldes oder Gauguins) auf den Betrachter fratzenhaft und dämonisch wirkten.

[23] *Franz Kotteder*, Eine lächerliche Staatsaktion – Das Kreisverwaltungsreferat überschreitet seine Kompetenzen, SZ Nr. 191 vom 21.8.1997, S. 15 (dort findet sich auch ein ausführlicher Bericht über den Vorgang). Ebenfalls ein ausgeprägt negatives Presseecho fand das von der Stadt Ansbach ausgesprochene Verbot eines für den 26.9.1998 (und damit zwei Tage vor der Bundestagswahl) geplanten Konzertauftritts des Liedermachers Hans Söllner, (SZ Nr. 191 vom 21.8.1998, S. 13 und NK vom 21.8.1998, S. 32); Ansbachs OB Ralf Felber (SPD) bezeichnete Söllner in diesem Zusammenhang als „krankhaft", als Verbreiter „geistigen Unrat(s)" und als „abartig" (SZ Nr. 296 vom 23.12.1998, S. L 7).

III. Die Beachtung des künstlerischen Selbstverständnisses bei der Interpretation des Kunstbegriffs i.S.v. Art. 5 Abs. 3 S. 1 GG

Als ein bedeutender Fortschritt auf dem Wege zu einer adäquaten verfassungsrechtlichen Problemlösung des Dilemmas der Definition des Kunstbegriffs ist „die Anerkennung des Selbstverständnisses des Künstlers bei der Auslegung der Kunstfreiheit" zu werten; sie bietet ein „dogmatisches Instrument, (um) mit der Offenheit des Kunstbegriffs i.S. der Verfassung ernst" machen zu können.[24]

Besonders fruchtbare Wirkung kann dieser Ansatz vor allem dann entfalten, wenn er durch Konnexionen zu kunsttheoretischen Positionen in einen interdisziplinären wissenschaftlichen Gesamtzusammenhang gestellt wird: Dinge mit ihren eigenen und nicht mit fremden Maßstäben zu messen, bezeichnete bereits der bedeutende Kunsttheoretiker Heinrich Wölfflin – mit Bezug auf die Kunstwissenschaft – als Fortschritt.[25] So kann beispielsweise die Verbindung mit dem Begriff des „Kunstwollens" hergestellt werden, der als Erklärungsprinzip – wenn auch in unterschiedlichster Gewandung – in die Kunstwissenschaft eingeführt worden ist.[26]

In der Version eines – auf die Poesie bezogenen – Aphorismus des Kulturphilosophen Ludwig Marcuse liegt der Anerkennung des „Kunstwollens" folgender Gedankengang zugrunde: „Man darf den Stil großer Dichter nicht vom Können, sondern nur vom Willen her interpretieren; er schafft sich den ihm angemessenen Stil."[27]

---

[24] Grundlegend: *Peter Häberle*, Die Freiheit der Kunst im Verfassungsstaat, AöR 110 (1985), S. 577ff. (S. 598f. (599)); s. auch *ders.*, Die Freiheit der Kunst in kulturwissenschaftlicher und rechtsvergleichender Sicht, in: *Berka/Häberle/Heuer/Lerche*, Kunst und Recht im In- und Ausland, S. 68ff. (S. 68f.: „Die offene Gesellschaft der Kunstinterpreten" und S. 69ff.: Inkurs zur Relevanz des Selbstverständnisses) sowie *ders.*, Grundrechtsgeltung und Grundrechtsinterpretation im Verfassungsstaat, JZ 1989, S. 913ff. (Vor allem S. 915 und 918). Das „Selbstverständnis" des Grundrechtsträgers als verfassungsrechtliche(n) Konkretisierungsmaßstab behandelt auch: *Wolfram Höfling*, Offene Grundrechtsinterpretation, 1987, S. 21ff. Zur „Aufnahme von außerrechtlichen Definitionen", zur „Drittanerkennung" und zur „Selbstdefinition des Grundrechtsträgers" s. *Spyridon Vlachopoulos*, Kunstfreiheit und Jugendschutz, 1996, S. 79ff., 82ff. und 84ff. sowie die kritische Auseinandersetzung mit Ansätzen der Berücksichtigung künstlerischen Selbstverständnisses bei *Wolfgang Palm*, Öffentliche Kunstfreiheitsgarantie und Kulturstaat, 1998, S. 68ff. (insbes. 70ff.).

[25] *Heinrich Wölfflin*, Aufsätze – Das Erklären von Kunstwerken, S. 15.

[26] S. etwa *Dagobert Frey*, Kunstwissenschaftliche Grundfragen – Prolegomena zu einer Kunstphilosophie, Nachdr. der 1. Aufl., Wien 1946, 1972, S. 80ff. („Das Kunstwerk als Willensproblem"); s. weiterhin *Erwin Panofsky*, Aufsätze zu Grundfragen der Kunstwissenschaft, 2. Aufl., 1974, S. 29ff. sowie *Werner Hofmann*, S. 9, 11, 12, 27, 30, 32.

Die kunstwissenschaftliche Perspektive vermag den Blick des Juristen dafür zu schärfen, daß „jedes Objekt durch die besondere Modalität der Betrachtungsweise ästhetischer Gegenstand werden kann."[28]

Die Suche nach dem Vorhandensein eines originären Gestaltungswillens und der Entwicklung eigener Gestaltungsprinzipien (samt des entsprechenden Einsatzes von Gestaltungsmitteln) kann nach der Auflösung verbindlicher Formensprachen der Kunstwerke und der Absage an kanonisierte Werkprinzipien auch für den juristischen Begriffsinterpreten als Erkenntniskriterium hilfreich sein.

Denn, daß der Satz „Kunst ist das, was wir als solche gelten lassen."[29] offenkundig nicht auf die kompetentielle Entscheidungsmacht der verfassungsrechtlichen Kunstinterpretatoren (allein) gemünzt ist, bedarf keiner Erläuterung.

Werner Haftmanns das Thema paraphrasierendes Diktum: „Kunst ist, was bedeutende Künstler machen"[30] unterstellt freilich das erforderliche Differenzierungsvermögen, um bedeutende von unbedeutenden Künstlern unterscheiden zu können.

---

27 *Ludwig Marcuse*, Argumente und Rezepte. Ein Wörterbuch für Zeitgenossen, Taschenbuchedition 1973, S. 73 („Kunstwollen").

28 *Dagobert Frey*, ebd., S. 80.

29 *Werner Hofmann*, S. 27.

30 Rede zur Eröffnung der documenta III in: *Arnold Bode*, documenta Kassel – Essays, o.J. S. 32ff. Den in (auch in alltäglichen) Kunstdebatten häufig zu hörenden Satz „Kunst entsteht im Auge des Betrachters" hat einer von *Fritz J. Raddatz*, Der hölzerne Eisenring – Geord Lukács und Theodor W. Adorno, in: *ders.*, Revolte und Melancholie, o. Fußn. 10, S. 143ff. (151) kolportieren Anekdote zu Folge Pablo Picasso auf die Spitze getrieben: Auf „die brävliche Frage des sehungewohnten deutschen Besatzungsoffiziers vor dem Guernica-Bild: ‚Haben Sie das gemacht?'" habe Picasso in seinem Atelier erwidert: „Nein, Sie". – Vgl. hierzu auch: *Heinrich Wölfflin*, Das Erklären von Kunstwerken, o. Fußn. 6, S. 3ff. (16): „Schon Burckardt aber meint, auf das *Erleben* des Beschauers komme es an. Er könne nur Umrisse zeichnen, die der Lesende mit Empfindung ausfüllen müsse. Wäre es überhaupt möglich, sagt er, den tiefsten Inhalt, die Idee eines Kunstwerks in Worten auszusprechen, so wäre die Kunst ja überflüssig und alle die Bauten, Figuren und Bilder hätten ungebaut, ungemeißelt, ungemalt bleiben können."

IV. Perspektivenerweiterung der verfassungsrechtlichen Kunstbegriffs- und Kunstfreiheitsinterpretation durch Positionsbestimmungen von Künstlern und Literaten

1. Das schwierige Verhältnis von Kunst und Jurisprudenz

Das Verhältnis zwischen den Künsten und der Jurisprudenz gilt gemeinhin als heikel und mit Ressentiments befrachtet.

Die Repräsentanten der Welt des Ästhetischen und ihre Antipoden aus der Welt der Paragraphen sind einander nicht selten in herzlicher Abneigung zugetan.

Unter Verweis auf Wilhelm Kewenigs Feststellung, „Daß es nur wenige Dinge gebe, die sich wesensmäßig so fremd seien, wie Kunst und Recht" konstatiert Joachim Würkner „Schwierigkeiten im Künstler-Juristen-Dialog"[31]. Und obwohl Josef Isensee den Rechtsanwender schwankenden Boden betreten sieht, der sich außerrechtlichen Realien und außerrechtlichen Wertungen zuwendet, entdeckt er dennoch eine vom „Kunst"-Begriff ausgehende Warnung: „Die Geschichte richterlicher Bemühungen um die Kunst ist eine Geschichte richterlicher Blamagen."[32]

Namentlich die Geschichte der Satire kann vor allem auch als eine Geschichte von Konflikten gelesen werden.[33]

Jedweder Rücksichtname hohnsprechende, gezielt auf skandalträchtige Provokationen ausgerichtete Tabuverletzungen („‚Auf dem Spermamond' – Roos inszeniert ‚Ich leckte das Deodorant einer Nutte' in Berlin")[34] einer-

---

[31] *Joachim Würkner*, Das Bundesverfassungsgericht, S. 4 (Dort ist in Fußn. 22 auf *Wilhelm Kewenig*, Theater und Staat, UFITA 58 (1970), S. 91.).

[32] *Josef Isensee*, Wer definiert die Freiheitsrechte? Selbstverständnis der Grundrechtsträger und Grundrechtsauslegung des Staates, 1980, S. 26.

[33] *Alfred Meier*, Buchbesprechung: Im Namen des Volkes. Graphische Ansichten von A. Paul Weber, 1982, in: NJW 1983, S. 1176f. (S. 1176).

[34] In der Baracke des Deutschen Theaters Berlin (SZ Nr. 122 v. 29.5.1998, S. 15 – Beispiele dieser Art könnten zu Dutzenden aufgelistet werden: s. etwa den Aufsatz von *Beatrix Nobis*, Der heilsame Schock – Prinzip obszön: Warum die Kunst mit dem Ekel spielt, SZ Nr. 192 vom 22.8.1997, S. 15, in dem die Autorin der in der Kunst lange Zeit tabuisierten „Zurschaustellung einer häßlichen und beschädigten Welt (...) eindeutig aufklärerische Züge" bescheinigt: „(...) Während obzöne Darstellungen in der Kunst vergangener Zeiten nur unter vorgehaltener Hand hergestellt und außerhalb des offiziellen Kunsthandels vertrieben wurden, gehören sie heute zum gängigen Repertoire großer Ausstellungen und Museumssammlungen. Bekannt und anerkannt sind nicht nur die Sexpuppenfotos Cindy Shermans, Paul McCarthys mit einem Astloch kopulierende Waldhüter oder Jeff Koons freizügige Plakatwände, die seinen Koitus mit Cicciolina ins Überdimensionale ausdehnen. Auch Kiki Smiths kotverschmierte Frauen, die körperlichen Selbstmanipulationen der französischen Künstlerin Orlan oder Damien Hirsts von Fliegen übersäte, verwe-

seits, überholten Kunstanschauungen verhaftete übereifrige Strafverfolgungsbehörden, die sich in peinliche Beschlagnahmeaktionen verrennen, andererseits („Die letzten Sittenwächter – Ein Buchhändler wurde von fahrlässigen Staatsanwälten verfolgt – der Grund: Erotika")[35] – in diesen beiden beinahe schon klischeehaft anmutenden Tableaus sind die Pole der antagonistischen Lebenssphären von Kunst und Recht abgebildet.[36]

Über den schwierigen Umgang mit dem Phänomen des Obszönen auf dem Gebiete des Rechts spottete Ludwig Marcuse: „Und weil dies Obszöne eine Gleichung mit mindestens sechs Unbekannten ist, seufzen die Juristen noch heute: daß es keine Definition gibt, mit der man Gesetze machen kann ... und machen sie dennoch."[37]

Die Möglichkeit, den eigenen Blickwinkel durch Einsichten in das Wesen der Kunstwelt, durch Einblicke in die spezifischen Sichtweisen und Vorstellungswelten von Künstlern und Literaten zu erweitern, sollten die für ein demokratisches und pluralistisches staatliches Gemeinwesen tätigen Juristen – aller Vorurteile zum Trotz – dennoch nicht ungenutzt verstreichen lassen.

2. Reflexionen über den Kunstbegriff

a) Ausgewählte Beispiele klassisch-moderner Maler

Mit der Unsicherheit über das Faßbare der Kunst beschäftigten sich Wassily Kandinsky und Franz Marc besonders eindringlich: Malerei bezeichnete Kandinsky als Kunst und führt über diese aus:

> „Kunst im Ganzen ist nicht ein zweckloses Schaffen der Dinge, die im Leeren zerfließen, sondern eine Macht, die zweckvoll ist, (...). Sie ist die Sprache, die in

---

sende Rinderschädel gelten nicht länger als die mehr oder minder ernstzunehmenden Übungen einer provokanten Subkultur, sondern sind einem ästhetischen Programm unterstellt, das durch seine Exegeten wie durch den Kunstmarkt solide abgesichert ist." Vgl. ferner den Bericht über das blutrünstige Aktionskunstspektakel: Hermann Nitsch und sein „Orgien-Mysterien-Theater" in Prinzendorf „Vom Wüten der Mythen – Sechs Tage, die Österreich erschütterten", (SZ Nr. 183 v. 11.8.1998, S. 11.). – Materialreiche Falldarstellungen enthält: *Sabine Fellner*, Kunstskandal! – Die besten Nestbeschmutzer der letzten 150 Jahre, 1997, mit Kapiteln u.a. über Hans Markart, Gustav Klimt, Oskar Kokoschka, Adolf Loos und Hermann Nitsch („Der Blutorgienmeister").

35 Bericht von *Hanno Kühnert*, in: Die Zeit Nr. 21 v. 17.5.1991, S. 20.

36 Beiden Aspekten des Konterfeis entspricht schon der Titel (aber auch der Inhalt) des Artikels „Objekt der Begierde für den Staatsanwalt – Rummel um angebliche Darstellung von Sodomie im Hamburger ‚Erotic Art Museum'" (SZ Nr. 71 v. 26./27.3.1994, S. 16) gerecht.

37 *Ludwig Marcuse*, Obszön, Taschenbuchedition 1984, S. 11.

nur ihr eigener Form von Dingen zur Seele redet, die für die Seele das tägliche Brot sind, welche sie nur in dieser Form bekommen kann."[38]

Mit großer Intensität setzte sich Franz Marc in seinen „Briefe(n) aus dem Feld" an seine Frau Maria mit dem Formverständnis der Kunst auseinander:

„Über Kunst kann man nicht ‚reden', höchstens über die Mittel. Es wird gewiß mein Fehler in den Aphorismen sein, daß sie durch sehr viel mißverständliche Worte und Unklarheiten den Anschein erwecken, als wollte ich die Kunst definiren [Schreibweise im Original, B.W.], während ich nie mehr als eben die Mittel definiren [Schreibweise im Original, B.W.] kann. (...) Aber daß die ‚Form' von selber kommt, wenn man nur wirklich etwas zu sagen hat, das scheint mir nicht wahr. Beständige Meditation über die Form, beständigen Willen zur Form (...) – ohne das geht's nicht."[39]

Und zur Wahrheit über die Kunst stellte Picasso in einem Aphorismus lapidar fest:

„‚Die' Wahrheit/Gäbe es nur eine Wahrheit, so könnte man nicht hundert Bilder zum gleichen Thema malen."[40]

b) Ausgewählte Beispiele moderner Klassiker der Literatur

Von Bertolt Brecht stammt eine „Betrachtung der Kunst", die – zumindest passagenweise – bei der Abfassung von Kernaussagen des „Mephisto-Urteils" des BVerfG (E 30, 173 (189)) hätte Pate stehen können:

„Denn das Werk des Künstlers ist nicht nur eine schöne Aussage über einen wirklichen Gegenstand (einen Kopf, eine Landschaft, ein Vorkommnis unter Menschen) (...), sondern eben vor allem auch eine Aussage über den Gegenstand, eine Erklärung des Gegenstandes. Das Kunstwerk erklärt die Wirklichkeit, die es gestaltet, es berichtet und überträgt die Erfahrungen des Künstlers, die er im Leben gemacht hat, es lehrt die Dinge der Welt richtig sehen."[41]

Zur Gestaltung des Erlebten durch den Künstler merkte hingegen Alfred Polgar sarkastisch an:

„KUNST ist das Feuer, in welches getan vom privaten Erlebnis das Private wegschmilzt. Manchmal bleibt dann freilich gar nichts mehr übrig."[42]

---

[38] Über das Geistige in der Kunst, 1952, S. 134.

[39] Nach den Originalen hrsg. v. Klaus Lankheit und Uwe Steffen, 3. Aufl., 1993, S. 54.

[40] Über Kunst, TB-Ausgabe 1988, S. 112.

[41] *Bertolt Brecht*, Betrachtungen über Kunst und Kunst der Betrachtung (1939), abgedr. in: Band 6: Neuere deutsche Essays III – Ausgew. von Ludwig Rohner, 1972, S. 103ff. (S. 106); vgl. die schon oben unter I.1. bei Fußn. 6 wiedergegebene zentrale Textstelle der Mephisto-Entscheidung.

[42] *Alfred Polgar*, Handbuch des Kritikers, 1980, S. 57.

Und der im verfassungsrechtswissenschaftlichen Schrifttum geläufigen Ansicht, der zufolge die Kunsteigenschaft der Literaturkritik in Zweifel zu ziehen, wenn nicht gar gänzlich zu verneinen sei[43], läßt sich die Ansicht von Alfred Kerr entgegen halten: Der literarische „Kritikerpapst" der Weimarer Jahre dekretierte ohne jede (falsche?) Bescheidenheit selbstbewußt:

> „III. Was Dichtung zu geben hat, gab meine Dichtung der kritischen Kunst. Fortan ist zu sagen: Dichtung zerfällt in Epik, Lyrik, Dramatik und Kritik."[44]

3. Verfassungsrechtliches Neutralitätsgebot und Verbot des Kunstrichtertums als Folgerungen aus Art. 5 Abs. 3 S. 1 GG

a) Die Bedeutung der Neutralitätsverpflichtung im Rahmen der Kunst- und Kulturförderungsgewährung

Staatliche Neutralitätsverpflichtung und das Verbot staatlichen Kunstrichtertums zählen zu den Kernaussagen, die den verfassungsrechtlichen Gewährleistungsbereichen der grundrechtlichen Kunstfreiheitsgarantie entnommen werden.[45]

Für den subjektiv-rechtlichen Bereich der grundrechtlichen Abwehrdimension des Art. 5 Abs. 3 S. 1 GG steht die Anerkennung beider Verfassungsgrundsätze außer Frage.

Bei leistungsgewährenden Kunst- und Kulturförderungsentscheidungen wird dagegen die Heranziehung von Qualitätskriterien zur Vermeidung undifferenzierter und pauschalierter allgemeiner Ausschüttung von Wohl-

---

43 *Rupert Scholz*, in: Maunz/Dürig/Herzog/Scholz, Grundgesetz-Kommentar, Stand 36. Lfg. Okt. 1999, Rdn. 20 zu Art. 5 III; *Ingolf Pernice*, in: H. Dreier (Hrsg.), Grundgesetz-Kommentar, Bd. 1, 1996, Art. 5 Abs. 3 (Kunst), Rdn. 28 m.w.N.

44 Einleitung zu den gesammelten Schriften, in: Theaterkritiken, 1971, S. 4. Kritiken und Rezensionen von *G. E. Lessing, Ludwig Börne, Theodor Fontane, G. B. Shaw, Alfred Polgar, Kurt Tucholsky* und *Walter Benjamin*, um nur einige wenige Beispiele zu nennen, kann wohl kaum der Rang und die Qualität literarischer (und damit unter die Kunstfreiheit zu subsumierender) Texte abgesprochen werden; „essayistische Portraits bedeutender Kritiker" finden sich bei: *Marcel Reich-Ranicki*, Die Anwälte der Literatur, Taschenbuchausgabe Juni 1996.

45 Aus der Fülle der Literatur siehe nur *Rupert Scholz*, Rdn. 20 zu Art. 5 III sowie *Ingolf Pernice*, Rdn. 30; *Michael Kilian*, Auswärtige Kulturverwaltung zwischen kultureller Autonomie und staatlicher Lenkung, in: H.J. Birk u.a. (Hrsg.), Kulturverfassungsrecht im Wandel, 1981, S. 111ff. (S. 113). Grundlegend im Hinblick auf das Neutralitätsprinzip: *Klaus Schlaich*, Neutralität als verfassungsrechtliches Prinzip, 1972.

taten nach dem Gießkannenprinzip nicht nur befürwortet, sondern als geradezu unerläßlich erachtet.

In der zwingenden (rechts)logischen Konsequenz dieser Auffassung steht jedoch, daß mit den Auswahlentscheidungen bei der Förderungszuerkennung zugleich stets inhaltlich orientierte „kunstrichterliche" Voten (gegebenenfalls negative Verdikte in Ablehnungsfällen) verbunden sind.

Nicht zuletzt im Hinblick auf die Unsicherheiten bei der Kunstdefinition ist immer wieder vorgeschlagen worden, den Maßgaben des Neutralitätsprinzips durch die Einschaltung nicht staatlicher, pluralistisch mit unabhängigen Experten besetzter Gremien (Juries) Genüge zu leisten.[46]

Verfassungsrechtliche Bedenken gegenüber diesem Lösungsansatz lassen sich immerhin unter Rückgriff auf den durch Art. 5 Abs. 3 S. 1 GG in der Verfassung selbst verankerten und somit auf grundgesetzlicher Ebene legitimierten Kulturförderungsauftrag zerstreuen. Selbst in Konkurrenzschutzfällen könnte die vom nicht geförderten Mitbewerber als verletzt gerügte subjektiv-rechtliche Grundrechtsposition der Kunstfreiheit aus Art. 5 Abs. 3 S. 1 GG ihre verfassungsimmanenten Schranken in der objektiv-rechtlichen Gewährleistungsdimension des Art. 5 Abs. 3 S. 1 GG auf der Gegenseite finden.

Nachhaltig spürbare Zweifel treten allerdings ein, wenn „das höchste Problem der Kunst" genauer in das Blickfeld genommen wird: „das Problem der Qualität" (Heinrich Wölfflin)[47].

b) Kunstqualität und Kunstrichtertum im Problemkontext juristischer und künstlerischer (bildende Kunst, Literatur und Musik) Betrachtungsweisen

Der Relativität der Bewertungskriterien widmete Alfred Lichtwark 1911 in seinem Aufsatz „Der Sammler" besondere Aufmerksamkeit:

> „Von allen anderen Erzeugnissen der Menschenhand unterscheidet sich das Kunstwerk durch die ungeheueren Abstände seiner Bewertung. Vier Quadratfuß bemalter Leinwand ist das eine Mal nicht mehr wert als die Leinwand im verdorbenen Zustand, ein andermal Tausende, ein drittes Mal Hunderttausende oder gar Millio-

---

[46] *Peter Häberle*, Vom Kulturstaat zum Kulturverfassungsrecht, in: ders. (Hrsg.) Kulturstaatlichkeit und Kulturverfassungsrecht, 1982, S. 1ff. (S. 40) und *Rupert Scholz*, Rdnr. 8 („Einschaltung auch metajuristischen Sachverstands"); s. vor allem auch: *Heidemarie Graul*, Künstlerische Urteile im Rahmen der staatlichen Förderungstätigkeit, 1970 und *Edith Schreyer*, Pluralistische Entscheidungsgremien im Bereich sozialer und kultureller Staatsaufgaben, 1982.

[47] Über kunsthistorische Verbildung (1909), abgedr. in: Deutsche Essays – Bd. 4: Neuere deutsche Essays I – ausgew. von Ludwig Rohner, 1972, S. 165ff. (S. 168).

nen. Für ein Blatt Papier mit den Linien der Radierung kann bei der selben Größe einmal fünf Pfennige, einmal fünftausend und (in selten Fällen) fünfzigtausend Mark und darüber bezahlt werden. Der Volkswirt weiß, daß Geld immer etwas ausdrückt. Und da bei bemalter Leinwand oder bedrucktem Papier nicht von einer Veredelung des Stoffes gesprochen werden kann wie bei der Verwandlung von Roheisen in Uhrfedern – an sich sind Farben und Leinwand durch den Maler zunächst verdorben –, so muß er nach einer anderen Ursache suchen."[48]

Der hier angesprochene Warencharakter von Kunst gelangt ironisch augenzwinkernd bei dem französischen Komponisten Francis Poulenc zum Ausdruck, der in einem Brief an eine Freundin schrieb:

„Wie ein Bauer, der sein Gemüse auf den Markt trägt, gehe ich heute für zwei Tage nach Paris, um Durand sieben Chöre a cappella auf Gedichte von Eluard und Apollinaire abzuliefern."[49]

Nicht weniger selbstironisch und humorvoll nimmt sich eine Bemerkung von Peter Tschaikowsky vom April 1893 aus:

„... ich gebäre jeden Tag ein Musikstück. (...) ich habe gar keine Lust sie zu schaffen und schaffe sie nur ums Geld." und vier Tage später berichtet er: „Ich fahre fort, musikalische Pfannkuchen zu backen. Heute wird der Zehnte gebacken."[50]

Eine deutlich geringere Dosis Esprit ist dagegen in die Formulierung einer Lehrmeinung eingeflossen, die sich in einem der verbreitetsten Standard-Lehrbücher (30 Auflagen!), dem Deutschen Staatsrecht von Maunz/ Zippelius, zum Thema Kunstbegriff und Kunstförderung findet:

„Die Einordnung der Kunst in die geistigen Freiheiten läßt es aber nicht zu, als Kunst jedes zur Meisterschaft entwickelte Können zu bezeichnen, worunter z.B. auch die Kochkunst fiele. Andererseits darf auf das Erfordernis eines – nicht stilgebundenen – meisterhaften Könnens nicht verzichtet werden (...)."[51]

Und in einem späteren Abschnitt heißt es:

„Weder der Gleichheitsgrundsatz noch das Neutralitätsprinzip verbieten es jedoch dem Staat, weltanschaulich neutrale qualitative Unterscheidungen zwischen mehr oder minder förderungswürdigen Unternehmungen zu treffen. So liegt es z.B. schon im recht verstandenen Kunstbegriff, daß auch die ‚Meisterhaftigkeit' der geförderten Leistung eine Rolle spielen darf."[52]

---

[48] Erziehung des Auges – Ausgewählte Schriften, 1991, S. 167.

[49] Korrespondenz 1915–1963, Paris 1967, zit. nach dem Text der Übersetzung für den Arche-Musikkalender 1999 (04.–10.01.1999).

[50] Zit. nach *Everett Helm*, Peter Tschaikowsky, 12. Aufl., 1998, S. 118.

[51] *Maunz/Zippelius*, Deutsches Staatsrecht, 30. Aufl., 1998, § 24 II 3.

[52] S. ebd., § 26 I 1. Nicht nur anachronistisch und bedeutungsleer, sondern im Tonfall nicht frei von Vermessenheit und befremdlich mutet es an, wenn *Theodor Maunz*, Kunstfreiheit und Kunstpflege, BayVBl. 1970, S. 354ff. (354) der öffentlichen Verwaltung im Zusammenhang mit kulturfördernden Maßnahmen die Aufgabe zuweist, daß sie erkennen soll, „was sich als künstlerische Leistung darstellt" und

Formeln dieser und verwandter Art, die bei näherer Prüfung antiquiert und bedeutungsleer erscheinen, sind nicht nur unvereinbar mit Art. 5 Abs. 3 S. 1 GG, – sie stehen auch im scharfen Kontrast zu der prinzipiellen Unmöglichkeit, zu „kunstrichterlichen Letztentscheidungen" gelangen zu können.

Nicht nur wegen dieser Einsicht, sondern auch vor dem Hintergrund der wiedergegebenen Zitate, lohnt ein Blick auf die überaus entschiedenen Meinungsäußerungen, die Schriftsteller zur fachlichen Entscheidungskompetenz von Juristen in Angelegenheiten der Kunst publiziert haben.

Mit der ihm eigenen ätzenden Polemik hat sich Kurt Tucholsky in den zwanziger Jahren Bevormundungsversuche durch Strafverfolgungsbehörden und Gerichte verbeten:

> „Daß Lovis Corinth Präsident der Sezession und Akademieprofessor ist, braucht der Staatsanwalt nicht zu wissen; (...). Aber er mag zur Kenntnis nehmen, daß die deutschen Schriftsteller, die deutschen Maler und die deutschen Verleger nicht gesonnen sind, sich den Bütteleingriff eines Mannes gefallen zu lassen, der außerstande ist, einen Nacktanz in der Motz-Straße von einer Radierung Corinths zu unterscheiden."[53]

Und zu einer die Sicherstellung von Werken Aubrey Beardslys bestätigenden reichsgerichtlichen Entscheidung, in der die Richter die Ansicht vertraten, daß „eine Zote nicht darum weniger, eine Zote" sei, „weil ihr ein

---

sie hierbei „die ‚Spreu vom Weizen sondern'" solle. Ähnlich dezidiert für das Kriterium „höheres Kunstinteresse": *Hans-Christoph v. Ebner*, Musikanten – Musiker: Gewerblich oder freiberuflich Tätige, GewArch 1994, S. 393ff.; – einen bemerkenswerten Einblick in die Vorstellungswelt juristischer Kunstbewertung gestattet der Verfasser dieses Aufsatzes, wenn er ausführt: „Abgesehen von Komponisten üben Musiker ja – insoweit den ‚Kopisten' in der Malerei vergleichbar – eine (lediglich) reproduzierende Tätigkeit aus, nämlich die Wiedergabe von Kompositionen anderer Künstler. Je mehr sich der Interpret klassischer Musik, beispielsweise ein Pianist, darum bemüht, etwa den ‚Militärmarsch Nr. 1' von Schubert möglichst werkgetreu (quasi sklavisch bzw. computermäßig) nach den vom Komponisten vorgegebenen Noten, Takt-, Tempo- und Lautstärkeangaben stilrein zu spielen, um so weniger kommt dabei eine eigene ‚freie schöpferische Gestaltung' im Sinne der (...) Rechtsprechung des Bundesverfassungsgerichts zum Ausdruck (sie hat sogar eine Tendenz gegen ‚Null', wenn ein solcher Pianist etwa ein Klavierstück ‚haargenau' so spielen will, wie es von der Schallplatte einer ‚Originalaufnahme' vom Spiel seines Komponisten zu hören ist). So gesehen stellen eigentlich erst ‚eigenwillige' Interpretationen klassischer Werke durch (darob berühmte) Musiker oder Dirigenten ‚freie schöpferische Gestaltungen' im Sinne dieser Rechtsprechung dar." – Als Bewertung dieser Ausführungen mag hier der Hinweis auf das berühmte Bonmot *Gustav Mahlers* genügen, daß „in der Partitur eines Werkes alles zu finden sei, nur nicht die Musik."

[53] GW Bd. 2, S. 444.

Dichter oder Künstler das gefällige Gewand seiner Kunst leiht (...)", merkte Tucholsky frostig an:

„Eine Dummheit ist nicht darum weniger eine Dummheit, weil ihr ein Richter das gefällige Gewand seines roten Talars leiht. (...) Der Künstler hat nicht vorher beim Reichsgericht anzufragen ob er ein ‚vorausgegangenes wollüstiges Erlebnis' zur Darstellung bringen dürfe oder nicht. Wer überhaupt eine solche Sprache führt, ist nicht legitimiert, über Kunstwerke irgendwelche Urteile abzugeben."[54]

Sehr viel milder nimmt sich demgegenüber die Ansicht Georg Hensels aus:

„Hat ein Intendant das Recht, die Inszenierung eines von ihm engagierten Regisseurs abzuändern, wenn sie ihm unsinnig und geeignet erscheint, das Publikum aus dem Theater zu treiben? In Düsseldorf ist diese Frage um Haaresbreite einer juristischen Entscheidung entzogen worden. (...) Wenige Tage vor dem schon festgelegten Verhandlungsbeginn haben sich die Parteien auf einen Vergleich geeinigt. Das Düsseldorfer Schauspielhaus hat Schells Inszenierung und Schell hat seine Klage gegen Stroux zurückgezogen: ‚Pygmalion' findet in Düsseldorf sowenig statt wie ein Prozeß. Für ihre Klugheit sind die Anwälte von Stroux und Schell ebenso hoch zu rühmen wie Schell und Stroux, die den Rat ihrer Anwälte angenommen haben: (...) Es gibt Probleme, die juristisch nur auf eine einzige Art zu lösen sind: indem man sie nicht löst."[55]

c) Eigene Position

Wertungsentscheidungen sind im Zusammenhang mit und als Voraussetzung für Förderungsentscheidungen im Rahmen der Kunst- und Kultursubventionsgewährung unerläßlich.

Um verfassungsrechtlich bedenkliche, auf die inhaltliche und damit künstlerische Qualität und Leistungshöhe bezogene kunstrichterliche Bewertungen vermeiden und den Verstoß gegen das aus Art. 5 Abs. 3 S. 1 GG resultierende Verbot der Ausübung eines staatlichen Kunstrichteramtes entgehen zu können, ist als Entscheidungskriterium allein auf den genau definierten Förderungszweck der Subventionsmittelgewährung abzustellen.

Eine Ablehnungsentscheidung darf demgemäß nicht auf (die behauptete) mangelnde künstlerische Gestaltungsqualität abheben, sondern (lediglich) die Nichterfüllung des präzise festgelegten Förderungszwecks als Begründungsbasis heranziehen.

Für das Fallbeispiel des Zugangs zu einer Kunstausstellung, die einen repräsentativen Überblick über das Schaffen bildender Künstler einer Stadt in einem bestimmten Zeitraum (z.B. 1950–1999) geben soll, ergibt sich

---

54 GW Bd. 3, S. 283.

55 *Georg Hensel*, Wider die Theaterverhunzer – 13 polemische Predigten, Erstausgabe 1972, S. 41 f.

etwa die folgende Konsequenz: Bei begrenzten Auswahlkapazitäten, die stets gegeben sein dürften, und der daraus folgenden Erforderlichkeit, eine Auswahl treffen zu müssen, lassen sich von der künstlerischen Qualität abstrahierte Auswahlkriterien bilden (Zeitrahmen; ein Werk pro Jahr etc.). Auch wenn hierbei genügend Spielraum verbleibt, um über die Erfüllung des Repräsentativitätskriteriums zu streiten, kann insoweit der künstlerische Wert als solcher der Bewertung entzogen bleiben. Die Definition des Ausstellungs- und Förderungszwecks: „Präsentation großer Kunst" wäre daher für Subventionsgewährungen durch die öffentliche Hand als unzulässig anzusehen.

Kapitel 10

Die Geltung des Grundsatzes des „Vorbehalt(s) des Gesetzes" auf dem Sektor der öffentlichen Kunst- und Kulturförderung

I. Die verfassungsrechtliche Herleitung

Als elementares Prinzip verfassungsrechtlich abgesicherter Rechtsstaatlichkeit ist in Art. 20 Abs. 3 GG der im Wortlaut dieser Grundgesetznorm zwar nicht ausdrücklich genannte, aber als immanent vorausgesetzte Grundsatz des „Vorbehalt(s) des Gesetzes" verankert.[1]

Im allgemeinen Begriffsverständnis bedürfen Akte der öffentlichen Hoheitsgewalt nach dem Gebot dieses Grundsatzes, dessen Reichweite sich aus dem Normtext des Art. 20 Abs. 3 GG selbst nicht ablesen, sondern nur im Wege der Interpretation gewinnen läßt, der Grundlage eines förmlichen Gesetzes.[2] Die herkömmliche Begriffsdeutung geht in Bezug auf dieses Erfordernis davon aus, daß die öffentliche Verwaltung für ihre Tätigkeit eine normative Ermächtigung benötigt, die zumindest in einer ihrerseits auf förmlich-gesetzlicher Rechtsgrundlage beruhenden Rechtsverordnung der Exekutive oder aber einem anderen materiellen Gesetz, etwa der Satzung einer juristischen Person des öffentlichen Rechts, bestehen muß.[3]

---

[1] *Konrad Hesse*, Grundzüge des Verfassungsrechts der Bundesrepublik Deutschland, 20. Aufl. 1995 (Nachdruck 1999), Rdnr. 201; vgl. hierzu auch *Hartmut Maurer*, Allgemeines Verwaltungsrecht, 12. Aufl. 1999, § 6 Rdnr. 4, der die Herleitungsmöglichkeit unmittelbar aus Art. 20 Abs. 3 GG zwar bezweifelt, aber eine präzise Deduktion dahingestellt sein läßt und den „Vorbehalt des Gesetzes" „jedenfalls (...) aus der parlamentarischen Demokratie und der Rechtsstaatlichkeit sowie aus den Grundrechten" fließen sieht; s. weiter *Fritz Ossenbühl*, Vorrang und Vorbehalt des Gesetzes, HdbdStR Bd. III, 1988, S. 315 ff., der das Rechtsstaatsprinzip und das Demokratieprinzip als „die beiden tragenden verfassungsrechtlichen Säulen des Gesetzesvorbehalts." (Rdnr. 33) benennt.

[2] *Konrad Hesse*, ebd.; *Hartmut Maurer*, o. Fußn. 1, § 6 Rdnr. 8 verwendet in diesem Zusammenhang die auch sonst anzutreffende Bezeichnung „formelle(s) Gesetz (Parlamentsgesetz)".

[3] *Michael Kloepfer*, Der Vorbehalt des Gesetzes im Wandel, JZ 1984, S. 685 ff. (694), der insofern hinsichtlich materieller Gesetze (Rechtsverordnungen und/oder Satzungen) von einem „aus der Idee der gerechtigkeitssichernden Gesetzesherrschaft" abgeleiteten „Rechtssatzvorbehalt" spricht (S. 693 f.).

1. Die begrifflichen Wurzeln aus der Eingriffsverwaltung

Die aus der Vorstellungswelt des Konstitutionalismus des 19. Jahrhunderts tradierte Auffassung, wonach die Beachtung des „Vorbehalt(s) des Gesetzes“ auf das Gebiet der (klassischen) Eingriffsverwaltung zu beschränken sei,[4] ist durch die Inkraftsetzung des Grundgesetzes, die zu einer nachhaltigen Aufwertung des parlamentarisch-demokratischen Prinzips und der Bindung jeglicher Ausübung staatlicher Hoheitsgewalt an rechtliche Grundlagen geführt hat, überholt worden.[5]

In der Konsequenz dieser Entwicklung steht, daß der Gesetzesvorbehalt seit Beginn der siebziger Jahre vor allem als (gesetzgeberischer) Parlamentsvorbehalt[6] gedeutet wird, dessen vordringliche Funktion darin gesehen wird, den Vorbehaltsbereich des demokratischen Parlamentsgesetzes[7] bzw. des parlamentarischen Gesetzes[8] abzustecken und zu sichern.[9]

Die Entwicklung des rechtsstaatlichen Gesetzesvorbehalts zum demokratischen Parlamentsvorbehalt ist heute weitgehend anerkannt.[10]

Der Wandel des Eingriffstaates des 19. Jahrhunderts hin zum modernen Staat, dem vor allem im weiten Bereich der Sozialgestaltung – bezogen auf das Inkrafttreten des Grundgesetzes bereits in „vorkonstitutioneller“ Zeit – neue Aufgaben zuwuchsen[11] und desweiteren die grundgesetzlich prädisponierte, stetig zunehmende Betonung leistungsstaatlicher Komponenten des Verfassungsrechts – in objektivrechtlicher Hinsicht (Sozialstaatsgebot, kulturstaatlicher Förderungsauftrag) ebenso wie in der subjektiv-rechtlichen Dimension der Grundrechte[12] (zumindest im Verständnis „derivativer Teil-

---

[4] Zum historischen Hintergrund s. *Hartmut Maurer*, § 2 Rdnr. 5 f. und § 6 Rdnr. 9; vgl. auch *Jost Pietzcker*, Vorrang und Vorbehalt des Gesetzes, JuS 1979, S. 710 ff. (S. 712: „Historischer Rückblick“), sowie *Michael Kloepfer*, S. 685 f.

[5] *Hartmut Maurer*, § 6 Rdnr. 9, *Konrad Hesse*, o. Fußn. 1, Rdnr. 509.

[6] Die Prägung dieses Begriffes geht zurück auf *Peter Häberle*, Berufs„ständische“ Satzungsautonomie und staatliche Gesetzgebung, DVBl. 1972, S. 909–913 (S. 912 Anmerkung 49), wieder abgedruckt in: ders., Kommentierte Verfassungsrechtsprechung, 1979, S. 138 ff. (S. 148 – Anmerkung 49) mit: Nachtrag 1978, S. 151 f. (S. 151 mit Hinweis auf die Vorbereitung des Begriffs durch die Wendung: Erfordernis eines Parlaments-Gesetzes, in: *ders.*, Berufsgerichte als „staatliche“ Gerichte, DÖV 1965, S. 369–374 (S. 374), wieder abgedruckt in: ders., Kommentierte Verfassungsrechtsprechung, S. 347 ff. (S. 357), mit Nachtrag 1978, S. 358 ff.).

[7] *Peter Häberle*, Kommentierte Verfassungsrechtsprechung, S. 148.

[8] *Ders.*, ebd., S. 359.

[9] S. auch *ders.*, Gemeinwohljudikatur und Bundesverfassungsgericht, in: ders., Kommentierte Verfassungsrechtsprechung, o. Fußn. 6, S. 308 ff. (S. 314 und 315).

[10] So zu Recht: *Brun-Otto Bryde*, Geheimgesetzgebung: Zum Zustandekommen des Justizmitteilungsgesetzes, JZ 1998, S. 115 ff. (S. 115 f.).

[11] *Michael Kloepfer*, S. 686.

haberechte"[13]) angelegt – führten zu einer erheblichen Ausweitung des leistungsstaatlichen Tätigkeitsfeldes der öffentlichen Hände.

Die hierdurch vermehrt und differenziert in der Verwaltungspraxis auftretenden leistungsrechtlichen Problemstellungen[14] haben, nicht zuletzt wegen der Fraglichkeit des Erfordernisses existenter leistungsgesetzlicher Grundlagen der darreichenden Verwaltung, eine überaus weitgreifende Bedeutungssteigerung erfahren.

2. Die Erweiterung auf den Bereich der Leistungsverwaltung

Über die Geltungsreichweite des Gesetzesvorbehaltes, dieses „ewige(n) Thema(s) des deutschen Staatsrechts"[15], ist bis heute keine Einigkeit erzielt worden.

Der essentielle Sinn des verfassungsrechtswissenschaftlichen Bemühens, die Grenzen des Gesetzesvorbehaltes zu bestimmen, läßt sich in der „Frage nach der Regelungsbefugnis und zugleich nach der Regelungspflicht des Gesetzgebers"[16] verdichten.

Die Fragestellungen, ob das Aktionsfeld der Leistungsverwaltung überhaupt von diesem elementaren Verfassungsprinzip erfaßt[17] wird und gegebenenfalls in welchem Umfange, ob daher als Rechtsmäßigkeitsvoraussetzung der Zuwendung öffentlicher Mittel seitens des Staates oder kommunaler Körperschaften an Rechtssubjekte des Privatrechts gesetzliche Grundlagen zu verlangen sind und, sofern man die Prämisse bejaht, welche Rechtsqualität ihnen zukommen muß, zählen jedenfalls im Subventionsrecht immer noch zu den zentralen und umstrittensten Themenbereichen[18].

---

[12] Grundlegend zum Themenkreis der leistungsstaatlichen Dimension grundrechtlicher Normen des Grundgesetzes: *Peter Häberle*, Grundrechte im Leistungsstaat, VVDStRL 30 (1972), S. 43–141.

[13] Zu diesem Begriff: *Konrad Hesse*, Rdnr. 289 (in Abgrenzung zu „originären", „unabhängig von vorhandenen, gesetzlich geregelten Leistungssystemen" bestehenden Teilhaberechten (Rdnr. 289, S. 131): „Derivative Teilhaberechte": Anspruch auf gleiche Teilhabe in bestehenden Leistungssystemen bei gleichheitssatzwidrigen Differenzierungen aus Art. 3 Abs. 1 GG gegebenenfalls in Verbindung mit einschlägigen Freiheitsgrundrechten (Rdnr. 289, S. 132)).

[14] *Rolf Stober*, Der Vorbehalt des Gesetzes und Verwaltungsvorschriften im Subventionsrecht, GewArch 1993, S. 136ff. (136).

[15] *Fritz Ossenbühl*, Buchbesprechung: R. Hermes, Der Bereich des Parlamentsgesetzes, 1988, in: DVBl. 1990, S. 1123f. (1123).

[16] *Fritz Ossenbühl*, Vorrang und Vorbehalt, Rdnr. 51.

[17] *Hartmut Maurer*, § 6 Rdnr. 13.

[18] *Hans Herbert v. Arnim*, Zur „Wesentlichkeitstheorie" des Bundesverfassungsgerichts, DVBl. 1987, S. 1241ff. (1248); s. auch *Rolf Stober*, Der Vorbehalt, S. 136, dessen Aussage allerdings ausdrücklich auf das Wirtschaftsrecht bezogen ist. Für

Gerade für das zahlreiche Spezifika aufweisende Gebiet der Kunst- und Kultursubventionen trifft dies in besonderer Weise zu. Speziell in Bezug auf die von den Gemeinden zu leistende Verwaltungstätigkeit öffentlicher Kulturarbeit ist wegen der zumeist fehlenden gesetzlichen Regelungen der Erfüllung dieser Selbstverwaltungsaufgaben nicht zu Unrecht von einem „Normenvakuum im Kulturbereich“ gesprochen worden.[19]

3. Ablehnung des „Totalvorbehaltes“

Die am weitesten gehende Auffassung von einem die gesamte Tätigkeit der Verwaltung erfassenden „Totalvorbehalt“, unter dem „die vollkommene Abhängigkeit der Exekutive von der Legislative“ verstanden wurde und demzufolge kein Exekutivakt rechtmäßig ergehen könnte, zu dem nicht ein Gesetz ermächtigte[20], selbst wenn die Verwaltungshandlung begünstigende Wirkungen entfalten würde[21], vermochte sich nicht durchzusetzen.[22]

An der Ablehnung der ausnahmslosen Unterwerfung des Tätigkeitsbereiches der Verwaltung – einschließlich der leistungsstaatlichen Subventionsgewährung – ist festzuhalten, da der vollziehenden Gewalt ein von ihr für sich reklamierter eigener verfassungsgeschützer Handlungsbereich[23] zuzugestehen ist.

Dadurch, daß Art. 20 Abs. 2 Satz 1 GG das Prinzip der Legitimation aller Staatsgewalt durch das Volk[24] konstituiert und Art. 20 Abs. 2 Satz 2 GG normiert, daß die Ausübung der Staatsgewalt seitens des Staatsvolkes

---

Kunst- und Kultursubventionen besitzt diese Feststellung jedoch in mindestens gleichermaßen ausgeprägtem Umfang Gültigkeit.

[19] *Joachim Küppers/Harald Müller*, Kommunale Rechtssetzung im Kulturbereich, 1994, S. 1; die Autoren gewinnen diesem Umstand aber auch positive Seiten ab, da die kommunalen Körperschaften dadurch einen breit gefächerten Handlungs- und Ermessensspielraum erhielten, in dem sie frei von staatlichen Reglementierungen bürgernahe Kulturpolitik gestalten könnten. Zwar weist *Hartmut Maurer*, § 6 Rdnr. 13 darauf hin, daß für gesetzlich geregelte Bereiche der Leistungsverwaltung (z.B. die Sozialhilfegewährung) die aktuelle Bedeutung der Streitfragen verloren gegangen sei; gerade weil es sich bei der Leistung von Kunst- und Kulturförderungsmitteln um eine weitestgehend gesetzlich ungeregelte Rechtsmaterie handelt, trifft die Einschränkung Maurers für diesen Bereich aber nicht zu.

[20] So grundlegend *Dietrich Jesch*, Gesetz und Verwaltung, 2. Aufl. 1968, S. 34.

[21] Vgl. *Hans D. Jarass/Bodo Pieroth*, Grundgesetz für die Bundesrepublik Deutschland – Kommentar, 4. Aufl. 1997, Rdnr. 30 zu Art. 20 (ablehnend gegenüber dem „Totalvorbehalt“).

[22] *Walter Krebs*, Zum aktuellen Stand der Lehre vom Vorbehalt des Gesetzes, JURA 1979, S. 304ff. (S. 308: „Die These ... hat in der deutschen Staatsrechtslehre kaum Anhänger gefunden.“); vgl. weiterhin *Hartmut Maurer*, o. Fußn. 1, § 6 Rdnr. 10.

[23] *Fritz Ossenbühl*, Vorrang und Vorbehalt, Rdnr. 51.

in Wahlen und Abstimmungen sowie durch besondere Organe der Gesetzgebung, der vollziehenden Gewalt und der Rechtsprechung erfolgt, ist die Exekutive – jedenfalls vom Grundsatz her – in die Ausstrahlungswirkung der genannten demokratischen Legitimationsquellen[25] einbezogen.

4. Rechtliche Grundlagen der Subventionsvergabe

Ungeachtet aller ausdifferenzierten Unterschiede in den Details der verfassungsrechtlichen Konstruktionen unterliegt es indessen im Ergebnis keinem Zweifel, daß die Vergabe von Subventionen aufgrund des Geltungsanspruchs des Gesetzesvorbehaltes einer ausreichenden rechtlichen Grundlage bedarf.[26]

Die Rechtsprechung[27] und die herrschende Ansicht der Literatur[28] halten die hieraus resultierenden Anforderungen grundsätzlich dann für erfüllt, wenn die etatmäßige Bereitstellung der für die Subventionsvergabe erforderlichen Mittel in haushaltsrechtlichen Vorschriften (Haushaltsgesetz bzw. Haushaltsplan) erfolgt, die Zweckbestimmung (i. S. eines öffentlichen Interesses an) der Subvention festgeschrieben worden ist und sich die Subventionsgewährung im Rahmen des dem handelnden Hoheitsträger zugewiesenen Zuständigkeits- und Aufgabenbereiches bewegt, wobei das verfahrensrechtliche Procedere der Mittelverteilung in internen Verwaltungsvorschriften (Vergaberichtlinien, Förderungsrichtlinien, Subventionsrichtlinien etc.) ausgestaltet werden kann.

Die für ausreichend erachtete Legitimation dieser sogenannten „Haushaltsetat-“[29] (bzw. „Etattitel-“[30])subventionierung, deren Anwendungsbe-

---

[24] S. hierzu *Christoph Gusy*, Der Vorrang des Gesetzes, JuS 1983, S. 189ff. (190).

[25] Begriff bei *Hans D. Jarass/Bodo Pieroth*, Rdnr. 4 zu Art. 20; zu der hinreichenden Legitimation (insbes. durch eine „ununterbrochene Legitimationskette“) der mit staatlichen Aufgaben betrauten Organe und Amtswalter s. ebd. Rdnr. 8 zu Art. 20.

[26] *Olaf Reidt*, in Hans D. Jarass, Wirtschaftsverwaltungsrecht, 3. Aufl. 1997, S. 160.

[27] *BVerwGE* 6, 282 (287); *BVerwG*, DVBl. 1963, 859; *BVerwG* NJW 1977, 1839; *BVerwG*, DVBl. 1978, 212ff. Zur „Linie“ dieser Judikatur s. auch *Hans D. Jarass*, Der Vorbehalt des Gesetzes bei Subventionen, NVwZ 1984, S. 473ff. (474f.) und *Hans J. Wolff/Otto Bachof/Rolf Stober*, Verwaltungsrecht I, 10. Aufl. 1994, Rdnr. 14 zu § 30.

[28] Vgl. z.B. *Hartmut Maurer*, § 6 Rdnr. 14; *Olaf Reidt*, S. 160f.; *Wilfried Berg*, Wirtschaftsverwaltungsrecht, in: *Berg/Knemeyer/Papier/Steiner*, Staats- und Verwaltungsrecht in Bayern, 6. Aufl. 1996, Rdnr. 48 u. 49; *Rolf Stober*, S. 137, 145; *Hans D. Jarass/Bodo Pieroth*, o. Fußn. 20, Rdnr. 32 zu Art. 20.

[29] *Rolf Stober*, S. 137.

reich jedoch nur die Vergabe direkter Subventionen unterfällt und aus dem „Verschonungssubventionen" auszugrenzen[31] sind, beruht nach dem entwickelten Ansatz auf der parlamentarischen Willensäußerung, die der Haushaltsausweisung der Subventionsmittel zugrunde liegen muß;[32] die parlamentarische Verabschiedung des Haushaltsgesetzes durch die hierzu (verfassungs-)gesetzlich berufenen Rechtssetzungskörperschaften stellt ja ohnedies die entscheidende Voraussetzung für dessen wirksamen Erlaß und sein Inkrafttreten dar.

Unter diesem Gesichtspunkt vermag ein entsprechendes Haushaltsgesetz den Vorgaben des Gesetzmäßigkeitsgrundsatzes beim Subventionsvergabeverfahren in spezifischer Weise selbst Rechnung zu tragen: Auch insoweit kommt dem unmittelbar demokratisch legitimierten parlamentarischen Entscheidungsträger die grundlegende und maßgebliche Kompetenz zu, sowohl über das „Ob" als auch über die Zielsetzungen, Ausgestaltung und Grenzen einer Subventionsgewährung zu bestimmen; die im Haushaltsgesetz durch parlamentarische Entscheidungen getroffene Festlegungen entfalten gegenüber der Verwaltung ebenso eine Bindungswirkung wie jede andere gesetzliche Norm[33]: Letzteres folgt aus dem aus Art. 20 Abs. 3 GG herzuleitenden rechtstaatlichen Prinzip des „Vorrangs des Gesetzes."[34].

---

[30] *Ders.*, ebd., S. 145; sowie *ders.*, Besonderes Wirtschaftsverwaltungsrecht, 11. Aufl. 1998, S. 279.

[31] *Wilfried Berg*, Wirtschaftsverwaltungsrecht, Rdnr. 48 (Direkte Subventionen unterliegen (lediglich) den Restriktionen des Haushaltsrechts; hingegen besteht bei „Verschonungssubventionen" dann, wenn sie rechtlich als Steuervergünstigungen einzuordnen sind, ein strenger Gesetzesvorbehalt. Die Befreiung von gesetzlichen Abgabepflichten bedarf selbst zwingend einer gesetzlichen Regelung.).

[32] Die grundlegende Formulierung der Rechtssprechungsposition findet sich erstmals in: *BVerwG*, DVBl. 1963, 859: „Nach der Rechtsprechung des BVerwG [Bezug auf BVerwGE 6,282 (287f.)] kommt für die leistungsgewährende Verwaltung neben dem förmlichen Gesetz auch eine andere parlamentarische Willensäußerung, insbesondere etwa die etatmäßige Bereitstellung der erforderlichen Mittel, als hinreichende Legitimation verwaltungsmäßigen Handelns in Betracht."

[33] *Rolf Stober*, S. 146f., der die Verwaltung durch die Zweckbestimmungen des Haushaltsplanes ebenso gebunden sieht wie durch ein förmliches Gesetz und der zudem überzeugend darlegt, daß das Parlament nicht nur als Verhinderungsinstrument fungiert, sondern eine Gestaltungsrolle wahrnimmt; „Teleologisch will der Parlamentsvorbehalt den Primat des parlamentarischen Gesetzgebers sichern. Seine Aufgabe ist es, die grundsätzlichen Weichen auch im Subventionsrecht zu stellen. Diese Bedingung ist erfüllt, weil das Parlament mitwirkt und zustimmt." (S. 146).

[34] Zu diesem *Konrad Hesse*, Rdnr. 200 und 508, sowie *Christoph Gusy*, Der Vorrang, S. 189ff.

5. Einschränkungen der Haushaltstitelsubventionierung

In Abweichung von der Konzeption der Haushaltstitelsubventionierung wird eine eigens gesetzlich normierte Rechtsgrundlage der Subventionsvergabe bei speziell gelagerten Sachverhaltskonstellationen in verfassungsrechtlich besonders heiklen Förderungsbereichen gefordert und zwar namentlich dann, wenn, bedingt durch die öffentlich-rechtliche Leistungsgewährung

- ein Eingriff in die Grundrechtssphäre eines Dritten[35], etwa eines (existentielle) Nachteile erleidenden Konkurrenten[36] zu befürchten steht; hinsichtlich der Vergabe von Kunst- und Kulturförderungsmitteln ist die Problematik einer solchen Konkurrenzsituation – der fördernde Staat setzt, in dem er sich einem zuwendet, einen anderen zurück bzw. schließt ihn aus – schon früh[37] herausgearbeitet und seither bis in die jüngste Zeit immer wieder hervorgehoben worden[38];
- der Subventionsempfänger selbst, um in den Genuß der Zuwendung zu gelangen, sich in eine Situation begibt, in der er freiheitsbeschränkenden (grundrechtsrelevanten) Eingriffswirkungen[39] gleichstehende Beeinträchtigungen hinzunehmen hat; im Kontext der Kunst- und Kultursubventionierung findet sich diese Problematik – vornehmlich unter Heranziehung des Schlagworts vom „goldenen Zügel" – thematisiert.[40]

Über diese Grundkonstellationen hinausgehend ist eine spezialgesetzlich normierte Fundierung der Leistungsgewährung zur Wahrung der freiheitssichernden Regelungen der Gewaltenteilung auch dann für unerläßlich erachtet worden, sofern die Subventionierung in besonders grundrechtssensible Bereiche hineinwirkt: Dies sei z.B. bei der (Lenkungseffekte entfaltenden) staatlichen Förderung der Kunst der Fall: Gerade weil dem Gebot der Staatsfreiheit für die Ausübung des Grundrechtes aus Art. 5 Abs. 3 S. 1 G grundlegende Bedeutung zukomme[41] und die hieraus folgende, jede

---

[35] *Hartmut Maurer*, § 6 Rdnr. 14.

[36] *Wilfried Berg*, Wirtschaftsverwaltungsrecht, Rdnr. 49.

[37] *Ernst Rudolf Huber*, Zur Problematik des Kulturstaats, in: Peter Häberle (Hrsg.), Kulturstaatlichkeit und Kulturverfassungsrecht, 1982, S. 122ff. (126).

[38] S. nur z.B. *Michael Mihatsch*, Öffentliche Kunstsubventionierung, 1989, S. 44ff. und *Birgit Geißler*, Staatliche Kunstförderung nach Grundgesetz und Recht der EG, 1995, S. 45.

[39] Kritisch zu diesem Ansatz: *Rolf Stober*, S. 141ff. m.w.N.

[40] *Michael Mihatsch*, S. 42ff. Gerade die Auffassung von *Ulrich Scheuner*, Die Bundesrepublik als Kulturstaat, in: Bitburger Gespräche 1977/78, S. 113ff. (S. 132: „Der Künstler, der staatliche Aufträge entgegennimmt, muß sich auch Bindungen unterwerfen und kann sich demgegenüber nicht auf eine gewährleistete Freiheit berufen.") läßt die Brisanz der von dem „goldenen Zügel" ausgehenden Restriktionen in aller Deutlichkeit erahnen.

[41] *Wilfried Berg*, Wirtschaftsverwaltungsrecht, Rdnr. 49.

Parteinahme für bestimmte Künstler oder Kunstrichtungen ausschließende Neutralitätspflicht es gebiete[42], müsse die Förderung der Kunst unter den Vorbehalt des Gesetzes gestellt werden. Der Gesetzgeber trage dann die Verpflichtung, die „Förderungsvoraussetzungen generell-abstrakt unter strenger Beachtung des Gleichheitssatzes“ festzulegen; die Verwaltung habe sich hiernach zu richten, wenn sie im Einzelfall Hilfen gewähren wolle.[43]

6. Probleme der „Wesentlichkeitsbestimmung“

Diese Auffassung steht im Einklang mit der vom Bundesverfassungsgericht im Zusammenhang mit der Bestimmung der Geltungsreichweite des Gesetzesvorbehalts entwickelten „Wesentlichkeitstheorie“[44], deren Essenz in dem Gebot besteht, daß der parlamentarische Gesetzgeber die wesentlichen Entscheidungen im staatlichen Gemeinwesen selbst durch förmliches Gesetz zu regeln hat[45]. Dadurch führt die „Wesentlichkeitstheorie“ zu einer Einschränkung der Rechtsverordnungs- und Satzungsgewalt und stellt somit gewissermaßen ein partielles Delegationsverbot für den parlamentarischen Gesetzgeber auf[46].

Klärungsbedürftige Ungewißheiten in der Rechtsprechung und Lehre können nach wie vor hinsichtlich der definitorischen Umgrenzung dessen auftreten, was „wesentlich“ ist, in welchem Umfang der parlamentarische Gesetzgeber gegebenenfalls die regelungsbedürftigen Bereiche selbst normieren muß und welchen Bestimmtheitsgrad (Regelungsdichte[47]) von seinen eigenen gesetzgeberischen Festlegungen verlangt werden darf.[48] Als konsensfähige „Grundpositionen“ haben sich jedoch inzwischen die nachfolgenden Auffassungen herausgeschält:

Entscheidungen öffentlich-rechtlicher Hoheitsträger, die auf grundrechtsrelevante Bereiche beschränkend oder in sonst für die Verwirklichung von

---

[42] *Ingolf Pernice*, in: H. Dreier (Hrsg.), Grundgesetz-Kommentar, Bd. 1, 1996, Art. 5 III (Freiheit der Kunst), Rdnr. 47 (S. 455).

[43] *Wilfried Berg*, Wirtschaftsverwaltungsrecht, Rdnr. 49. Ablehnend gegenüber der Haushaltstitel-Subventionierung im Hinblick auf die Verteilung staatlicher Mittel in Verfolgung *kulturpolitischer* Zielsetzungen auch: *Hartmut Maurer*, Rdnr. 14–16, s. vor allem Rdnr. 14 (Durch Gesetze muß die Vergabe im einzelnen bindend und voraussehbar festgelegt werden.) und Rdnr. 16 (In Anbetracht der beschränkten Mittel müssen die Grenzen und das Auswahlverfahren in einer gesetzlichen Regelung festgelegt werden.).

[44] BVerfGE 33, 1 (10f.); 47, 46 (78ff.); 49, 89 (126ff.).

[45] *Hans Herbert v. Arnim*, S. 1241; *Michael Kloepfer*, S. 690.

[46] *Michael Kloepfer*, ebd.

[47] S. zu diesem Begriff *Hartmut Maurer*, § 6 Rdnr. 11 und *Oliver Reidt*, Rdnr. 42 sowie unten im Text bei Fußn. 50.

[48] *Konrad Hesse*, Rdnr. 509.

Grundrechten bedeutsamer Weise einwirken, sind stets als „wesentlich" einzuschätzen.[49]

Die bei Erfüllung dieser Voraussetzungen für notwendig gehaltene Regelungsdichte unterliegt keiner statischen Bezugsgröße, sondern ist dynamisch an der zu erwartenden Grundrechtsintensität[50] der nachteiligen Wirkungen zu orientieren: Je empfindlicher und nachhaltiger die Grundrechtssphäre des betroffenen Rechtssubjekts berührt ist, desto präziser und restriktiver muß die Regelung durch den Gesetzgeber gefaßt werden.[51]

Soweit als grundrechtseinschränkende Gesetze auch Rechtsverordnungen und Satzungen als ausreichend erachtet werden, ist eine formell-gesetzliche Ermächtigungsgrundlage für den Erlaß der Rechtsnormen im (bloß) materiellen Sinne unerläßlich.[52]

Die konsequente Umsetzung dieser „Leitlinien" hätte – die von verfassungswegen bestehende Pflicht, ihre umfassende Geltung anzuerkennen, einmal unterstellt – zur Folge, daß bei spürbaren und nachhaltigen, Eingriffsqualität aufweisenden Einwirkungen[53] in den Schutzbereich der Kunstfreiheitsgarantie des Art. 5 Abs. 3 S. 1 GG, die Gewährung von Subventionen nur dann den Rechtmäßigkeitsanforderungen aufgrund des Gesetzesvorbehalts entspräche, wenn sie (direkt oder zumindest indirekt) auf die Rechtsgrundlage eines im parlamentarischen Gesetzgebungsverfahren erlassenen förmlichen Gesetzes zurückgeführt werden könnten.

II. Das Gebot einer modifizierenden Betrachtungsweise der Geltungsreichweite des Gesetzesvorbehalts in dem spezifischen Bedingungen unterliegenden Bereich kommunaler Kunst- und Kulturförderung

Zu einer Zuspitzung der Problemlage führt der empirische Befund, demzufolge sich die „kommunale Kulturarbeit (...) gegenüber den meisten anderen kommunalen Aufgabenbereichen" durch die Besonderheit auszeich-

---

49 *Konrad Hesse*, ebd. BVerfGE 61, 260 (275): Der Gesetzgeber ist verpflichtet, „... im Bereich der Grundrechtsausübung ... alle wesentlichen Entscheidungen selbst zu treffen." S. ferner BVerfGE 49, 89 (126); 77, 170 (230f.) sowie BVerwGE 65, 323 (325); 68, 69 (72).

50 *Oliver Reidt*, Rdnr. 42.

51 *Hartmut Maurer*, § 6 Rdnr. 11.

52 *Hans D. Jarass/Bodo Pieroth*, Rdnr. 35 Vorbemerkung zu Art. 1 und Rdnr. 33 zu Art. 20.

53 Durchaus anzunehmen z.B. bei Wettbewerbsverzerrungen auf dem Kunstmarkt, Neutralitätsgebotsverletzungen bei Bevorzugung einzelner Künstler und Kunstrichtungen oder existenzgefährdenden Konsequenzen.

net, daß „von Ausnahmen (z.B. Weiterbildung, Denkmalschutz)“ abgesehen „das kulturelle Geschehen in den Kommunen gesetzlich nicht geregelt“ ist.[54]

Die Annahme eines für allgemeinverbindlich erklärten, ausnahmslos zu beachtenden gesetzgeberischen Normierungsgebots im skizzierten weitgreifenden Umfang würde für die Subventionsgewährung der kommunalen Kunst- und Kulturförderung bedeuten, daß diese ebenfalls ganz generell dem Erfordernis eines (zumindest) vom parlamentarischen (Landes-) Gesetzgeber erlassenen Gesetzes unterworfen wäre.[55] Bei strikter Anwendung der Vorgaben dieser Konzeption dürfte die Vergabe einer städtischen Theatersubvention (an einen Privaten) demnach nur gewährt werden, wenn sie auf einer entsprechenden kommunalrechtlichen Theaterförderungssatzung beruhen würde, die sich ihrerseits auf die Ermächtigungsgrundlage eines (nach Maßgabe der Kulturhoheit) vom Landesgesetzgeber erlassenen Kulturförderungsgesetzes zurückführen ließe.

Abgesehen davon, daß es die Kulturförderungspraxis in der Bundesrepublik Deutschland allgemein (also auch die Förderungsmittelvergabe durch den Bund und die Bundesländer) kennzeichnet, daß die Existenz kultur(förderungs)gesetzlicher Rechtsgrundlagen ohnehin nur eine niedrig zu quantifizierende Ausnahme (z.B. Filmförderungsgesetze des Bundes) darstellt, begegnet die der strengen Geltung des Gesetzesvorbehaltes verpflichtete dogmatische Position aus anderen entscheidenden Gründen durchgreifenden Bedenken: Dem Postulat der spezialgesetzlichen Verrechtlichung des Sektors kommunaler Kunst- und Kultursubventionierung ist vor allem wegen der ihm inhärenten Beeinträchtigung der verfassungskräftig abgesicherten Verwaltungs- und Gestaltungsautonomie der Gemeinden eine Absage zu erteilen.

Die dem Landesgesetzgeber eingeräumte, dem Verfassungsrecht widerstreitende Hegemonie über den von den Kommunen eigenverantwortlich zu erfüllenden Bereich der Selbstverwaltungsaufgaben ist als ein unverhältnismäßiger Eingriff in die kommunale Selbstverwaltung abzulehnen.[56]

Die gegenwärtig in der Alltagsrealität anzutreffende kommunale Kunst- und Kulturförderungspraxis, die – jedenfalls soweit von der Zuwendung finanzieller Subventionsmittel die Rede ist[57] – nahezu ausschließlich in der

---

[54] *Ernst Pappermann*, Einführung, in: ders./Peter Michael Mombauer (Hrsg.), Kulturarbeit in der kommunalen Praxis, 2. Aufl. 1991, S. 1.

[55] Beispiele z.B. bei *Michael Schöneich*, Kulturgesetze – nein Danke!, der städtetag, 1989, S. 179 (Theatergesetze, Bibliotheksgesetze, Musikschulgesetze, die in rechtspolitischen Debatten – etwa in Nordrhein-Westfalen und Hessen – als Rechtsgrundlage der Förderung zwar diskutiert, aber letztlich nicht realisiert worden sind).

[56] So bereits *Michael Schöneich*, ebd.

[57] Zu den sogenannten Realförderungen s. unten Kap. 2 I. und II.

Form der Haushaltstitelsubventionierung auf der Grundlage der Haushaltssatzung erfolgt, vermag allerdings selbst dann in Übereinstimmung mit dem verfassungsrechtlichen Gesetzesvorbehaltsprinzip zu stehen, wenn eine die Kulturförderungstätigkeit explizit regelnde (einfach-)gesetzliche (Rahmen- oder Grundlagen-)Norm des parlamentarischen Gesetzgebers nicht existiert.

Vorauszusetzen ist jedoch, daß die nachfolgend dargelegten Grund- und Rahmenbedingungen als die Fundamente und Ausgangspunkte verfassungs- und rechtsstaatkonformer Legitimierung erfüllt sind und die skizzierten Grundsätze und Modalitäten beachtet werden.

1. Rechtliche Grundlagen der BayGO

Grundlegende rechtliche Basis jeglicher Kunst- und Kulturförderungsgewährung ist die von der Gemeinde gemäß Art. 63 Abs. 1 S. 1 BayGO für jedes Haushaltsjahr zu erlassende Haushaltssatzung, die aufgrund der Bestimmung des Art. 63 Abs. 2 S. 1 Nr. 1 BayGO die Festsetzung des Haushaltsplanes im Sinne von Art. 64 BayGO enthalten muß, in dem insbesondere alle für die Aufgabenerfüllung der Gemeinden zu erwartenden Einnahmen (Art. 64 Abs. 1 S. 1 Nr. 1 BayGO) einerseits und die (voraussichtlich) zu leistenden Ausgaben (Art. 64 Abs. 1 S. 1 Nr. 2 BayGO) andererseits aufzunehmen sind.

Nach Art. 65 Abs. 1 BayGO ist der Gemeinderat dazu berufen, in öffentlicher Sitzung über die Haushaltssatzung samt ihren Anlagen zu beschließen.[58]

Die Rechtssetzungsgewalt der Gemeinden, die sie mit der Befugnis ausstattet, zur Regelung von Selbstverwaltungsangelegenheiten in der Gestalt (autonomer[59]) Satzungen eigenes (Orts-)Rechts zu setzen, wird zurecht als wesentlicher Ausdruck der Innehabung hoheitlicher Gewalt und der kommunalen Autonomie[60] angesehen, deren verfassungsrechtliche Garantie in Art. 28 Abs. 2 GG und Art. 11 Abs. 2 S. 2 BV verankert ist.[61]

---

[58] Zum Begriff der kommunalen Satzung allgemein s. *Franz-Ludwig Knemeyer*, Bayerisches Kommunalrecht, 9. Aufl. 1996, Rdnr. 69 (Hierunter sind Rechtssätze zu verstehen, „die durch das zuständige kommunale Organ aufgrund der der Kommune verliehenen Autonomie mit für die Betroffenen verbindlicher Kraft erlassen werden, eine unbestimmte Zahl von Fällen regeln und sich an eine unbestimmte Vielzahl von Personen richten.“).

[59] Hierzu *ders.*, Rdnr. 31 (Autonomie bedeutet „weisungsfreie Selbstwahrnehmung“.).

[60] *Ders.*, Rdnr. 67 und 78.

[61] *Yvonne Ott*, Der Parlamentscharakter der Gemeindevertretung, 1994, S. 281 begründet ihr engagiertes Plädoyer für die Charakterisierung der Gemeindevertretung als „echtes ‚Parlament‘“ u.a. damit, daß es sich bei ihr „auf Ortsebene auch (um) eine echte Gesetzgeberin“ handele.

Obgleich die gemeindlichen (Haushalts-)Satzungen von Gemeinderat und mithin durch das demokratisch gewählte Vertretungsorgan der Gemeindebürger beschlossen werden, das somit gleichsam als Ortsgesetzgeber fungiert, wird die Rechtssetzungstätigkeit des kommunalen Satzungserlasses herkömmlicherweise gleichwohl nicht dem legislativen Bereich, sondern ausschließlich dem Bereich der Exekutive zugeordnet[62]. Auch wenn vor allem in der kommunalpolitischen Alltagswirklichkeit im Hinblick auf die Aufgabenwahrnehmung und das Selbstverständnis des Gemeinderats und der kommunalpolitischen Mandatsträger (Gemeinderatsmitglieder) häufig vom kommunalen Parlament und kommunalen Parlamentariern die Rede ist, so qualifiziert die herrschende Meinung den Gemeinderat (Art. 30ff. BayGO) dennoch rechtlich als Verwaltungsorgan und lehnt eine Parallelwertung im Sinne der Gewaltenteilungslehre ab, weil die Kommunen selbst allein dem Bereich der Verwaltung[63] bzw. der vollziehenden Gewalt[64] zuzuordnen seien.[65]

Der besonderen Stellung der Gemeindevertretungen, die unübersehbare Ähnlichkeiten mit „unabhängigen parlamentarischen Volksvertretungen“ aufweisen und deren Parlamentscharakter mitunter mit großem Nachdruck verfochten wird[66], zollt auch eine Definition Tribut, die sich in hochdiffe-

---

[62] *Joachim Küppers/Harald Müller*, S. 5.

[63] *Franz-Ludwig Knemeyer*, Rdnr. 155 u. 167.

[64] *Georg-Christoph von Unruh*, NJW 1995, S. 2838.

[65] *Yvonne Ott*, S. 281 bestreitet indessen dezidiert, daß „die allgemeine Einordnung der Gemeindevertretung als Organ einer ‚Selbstverwaltungskörperschaft‘ (...) ihren Parlamentscharakter“ ausschließe.

[66] *Yvonne Ott*, S. 279: „Die Gemeindevertretung weist sowohl nach ihrer Stellung und Funktion, nach ihrer inneren Organisation und ihrem Verfahren als auch nach der rechtlichen Stellung ihrer Mitglieder eine sehr hohe Ähnlichkeit mit dem Bundestag und den Landtagen auf. Als qualitativ gleichwertige Vertretungskörperschaft ist sie – im Sinne einer geschichtlichen und rechtsvergleichenden Fassung dieses Begriffs – auch als echtes ‚Parlament‘ zu charakterisieren.“ – Das Spannungsfeld zwischen den argumentativen Standpunkten verdeutlicht eine Entscheidung des Bayerischen Verfassungsgerichtshofs vom 23.7.1984 zur Vereinbarkeit des gesetzlichen Stimmenthaltungsverbots für Gemeinderatsmitglieder bei Abstimmungen mit den Normen der Bayerischen Verfassung (BayVBl. 1984, S. 621ff.): Zum einen stellt der BayVerfGH unter Verweis auf die Rechtsprechung des BVerwG (E 32, 346 (361)) und eigene Judikatur (BayVerfGH 5, 66 (76)) in dieser Entscheidung klar, daß „der Gemeinderat (...) nach seinem Aufgabenkreis kein Parlament“ ist und „hauptsächlich Aufgaben der Exekutive“ erfüllt (S. 623); zum anderen finden sich in den Entscheidungsgründen aber auch die Aussagen (S. 622), daß „auch die Gemeinderatsmitglieder (...) demokratisch legitimierte Vertreter der Gemeindebürger“ sind und „der Gemeinderat (...) auf der kommunalen Ebene in gleicher Weise das System der repräsentativen Demokratie“ verkörpere „wie der Bayerische Landtag auf Landesebene.“ – Zum Problemfeld s. desweiteren *Hellmut Wollmann*, Kommunalvertretungen: Verwaltungsorgane oder Parlamente?, in: ders./Roland Roth (Hrsg.), Kommunalpolitik, 2. Aufl. 1998, S. 50ff.

renzierter Weise darum bemüht, den Wesenseigentümlichkeiten gerecht zu werden: „Die Gemeindevertretung ist das parlamentsähnlich konstituierte und organisierte gemeindliche Repräsentativorgan und in dieser Verfaßtheit oberstes gemeindliches (Selbst-)Verwaltungsorgan, das als solches sowohl politische als auch administrative Funktionen wahrnimmt und damit das gemeindliche Selbstverwaltungsrecht realisiert.“[67]

Daß jedenfalls die Räume der Selbstverwaltung zu den zentralen Gestaltungsbereichen der Exekutive zu zählen sind, ist ebenso zu betonen, wie die zutreffende Aussage, daß es dem Wesen und dem Sinn der Selbstverwaltung zuwider liefe, wenn die den Selbstverwaltungsträgern zugestandenen eigenen Wirkungsbereiche weitreichender (bundes- oder landesparlamentsgesetzgeberischer) Durchnormierung unterworfen werden. Die hieraus gezogene Konsequenz lautet folgerichtig: Der Gesetzesvorbehalt stößt an eine inhaltliche Grenze, sofern der Selbstverwaltungsbereich durch eine verfassungsrechtliche Garantie besonders geschützt ist.[68]

2. Kunst- und Kulturförderung als historisch gewachsenes Wirkungsfeld gemeindlicher Selbstverwaltung – Kommunales Kulturverfassungsrecht

Der Gegenstandsbereich gemeindlicher Kunst- und Kulturförderung, der zu den historisch gewachsenen, elementaren Wirkungsfeldern gemeindlicher Selbstverwaltung zählt[69] und nicht nur „eine“ „ursprüngliche“ Form der Artikulierung des „Selbstverständnisses der Stadt“[70], sondern zunehmend auch der Landgemeinden darstellt, findet seine verfassungsrechtliche Absicherung auf grundgesetzlicher Ebene nach Maßgabe des Art. 28 Abs. 2 S. 1 GG in der Garantie des Rechts zur eigenverantwortlichen Regelung aller Angelegenheiten der örtlichen Gemeinschaft, in deren Kernbereich die kulturelle Aufgabenwahrnehmung in Erfüllung kommunaler Daseinsfürsorge angesiedelt ist.

Von besonderer, über diese Grundlage weit hinausreichender spezifischer Bedeutung für die verfassungsrechtliche Schutzgewährleistung der „kommunalen Kulturpolitik als Kulturpolitik der örtlichen Gemeinschaft“[71] ist

---

[67] *Klaus Heuvels*, Diäten für Ratsmitglieder?, 1986, S. 170.

[68] *Fritz Ossenbühl*, Vorrang und Vorbehalt, Rdnr. 57.

[69] *Jochim Küppers/Harald Müller*, S. 6 u. 15; *Jürgen Grabbe*, Finanzierung kultureller Aufgaben, in: Ernst Pappermann/Peter Michael Mombauer (Hrsg.), Kulturarbeit in der kommunalen Praxis, 2. Aufl. 1991, S. 8ff. (17), wo auch die Unmöglichkeit einer exakten Abgrenzung zwischen Land und kommunalen Trägern bei der Aufgabenwahrnehmung im Rahmen der Kulturarbeit hervorgehoben wird.

[70] *Peter Häberle*, Kulturpolitik in der Stadt – ein Verfassungsauftrag, 1979, S. 64.

[71] *Ders.*, ebd., S. 59.

die 1979 entworfene Konzeption des „kommunalen Kulturverfassungsrechts"[72]; dieses stellt sich dar als der „Inbegriff verfassungsrechtlicher Regelungen in Bund und Ländern, der die Sache ‚Kultur' in Bezug auf die Gemeinden als Hoheitsträger im Dienste des Bürgers normiert"[73].

Vor dem Hintergrund der Etablierung der Gemeinden als „originärer", neben den Ländern und teilweise auch dem Bund stehender und sich diesem gegenüber „originell" behauptender „kulturpolitischer Trägereinheiten"[74], gerinnt der Terminus der „kommunalen Kulturhoheit"[75] – und mit ihm verbunden der „kulturelle Auftrag" der Gemeinden – zu einem durch Art. 28 Abs. 2 S. 1 GG verbürgten „Schlüsselbegriff". Darüber hinaus tritt hierdurch auch die Anreicherung der den Gemeinden kompetentiell zugestandenen, in Eigenverantwortung auszuübenden Aktions- und Funktionsbereiche durch grundrechtliche und sonstige Verfassungsnormen des Bundes- und Landesrechts zutage, die zudem in einfach-gesetzlichen Normen umgesetzt und konkretisierend ausgestaltet worden sind.[76]

Neben Art. 5 Abs. 3 S. 1 GG in seiner objektiv-rechtlichen Dimension als kulturaufgabenzuweisende Staatszielbestimmung, entfalten zahlreiche Bestimmungen der Verfassung des Freistaates Bayern zugunsten der Gemeinden und anderer kommunaler Hoheitsträger eine unmittelbar verfassungsrechtlich legitimierende Wirkung der diesen zugewiesenen kulturellen Handlungsbefugnisse.

Heranzuziehen sind insbesondere:

- Art. 11 Abs. 2 S. 1 BV (Selbstverwaltungsgarantie bezüglich der eigenen Wirkungskreise);
- Art. 83 Abs. 1 BV (Ausdrückliche Aufnahme der Kulturpflege in den eigenen Wirkungskreis der Gemeinden i. S. v. Art. 11 Abs. 2 BV – einfach-gesetzlich konkretisiert in Art. 57 Abs. 1 S. 1 BayGO (Obsorge für das kulturelle Wohl der Gemeindeeinwohner und die Kulturpflege als Aufgaben des eigenen Wirkungskreises));
- Art. 140 BV (Aufgabenzuweisung der Förderung von Kunst und Künstlern durch die Gemeinden);

---

[72] *Ders.*, ebd., S. 21 ff. – *Friedrich Hufen*, Kulturaufgabe als Selbstverwaltungsrecht, NVwZ 1983, S. 516 ff.; *Hermann Glaser*, Kommunale Kulturpolitik, in: Hellmut Wollmann/Roland Roth (Hrsg.), Kulturpolitik, 2. Aufl. 1998, S. 676 ff.

[73] *Peter Häberle*, ebd., S. 21.

[74] *Ders.*, ebd., S. 23.

[75] *Heribert Thallmair*, Kulturpolitik als Kommunalpolitik, in: E. Frahm/H. Magel/K. Schüttler, Kultur – ein Entwicklungsfaktor für den ländlichen Raum, 1994, S. 23 ff.

[76] *Peter Häberle*, Kulturpolitik in der Stadt, S. 10 ff. u. 14 ff.

- Art. 141 Abs. 2 BV (Schutz und Pflege von Denkmälern der Kunst durch die Gemeinden) sowie
- Art. 10 Abs. 4 BV (Schutz des kulturellen Eigenlebens im Bereich der Gemeindeverbände vor Verödung) und
- Art. 3 Abs. 1 S. 2 BV (Die die Kulturstaatlichkeit des Freistaats Bayern verankernde Staatszielbestimmung).

Das Postulat der restriktiven Handhabung der Anwendungsreichweite des Gesetzesvorbehaltsprinzips in bezug auf die Kunst- und Kulturförderungspraxis der Gemeinden (als der Exekutive zuzuordnenden Körperschaften („juristischen Personen") des öffentlichen Rechts) läßt sich somit auf eine ausreichend tragfähige verfassungsrechtliche Basis stützen.

Hinsichtlich der von der gemeindlichen Vertretungskörperschaft Gemeinderat als Rechtsgrundlage der kunst- und kulturförderungsgewährenden zu treffenden Entscheidungen zum Erlaß der (Haushalts-)Satzung, sind die imperativen Gebote des Gesetzesvorbehaltes außerdem wegen der gegebenen unmittelbaren demokratischen Legitimation des Entscheidungsgremiums (bzw. der ihm als Mandatsträger angehörenden Gemeinderatsmitglieder) sachgerecht einschränkend zu modifizieren.

3. „Kommunalisierung des Gesetzesvorbehalts"

Es kann insofern geradezu von einem Postulat der „Kommunalisierung" des (als Parlamentsvorbehalt[77] verstandenen) Gesetzesvorbehaltsprinzips gesprochen werden.

„Mit der Verleihung der Satzungskompetenz" wird nämlich „der Selbstverwaltungskörperschaft ein Bereich eigener Rechtssetzungskompetenz übertragen, der sich durch die demokratische Begründung des satzungsgebenden Organs zugleich aus sich selbst heraus legitimiert." (Volker Breustedt).

Der für die Satzungsgebung zuständige Gemeinderat nimmt bei Ausübung seiner ortsgesetzgeberischen Rechtssetzungsbefugnis gleichsam als „Parlament vor Ort" (bzw. „‚Orts'parlament"[78]) legislative Funktionen wahr. Diese lassen sich durchaus mit denen „unabhängige(r) parlamentarischer Volksvertretungen"[79] vergleichen, denn der Satzungserlaß erfolgt (begriffsnotwendig) stets auf dem Feld des eigenen Wirkungskreises zur Bewältigung und Erledigung von Selbstverwaltungsangelegenheiten und

---

77 *Hartmut Maurer*, § 4 Rdnr. 16.

78 *Yvonne Ott*, S. 279.

79 *Dies.*, ebd.

somit als autonome (d.h. weisungsfrei selbst wahrzunehmende[80]) Rechtsetzung.

Ein weiterer besonderer Akzent als Quelle unmittelbarer und direkter demokratischer Legitimationswirkung wird im Freistaat Bayern bei der Wahl des gemeindlichen Rechtssetzungsorgans Gemeinderat durch die im Gemeindewahlgesetz enthaltenen plebiszitären Komponenten des Kumulierens (Art. 31 Nr. 4 GWG) und Panaschierens (Art. 31 Nr. 5 GWG) gesetzt.

Diese Regelungen räumen dem Wähler die Möglichkeiten ein, innerhalb einer Wahlliste auf einen Bewerber bis zu drei Stimmen vereinigen zu können („Häufelung") oder seine Stimmen auf mehrere Wahlvorschlagslisten zu verteilen. Dadurch vermag der wahlberechtigte Gemeindebürger einen verstärkten Einfluß auf die Zusammensetzung der ihn repräsentierenden Gemeindevertretung zu nehmen, der den Gemeinderatswahlen auf diese Weise überdies den Charakter einer echten Persönlichkeitswahl verleiht. [81]

4. Rechtliche Folgerungen aus der „Kommunalisierung" des Gesetzesvorbehaltsprinzips

Die hier vertretene Befürwortung einer „Kommunalisierung" des (als „Parlamentsvorbehalt begriffenen") Gesetzesvorbehaltsprinzips für den Bereich der Aufgabenwahrnehmung gemeindlicher Kunst- und Kulturpflege, darf indessen weder zu einer Mediatisierung noch gar zu einer (völligen) Neutralisation (bzw. Ausschaltung) dieses elementaren Verfassungs- und Rechtsstaatlichkeitsgrundsatzes führen: Wie jegliches öffentlich-rechtliche Handeln bewegt sich auch dieses nicht in einem rechtsfreien Raum.

Die kommunalkulturverfassungsrechtlich fundierte, im Einklang mit Art. 28 Abs. 2 S. 1 und Art. 5 Abs. 3 S. 1 GG stehende einschränkende Modifikation erfordert ihrerseits eine dem Gesetzesvorbehaltsgrundsatz geschuldete und aus ihm abzuleitende Ausgestaltung.

Demzufolge hat die Kunst- und Kulturförderung der Gemeinden nach Maßgabe der folgenden, spezifisch für diesen Rechtsanwendungsbereich geltenden Rechtsmäßigkeitsvoraussetzungen zu erfolgen[82]:

---

[80] *Franz-Ludwig Knemeyer*, Rdnr. 31.

[81] S. hierzu: *ders.*, Rdnr. 162.

[82] Die in den Gemeindeordnungen niedergelegten einfach-gesetzlichen Regelungen hinsichtlich der kommunalen Aufgabenerfüllung (Art. 57 GO) und der Leistung von Ausgaben (Art. 61 Abs. 2 S. 1 GO: Allgemeiner Haushaltsgrundsatz der sparsamen Planung und Führung der Haushaltswirtschaft) gelten unbeschadet der hier entwickelten Besonderheiten.

a) Definitionsgebot bezüglich des Förderungszwecks und -gegenstandes

Bereits die Bereitstellung (bzw. Ausweisung) der zu vergebenden Förderungsmittel in der Haushaltssatzung (respektive im Haushaltsplan) muß im Rahmen einer eindeutig spezifizierten Abgrenzung den öffentlichen Zweck und den Gegenstandsbereich der Kunst- und Kulturförderungsmaßnahme präzise definieren.

b) Gemeinderatsbeschluß als Legitimationsgrundlage

Die konkrete Förderungsvergabe an die jeweiligen Zuwendungsempfänger bedarf eines Beschlusses des Gemeinderats (die Legitimationswirkung ist hier wegen der denkbaren rechtlichen Auswirkung auf mögliche Mitbewerber (Konkurrenten)[83] der Subventionsvergabe unverzichtbar): Die entsprechende Beschlußvorlage muß den Zuwendungsempfänger individualisiert benennen, den Förderungszweck genau determinieren und eine detaillierte, nicht nur formelhafte Begründung enthalten.

c) Erstreckung des legislativ-sanktionierenden Gemeinderatsbeschlusses auf die Haushaltstitelsubventionierung

Sofern für das Verfahren des Vollzugs der Haushaltstitelsubventionierung, also zur näheren Ausgestaltung der praktischen Umsetzung und Anwendung der Haushaltssatzungsvorgaben, Vergabemodalitäten in (verwaltungsinternen) Förderungsrichtlinien geregelt werden sollen: z. B.:

- allgemein bestimmter Förderungszweck;
- abstrakt-generelle Bestimmung des Kreises der potentiellen Förderungsempfänger;
- Festlegung formeller Förderungsvoraussetzungen (insbesondere Antragserfordernis oder Fristbindung etc.);
- Festschreibung der materiellen Förderungsvoraussetzungen (gebundene Entscheidung („Anspruch") oder Ermessen des Förderungsgebers bei Erfüllung der Förderungskriterien etc.);
- andere Verfahrensaspekte (z. B. Überprüfung der Erreichung des Förderungszwecks (förderungsentsprechende Mittelverwendung etc.));

so ist entgegen der vorherrschenden Alltagspraxis zu fordern, daß diese ebenfalls durch einen entsprechenden Gemeinderatsbeschluß legislativ sanktioniert worden sind.

---

[83] S. oben z. B. Kap. 6 I.

Es reicht nicht aus, daß – wie es nahezu dem in der Praxis anzutreffenden Regelfall entspricht – die Verwaltungsvorschriften vom zuständigen Kulturreferat, Kulturamt oder bei kleineren Landgemeinden vom Ersten Bürgermeister oder geschäftsleitenden Beamten erlassen werden. Denn es handelt sich im Handhabungsbereich der Haushalts- bzw. Etattitelsubventionierung bei Subventionsrichtlinien um sogenannte gesetzesvertretende[84] Verwaltungsvorschriften: Ihr Regelungszweck und Regelungsgegenstandsbereich entspricht nämlich gerade funktional und inhaltlich einem „Subventionsgrundsätzegesetz“[85], dessen Funktion in der Festschreibung von Subventionszwecken, Vergabebedingungen, Empfängerkreis, Leistungshöhe und Verwendungskontrolle besteht.

Diese für die Kunst- und Kulturförderung wesentlichen Fragen hat der Gemeinderat als Ortsgesetzgeber und als „Parlament vor Ort“ selbst zu treffen; eine Delegation auf ausführende Behörden der Gemeinde ist insoweit unzulässig.

Bei Beachtung dieser speziellen kuturverfassungsrechtlichen Direktiven ist die gemeindliche Kunst- und Kulturförderung durch Haushaltstitelsubventionierung als vereinbar mit den Postulaten des Gesetzesvorbehaltsprinzips zu qualifizieren.

---

84 *Monika Jachmann*, Zur Reichweite der Wesentlichkeitstheorie des Bundesverfassungsgerichts und ihre Bedeutung für die richterliche Entscheidung, JA 1994, S. 399ff. (S. 402). *Rolf Stober*, S. 145f. (m.w.N.); zu diesem Begriff s. auch: *Jörg Ennuschat*, Der Verwaltungsakt und seine Rechtsgrundlagen, JuS 1998, S. 905ff. (S. 908).

85 *Rolf Stober*, S. 145.

Zusammenfassung in Thesen

1. Die verfassungsrechtliche Behandlung der Kunst- und Kultursubventionsproblematik verlangt eine gegenüber kulturphilosophischen und anthropologischen Definitionen eigenständige Bestimmung des Kulturbegriffs.

Zur hinreichend präzisen Abgrenzung der Förderungsgegenstandsbereiche ist diese Begriffsbestimmung an einer spezifischen Kunstorientierung auszurichten.

2. Interpretation und Anwendung des auch im Bereich der Kunst- und Kulturförderung geltenden leistungsstaatlichen Subventionsbegriffs stehen unter der Einwirkung der grundrechtlich gewährleisteten Kunstfreiheitsgarantie des Art. 5 Abs. 3 Satz 1 GG; dies führt zu kunst- und kulturspezifischen Modifikationen des Subventionsbegriffs und insbesondere zu einer erweiterten Begriffsreichweite.

3. Die besonderen verfassungsrechtlichen Legitimationsanforderungen öffentlicher Kunst- und Kulturförderung werden maßgeblich von außerjuristischen Determinanten bestimmt, die der Beachtung durch die Verfassungsrechtswissenschaft bedürfen.

4. Das dialektische Spannungsverhältnis von freiheitsschaffender und freiheitsbeschränkender Wirkung hoheitlicher Kunst- und Kulturförderungsmaßnahmen bedingt die Verstärkung ihres verfassungsrechtlichen Legitimationsbedarfs.

5. Die in Programmen demokratischer Parteien vertretenen, politisch-ideologisch motivierten Instrumentalisierungstendenzen öffentlicher Kunst- und Kulturförderung spitzen die verfassungsrechtliche Legitimationsproblematik in spezifischer Weise zu.

6. Das subventionsrechtliche Konkurrenzschutzproblem und die staatliche Neutralitätsverpflichtung erhöhen das Erfordernis tragfähiger verfassungsrechtlicher Legitimationsgrundlagen staatlicher Kunst- und Kulturinterventionen.

7. Die historische Kontinuität hoheitlicher Kunst- und Kulturförderungsgewährung verbreitert als verfassungsrechtlich zu berücksichtigendes Faktum staatlich-gesellschaftlicher Realität die postulierten Legitimationsfundamente.

8. Sowohl der aus dem objektiv-rechtlichen Gehalt des Art. 5 Abs. 3 Satz 1 GG abzuleitende grundgesetzliche Kulturauftrag des Staates als auch

die positivierten landesverfassungsrechtlichen Kulturförderungsklauseln legitimieren das kunst- und kulturfördernde Tätigwerden der öffentlichen Hände.

9. Die verfassungsrechtswissenschaftliche Interpretation der grundrechtlichen Kunstfreiheitsgarantie bedarf zur Erhöhung ihrer Begriffsschärfe und ihrer außerjuristischen Akzeptanz der Anreicherung durch begriffliche Gegenbilder aus der Welt der Künstler und der Kunstwissenschaften.

10. Der Grundsatz des Vorbehalts des Gesetzes unterliegt auf dem Sektor öffentlicher Kunst- und Kulturförderung dem Gebot einer aus Art. 5 Abs. 3 Satz 1 GG hergeleiteten modifizierenden Betrachtungsweise, aus der für den Bereich des kommunalen Kulturverfassungsrechts die auf den Gemeinderat als „Parlament vor Ort" bezogene „Kommunalisierung" des „Parlamentsvorbehalts" folgt.

Literaturverzeichnis

Adam, Peter, Kunst im Dritten Reich, Hamburg 1992.

Akademie für Staats- und Rechtswissenschaft der DDR (Hrsg.), Staatsrecht der DDR – Lehrbuch, 2. Aufl., Berlin (Ost) 1984.

Alberts, Hans, Der Schutzbereich des Artikels 4 Absatz 1 GG, dargestellt am Beispiel der Warnung vor sog. Jugendsekten, NVwZ 1994, S. 1150ff.

Albrecht, Günter (Hrsg.), Dokumente zur Staatsordnung der Deutschen Demokratischen Republik, 2. Band, Berlin (Ost) 1959.

Alexy, Robert, Grundrechte als subjektive Rechte und als objektive Normen, Der Staat 29 (1990), S. 49ff.

– Theorie der Grundrechte, 2. Aufl., Frankfurt a.M. 1994.

Arndt, Adolf, Die Kunst im Recht, NJW 1966, S. 26ff.

von Arnim, Hans Herbert, Zur „Wesentlichkeitstheorie" des Bundesverfassungsgerichts, DVBl 1987, S. 1241ff.

Arntzen, Helmut, Satire in der deutschen Literatur: Geschichte und Theorie, Bd. 1: Vom 12. bis zum 17. Jahrhundert, Darmstadt 1989.

Badura, Peter, Staatsaufgaben und Teilhaberechte als Gegenstand der Verfassungspolitik, in: Aus Politik und Zeitgeschichte B 49/91 v. 29.11.1991, S. 20ff.

Bartlsperger, Richard, Das Verfassungsrecht der Länder in der gesamtstaatlichen Verfassungsordnung, in: Josef Isensee/Paul Kirchhof (Hrsg.), Handbuch des Staatsrechts der Bundesrepublik Deutschland, Bd. IV: Finanzverfassung – Bundesstaatliche Ordnung, Heidelberg 1990, S. 457ff.

Bauer, Martin, Kultur und Sport im Bundesverfassungsrecht, Frankfurt am Main u.a. 1999.

Beinhofer, Paul, Bericht über die Staatsrechtslehrertagung 1983, BayVBl 1984, S. 42ff.

Belting, Hans, Das Ende der Kunstgeschichte: eine Revision nach zehn Jahren, München 1995.

Benn, Gottfried, Dorische Welt – Eine Untersuchung über die Beziehung von Kunst und Macht (1934), in: Deutsche Essays – Prosa aus zwei Jahrhunderten (Ausgewählt von Ludwig Rohner), Bd. 6: Neuere deutsche Essays III, München 1972, S. 7ff.

Bereich Staats- und Rechtsgeschichte der Sektion Rechtswissenschaft der Humboldt-Universität zu Berlin (Hrsg.), Staats- und Rechtsgeschichte der DDR – Grundriß, Berlin 1983.

Berg, Wilfried, Wirtschaftsverwaltungsrecht, in: Berg/Knemeyer/Papier/Steiner, Staats- und Verwaltungsrecht in Bayern, 6. Aufl., Stuttgart u.a. 1996, S. 537ff.

– Subventionsverfahren und Subventionsvergabe zwischen Effizienz und Formalismus, GewArch 1999, S. 1 ff.

Bernhard, Thomas, Ritter, Dene, Voss, abgedr. in: Programmbuch Nr. 2, hrsg. vom Burgtheater Wien, Wien 1986.

– Alte Meister, Komödie, Tb-Ausg., Frankfurt a.M. 1988.

– Holzfällen – Eine Erregung, Tb-Ausg., Frankfurt a.M. 1988.

Bethge, Herbert, Staatszwecke im Verfassungsstaat – Vierzig Jahre Grundgesetz, DVBl 1989, S. 841 ff.

– in: M. Sachs (Hrsg.), Grundgesetz-Kommentar, 2. Aufl., München 1999.

Beuys, Josef, Kunst und Staat, in: Bitburger Gespräche, Trier, Jahrbuch 1977/1978, S. 135 ff.

Bleckmann, Albert, Ordnungsrahmen für das Recht der Subventionen, Gutachten für den 55. Deutschen Juristentag, in: Verhandlungen des 55. Deutschen Juristentages, München 1984, S. 7 ff.

Bös, Dieter, Gedanken zum Subventionsbegriff in den Wirtschaftswissenschaften, in: Karl Wenger (Hrsg.), Förderungsverwaltung, Wien 1973, S. 43 ff.

Bosl, Karl, Bayerische Geschichte, 7. Aufl., München 1990.

Bothe, Rolf, u.a., Kunstsammlungen zu Weimar – Schloßmuseum, Gemäldegalerie, München 1994.

Bown, Matthew Cullerne, Kunst unter Stalin 1924–1956. 1991.

Bracher, Karl Dietrich, Vom Machtwechsel zur Wende, in: ders. u.a. (Hrsg.), Die Geschichte der Bundesrepublik Deutschland, Bd. 5: Republik im Wandel, I. Die Ära Brandt: 1969–1974, Stuttgart 1986, S. 44 ff.

Brecht, Bertolt, Betrachtungen über Kunst und Kunst der Betrachtung (1938), abgedr. in: Deutsche Essays – Prosa aus zwei Jahrhunderten (Ausgewählt von Ludwig Rohner), Band 6: Neuere deutsche Essays III, München 1972, S. 103 ff.

Brenner, Hildegard, Kunstpolitik des Nationalsozialismus, Reinbek bei Hamburg 1963.

Breuer, Dieter, Literaturwissenschaft in semiotischer Sicht, in: ders./Hocks, P./ Schanze, H./Schmidt, P. u.a. (Hrsg.), Literaturwissenschaft, Frankfurt a.M. u.a. 1973, S. 169 ff.

Bryde, Brun-Otto, Geheimgesetzgebung: Zum Zustandekommen des Justizmitteilungsgesetzes, JZ 1998, S. 115 ff.

Bull, Hans Peter, Die Staatsaufgaben nach dem Grundgesetz, 2. Aufl., Kronberg/Ts. 1977.

– Staatszwecke im Verfassungsstaat, NVwZ 1989, S. 801 ff.

Bundesminister des Innern/Bundesminister der Justiz (Hrsg.), Bericht der Sachverständigenkommission „Staatszielbestimmungen/Gesetzgebungsaufträge“, Bonn 1983.

Bündnis 90/Die Grünen – Landesverband Bayern (Hrsg.), Landtagswahlprogramm 98 – „Ein Zukunftsplan für Bayern", 1998.

Bündnis 90/Die Grünen (Hrsg.), Grün ist der Wechsel – Programm zur Bundestagswahl 1998, 1998.

CSU-Landesleitung (Hrsg.), Grundsatzprogramm der Christlich-Sozialen Union in Bayern, 1993.

Dettelbacher, Werner, Würzburg – Ein Gang durch seine Geschichte, Würzburg 1974.

Deutscher Kulturrat (Hrsg.), Konzeption kulturelle Bildung – Positionen und Empfehlungen, Bonn 1988.

– (Hrsg.), Nach vierzig Jahren – ein bißchen weise? – Protokolle des kulturpolitischen Kongresses 1989, Bonn 1991.

Dietlein, Johannes, Die Grundrechte in den Verfassungen der neuen Bundesländer, München 1993.

Dvorák, Max, Idealismus und Naturalismus in der gotischen Skulptur und Malerei (1918), in: ders., Studien zur Kunstgeschichte, 2. Aufl., Leipzig 1992, S. 160ff.

Ebertshäuser, Heidi C. (Hrsg.), Kunsturteile des 19. Jahrhunderts. Zeignisse – Manifeste – Kritiken zur Münchner Malerei, München 1983.

Ebner, Hans-Christoph von, Musikanten-Musiker: Gewerblich oder freiberuflich Tätige, GewArch 1994, S. 393ff.

Enderlein, Axel, Der Begriff der Freiheit als Tatbestandsmerkmal der Grundrechte – Konzeption und Begründung eines einheitlichen, formalen Freiheitsbegriffs, dargestellt am Beispiel der Kunstfreiheit, Berlin 1995.

Ennuschat, Jörg, Der Verwaltungsakt und seine Rechtsgrundlagen, JuS 1998, S. 905ff.

Evers, Hans-Ulrich, Kulturauftrag im staatlichen Gemeinwesen, NJW 1983, S. 2161ff.

Fohrbeck, Karla, Kulturfinanzierung – Ein internationales Dilemma, in: Kulturpolitische Gesellschaft e.V. (Hrsg.), Was ist uns die Kultur wert?, Jahrestagung 1980, Köln o.J., S. 17ff.

Fohrbeck, Karla/*Wiesand,* Andreas, Von der Industriegesellschaft zur Kulturgesellschaft? Kulturpolitische Entwicklungen in der Bundesrepublik Deutschland, München 1989.

Frankenberger, Hans-Heinrich, Verfassungsrechtliche Garantien und Grenzen der Freiheit des künstlerischen Schaffens im Lichte der neueren Rechtsprechung unter besonderer Berücksichtigung der Verhältnisse in der Bundesrepublik, Diss. Würzburg 1959.

Frei, Alfred Georg, Geschichte aus den „Graswurzeln"? – Geschichtswerkstätten in der historischen Kulturarbeit, Aus Politik und Zeitgeschichte B 2 v. 8.1.1988, S. 35ff.

Frey, Dagobert, Kunstwissenschaftliche Grundfragen – Prolegomena zu einer Kunstphilosophie, Nachdruck der 1. Aufl., Wien 1946, Darmstadt 1972.

Freydank, Ruth, Theater in Berlin – Von den Anfängen bis 1945, Berlin 1988.

Froch, Manfred/*Gusy*, Christoph, Das Übermaßverbot als Maßstab staatlicher Subventionsvergabe, VerwArch 1990, S. 512ff.

Gall, Lothar, Liberalismus und „bürgerliche Gesellschaft", in: ders. (Hrsg.), Liberalismus, 3. Aufl., Königstein/Ts. 1985.

Geis, Max-Emanuel, Kulturstaat und kulturelle Freiheit, Baden-Baden 1990.

Geiser, Thomas, Die Persönlichkeitsverletzung insbesondere durch Kunstwerke, Basel u.a. 1990.

Geißler, Birgit, Staatliche Kunstförderung nach Grundgesetz und Recht der EG, Berlin 1995.

Geyer, Carl-Friedrich, Einführung in die Philosophie der Kultur, Darmstadt 1994.

Glaser, Hermann, Spießerideologie – Von der Zerstörung des deutschen Geistes im 19. und 20. Jahrhundert und dem Aufstieg des Nationalsozialismus, Tb-Ausg., 2. Aufl., Frankfurt a.M. 1986.

– Kultur und Gesellschaft in der Bundesrepublik, Aus Politik und Zeitgeschichte B-1-2/91 v. 4.1.1991, S. 3ff.

– Bildungsbürgertum und Nationalismus – Politik und Kultur im Wilhelminischen Deutschland, München 1993.

– Kommunale Kulturpolitik, in: Hellmut Wollmann/Roland Roth (Hrsg.), Kommunalpolitik, 2. Aufl., Bonn 1998, S. 676ff.

Gollek, Rosel (Hrsg.), Brennpunkt der Moderne, Der blaue Reiter in München, 2. Aufl., München u.a. 1992.

Gombrich, Ernst H., Die Geschichte der Kunst, 5. Aufl., Stuttgart 1992.

Grabbe, Jürgen, Finanzierung kultureller Aufgaben, in: Ernst Pappermann/Peter Michael Mombauer (Hrsg)., Kulturarbeit in der kommunalen Praxis, 2. Aufl., 1991, S. 8ff.

Graul, Heidemarie, Künstlerische Urteile im Rahmen der staatlichen Förderungstätigkeit, Berlin 1970.

Grimm, Dieter, Kulturauftrag im staatlichen Gemeinwesen, VVDStRL 42 (1984), S. 46ff.

Groth, Joachim-Rüdiger, Widersprüche. Literatur und Politik in der DDR 1949–1989, 2. Aufl., Frankfurt a.M. u.a. 1996.

Gusy, Christoph, Der Vorrang des Gesetzes, JuS 1983, S. 189ff.

– Subventionsrecht, JA 1991, S. 286ff.

Häberle, Peter, Grundrechte im Leistungsstaat, VVDStRL 30 (1972), S. 43ff.

– Berufsgerichte als „staatliche" Gerichte, DÖV 1965, S. 369ff., wieder abgedr. in: ders., Kommentierte Verfassungsrechtsprechung, Königstein/Ts. 1979, S. 347ff.

– „Gemeinwohljudikatur" und Bundesverfassungsgericht, in: ders., Kommentierte Verfassungsrechtsprechung, Königstein/Ts. 1979, S. 235ff.

- Berufs„ständische“ Satzungsautonomie und staatliche Gesetzgebung, DVBl 1972, S. 909ff., wieder abgedr. in: ders., Kommentierte Verfassungsrechtsprechung, Königstein/Ts. 1979, S. 138ff.
- Kommentierte Verfassungsrechtsprechung, Königstein/Ts. 1979.
- Kulturpolitik in der Stadt – ein Verfassungsauftrag, Karlsruhe 1979.
- Kulturverfassungsrecht im Bundesstaat, Wien 1980.
- Das Verwaltungsverhältnis – eine Problemskizze, in: ders., Die Verfassung des Pluralismus, Königstein/Ts. 1980, S. 248ff.
- Klassikertexte im Verfassungsleben, Berlin u.a. 1981.
- Vom Kulturstaat zum Kulturverfassungsrecht, in: ders. (Hrsg.), Kulturstaatlichkeit und Kulturverfassungsrecht, Darmstadt 1982, S. 1ff.
- Verfassungslehre als Kulturwissenschaft, 1. Aufl., Berlin 1982.
- Das Grundgesetz der Literaten: Der Verfassungsstaat im (Zerr-)Spiegel der Schönen Literatur, Baden-Baden 1983.
- Die Wesensgehaltgarantie des Art. 19 Abs. 2 GG, 3. Aufl., Heidelberg 1983.
- Die Freiheit der Kunst im Verfassungsstaat, AöR 110 (1985), S. 577ff.
- Verfassungsstaatliche Staatsaufgabenlehre, AöR 111 (1986), S. 595ff.
- Grundrechte und parlamentarische Gesetzgebung im Bundesstaat – das Beispiel des deutschen Grundgesetzes, AöR 114 (1989), S. 361ff.
- Grundrechtsgeltung und Grundrechtsinterpretation im Verfassungsstaat, JZ 1989, S. 913ff.
- Aktuelle Probleme des deutschen Föderalismus, Die Verwaltung 1991, S. 169ff.
- Das Kulturverfassungsrecht der Bundesrepublik Deutschland, in: N. Hinske/H. Schröder (Hrsg.), Kunst und Macht, Trier 1991, S. 31ff.
- Das Problem des Kulturstaates im Prozeß der deutschen Einigung – Defizite, Versäumnisse, Chancen, Aufgaben, in: JöR 40 (1991/1992), S. 291ff.
- Die Verfassungsbewegung in den fünf neuen Bundesländern, JöR 41 (1993), S. 69ff.
- Die Freiheit der Kunst in kulturwissenschaftlicher und rechtsvergleichender Sicht, in Berka/Häberle/Heuer/Lerche, Kunst und Recht im In- und Ausland, Heidelberg 1994, S. 68ff.
- Aspekte einer kulturwissenschatlichrechtsvergleichenden Verfassungslehre in „weltbürgerlicher Absicht“ – die Mitverantwortung für Gesellschaften im Übergang, JöR 45 (1997), S. 555ff.
- Europäische Rechtskultur, Frankfurt am Main 1997.
- Verfassungslehre als Kulturwissenschaft, 2. Aufl., Berlin 1998.
- Kulturhoheit im Bundesstaat – Entwicklungen und Perspektiven, AöR 124 (1999), S. 549ff.

Haftmann, Werner, Rede zur Eröffnung der documenta III, in: Arnold Bode, documenta Kassel – Essays, Kassel o.J., S. 32ff.

Harzenetter, Markus, Zur Münchner Secession, München 1992.

Hauser, Arnold, Sozialgeschichte der Kunst und Literatur, Dresden 1987.

– Kunst und Gesellschaft, Tb-Ausg., München 1988.

Heffen, Annegret, Der Reichskunstwart, Kunstpolitik in den Jahren 1920–1933. Zu den Bemühungen um eine offizielle Reichskunstpolitik in der Weimarer Republik, Essen 1986.

Heinrichs, Werner, Kulturarbeit im ländlichen Raum – ein Handbuch für die Praxis, Stuttgart 1988.

– Kulturpolitik und Kulturfinanzierung, München 1997.

Heller, Hermann, Staatslehre, 6. Aufl., Tübingen 1983.

Helm, Everett, Peter Tschaikowsky, 12. Aufl., Reinbek bei Hamburg, 1998.

Hennecka, Hans Peter, Grundkurs Soziologie, 7. Aufl., Opladen 2000.

Henrichs, Benjamin, Beruf: Kritiker, München u.a. 1978.

Henschel, Johann Friedrich, Die Kunstfreiheit in der Rechtsprechung des BVerfG, NJW 1990, S. 1937ff.

Hensel, Georg, Wider die Theaterverhunzer – 13 polemische Predigten, Erstausg., Zürich 1972.

Hepp, Corona, Avantgarde – Moderne Kunst, Kulturpolitik und Reformbewegungen, 2. Aufl., München 1992.

Herzfelde, Wieland, Zur Einführung in die Erste internationale Dada-Messe, abgedr. in: Karl Riha (Hrsg.), Dada Berlin – Texte, Manifeste, Aktionen, Stuttgart 1991, S. 117ff.

Herzog, Roman, Ziele, Vorbehalte und Grenzen der Staatstätigkeit, in: Josef Isensee/Paul Kirchhof (Hrsg.), Handbuch des Staatsrechts der Bundesrepublik Deutschland, Bd. III: Das Handeln des Staates, Heidelberg 1988, S. 83ff.

Hesse, Konrad, Grundzüge des Verfassungsrechts der Bundesrepublik Deutschland, 20. Aufl., Heidelberg 1995 (Nachdruck 1999).

Heuvels, Klaus, Diäten für Ratsmitglieder? Köln u.a. 1986.

Hildebrandt, Horst (Hrsg.), Die deutschen Verfassungen des 19. und 20. Jahrhunderts, 13. Aufl., Paderborn 1985.

Hoffmann, Helmut, Bayern – Handbuch zur staatspolitischen Landeskunde der Gegenwart, 7. Aufl., München 1981.

Hoffmann, Hilmar, Kultur für alle, Tb-Ausg., 2. Aufl., Frankfurt a.M. März 1981.

– Kultur für morgen, Tb-Ausg., Frankfurt a.M. 1986.

– Kultur als Lebensform, Tb-Ausg., Frankfurt a.M. 1990.

Hoffmann-Riem, Wolfgang, Anmerkungen zum Beschluß des BVerfG v. 6.6.1989 – 1 BvR 727/84, JZ 1989, S. 482f.

Höfling, Wolfram, Zur hoheitlichen Kunstförderung – Grundrechtliche Direktiven für den „neutralen Kulturstaat“, DÖV 1985, S. 387ff.

– Offene Grundrechtsinterpretation, Berlin 1987.

Hofmann, Werner, Die Grundlagen der modernen Kunst, 3. Aufl. Stuttgart 1987.

Hofmann, Wolfgang, Aufgaben und Struktur der kommunalen Selbstverwaltung in der Zeit der Hochindustrialisierung, in: K. Jeserich/H. Pohl/G.-C. von Unruh, Deutsche Verwaltungsgeschichte, Bd. 3: Das Deutsche Reich bis zum Ende der Monarchie, Stuttgart 1984, S. 578ff.

Holzheid, Hildegund, Gedanken zur bayerischen Verfassung, BayVBl 1997, S. 129ff.

Huber, Ernst Rudolf, Deutsche Verfassungsgeschichte seit 1789, Bd. VI: Die Weimarer Reichsverfassung, Stuttgart u.a. 1981.

– Zur Problematik des Kulturstaates (1958), abgedr. in: Peter Häberle (Hrsg.), Kulturstaatlichkeit und Kulturverfassungsrecht, Darmstadt 1982, S. 122ff.

Huelsenbeck, Richard, Dadaistisches Manifest, abgedr. in: Klaus Schuhmann (Hrsg.), sankt ziegensack springt aus dem ei – Texte, Bilder und Dokumente zum Dadaismus, Leipzig u.a. 1991, S. 185ff.

Hufen, Friedhelm, Die Freiheit der Kunst in staatlichen Institutionen, Baden-Baden 1982.

– Kulturaufgabe als Selbstverwaltungsrecht, NVwZ 1983, S. 516ff.

– Gegenwartsfragen des Kulturföderalismus, BayVBl 1985, S. 1ff.

Hüneke, Andreas (Hrsg.), Der Blaue Reiter – Dokumente einer geistigen Bewegung, 3. Aufl., Leipzig 1991.

Hütt, Wolfgang, Hintergrund – Mit den Unzüchtigkeits- und Gotteslästerungsparagraphen des Strafgesetzbuches gegen Kunst und Künstler, 1900–1933, Berlin 1990.

von Humboldt, Wilhelm, Idee zu einem Versuch, die Grenzen der Wirksamkeit des Staats zu bestimmen (1851), auszugsweise abgedr. in: Hans-Peter Waldrich, Der Staat – Das deutsche Staaatsdenken seit dem 18. Jahrhundert, 2. Aufl., Paderborn 1973, S. 66ff.

Institut für Theorie des Staates und des Rechts der Akademie der Wissenschaften (verantwortlich: K.-H. Schöneburg), Geschichte des Staats und des Rechts der DDR – Dokumente 1945–1949, Berlin (Ost) 1984.

Ipsen, Hans Peter, Subventionen, in: Josef Isensee/Paul Kirchhof (Hrsg.), Handbuch des Staatsrechts der Bundesrepublik Deutschland, Bd. IV: Finanzverfassung – Bundesstaatliche Ordnung, Heidelberg 1990, S. 357ff.

Isensee, Josef, Wer definiert die Freiheitsrechte? Selbstverständnis der Grundrechtsträger und Grundrechtsauslegung des Staates, Heidelberg u.a. 1980.

– Gemeinwohl und Staatsaufgaben im Verfassungsstaat, in: ders./Paul Kirchhof (Hrsg.) Handbuch des Staatsrechts der Bundesrepublik Deutschland, Bd. III: Das Handeln des Staates, Heidelberg 1988, S. 3ff.

Jachmann, Monika, Zur Reichweite der Wesentlichkeitstheorie des Bundesverfassungsgerichts und ihre Bedeutung für die richterliche Entscheidung, JA 1994, S. 399ff.

Jäger, Manfred, Kultur und Politik in der DDR 1945–1990, Ein historischer Abriß, Köln 1994.

Jarass, Hans D., Der Vorbehalt des Gesetzes bei Subventionen, NVwZ 1984, S. 473ff.

– Wirtschaftsverwaltungsrecht, 3. Aufl., Neuwied u.a. 1997.

Jarass, Hans D./*Pieroth,* Bodo, Grundgesetz für die Bundesrepublik Deutschland, 4. Aufl., München 1997.

Jesch, Dietrich, Gesetz und Verwaltung, 2. Aufl., Tübingen 1968.

Jung, Otmar, Die Entwicklung des Kulturstaatsbegriffs von J. G. Fichte bis zur Gegenwart unter besonderer Berücksichtigung der Verfassung des Freistaats Bayern, Augsburg 1973.

– Zum Kulturstaatsbegriff, Meisenheim am Glan 1976.

Kadelbach, Stefan, Kommunaler Kulturbetrieb, Freiheit der Kunst und Privatrechtsform, NJW 1997, S. 1114ff.

Kandinsky, Wassily, Über das Geistige in der Kunst, Bern 1952.

Kant, Immanuel, Kritik der reinen Vernunft I (hrsg. von Wilhelm Wieschedel, TB-Sonderausgabe, Frankfurt am Main 1995).

Kerr, Alfred, Einleitung zu den gesammelten Schriften, in: ders., Theaterkritiken, Stuttgart 1971, S. 4.

Kewenig, Wilhelm, Theater und Staat, UFITA 58 (1970), S. 91ff.

Kilian, Michael, Auswärtige Kulturverwaltung zwischen kultureller Autonomie und staatlicher Lenkung, in: H. J. Birk u.a. (Hrsg.), Kulturverfassungsrecht im Wandel, Stuttgart u.a. 1981, S. 111ff.

Klages, Helmut/*Schäfer,* Peter, Organisation kommunaler Kulturverwaltung, Speyer 1983.

Kleemann, Elisabeth, Zwischen symbolischer Rebellion und politischer Revolution – Studien zur deutschen Boheme zwischen Kaiserreich und Weimarer Republik, Frankfurt a.M. u.a. 1985.

Kloepfer, Michael, Der Vorbehalt des Gesetzes im Wandel, JZ 1984, S. 685ff.

Klotz, Heinrich, Kunst im 20. Jahrhundert: Moderne – Postmoderne – Zweite Moderne, München 1994.

Knemeyer, Franz-Ludwig, Bayerisches Kommunalrecht, 9. Aufl., Stuttgart u.a. 1996.

Knies, Wolfgang, Schranken der Kunstfreiheit als verfassungsrechtliches Problem, München 1967.

Korte, Hermann/*Schäfers,* Bernhard (Hrsg.), Einführung in die Hauptbegriffe der Soziologie, 5. Aufl., Opladen 2000.

Koschatzky, Walter, Die Kunst der Karikatur, in: ders. (Hrsg.), Karikatur und Satire – Fünf Jahrhunderte Zeitkritik, München 1992, S. 11ff.

Krebs, Walter, Zum aktuellen Stand der Lehre vom Vorbehalt des Gesetzes, JURA 1979, S. 304ff.

Kreißig, Gerald/*Grabbe*, Jürgen, Anmerkungen zum Kulturbegriff und seiner statistischen Abgrenzung, der städtetag 1989, S. 266ff.

Krings, H./*Baumgartner*, H. M./*Wied*, C. (Hrsg.), Handbuch philosophischer Grundbegriffe, Bd. 3, 1973.

Kroeschell, Karl, Rechtsgeschichte Deutschlands im 20. Jahrhundert, Göttingen 1992.

Krug, Manfred, Abgehauen - Ein Mitschnitt und ein Tagebuch, Tb-Ausg., Düsseldorf u.a. 1998.

Küppers, Joachim/*Müller*, Harald, Kommunale Rechtsetzung im Kulturbereich, Köln 1994.

Laube, Gisbert, Der Reichskunstwart - Geschichte einer Kulturbehörde 1919–1933, Diss. Kiel, Frankfurt a.M. u.a. 1997.

Lenman, Robert, Die Kunst, die Macht und das Geld - Zur Kulturgeschichte des kaiserlichen Deutschland 1871–1918, Frankfurt a.M. u.a. 1994.

Lerche, Peter, Ausgewählte Fragen der Kunstfreiheit nach deutschem Verfassungsrecht, in: Berka/Häberle/Heuer/Lerche, Kunst und Recht im In- und Ausland, Heidelberg 1994, S. 1ff.

liberal-Verlag (Hrsg.), Es ist Ihre Wahl - Das Wahlprogramm der Liberalen zur Bundestagswahl 1998, 1998.

Lichtwark, Alfred, Erziehung des Auges - Ausgewählte Schriften, Frankfurt a.M. 1991.

Mäding, Erhard, Entwicklung der öffentlichen Aufgaben, in: K. Jeserich/H. Pohl/G.-C. von Unruh, Deutsche Verwaltungsgeschichte, Bd. 4: Das Reich als Republik und in der Zeit des Nationalsozialismus, Stuttgart 1985, S. 92ff.

Magenschab, Hans, Josef II. - Revolutionär von Gottes Gnaden, 3. Aufl., Graz u.a. 1981.

Mahrenholz, Ernst Gottfried, Freiheit der Kunst, in: Benda/Maihofer/Vogel (Hrsg.), Handbuch des Verfassungsrechts, 2. Aufl., Berlin u.a. 1994, S. 1289ff.

Mai, Ekkehard/*Waetzoldt*, Stephan, Einleitung, in: dies./Hans Pohl (Hrsg.), Kunstpolitik und Kunstförderung im Kaiserreich, Berlin 1982, S. 7ff.

Maier, Hans, Wie universal sind die Menschenrechte?, Freiburg i. Br. 1997.

Mampel, Siegfried, Die volksdemokratische Ordnung in Mitteldeutschland, Frankfurt a.M./Berlin 1963.

- Die sozialistische Verfassung der Deutschen Demokratischen Republik, 2. Aufl., Frankfurt a.M. 1982.

Mangoldt, Hans von, Die Verfassungen der neuen Bundesländer, 2. Aufl., Berlin 1997.

Marc, Franz, Briefe aus dem Feld, Nach den Originalen hrsg. von Klaus Lankheit und Uwe Steffen, 3. Aufl., München 1993.

Marcuse, Ludwig, Argumente und Rezepte, Taschenbuchausgabe, Zürich 1973.

– Obszön. Geschichte einer Entrüstung, Taschenbuchausgabe, Zürich 1984.

Maunz, Theodor, Kunstfreiheit und Kunstpflege, BayVBl. 1970, S. 354ff.

Maunz, Theodor/*Papier,* Hans Jürgen, Verfassungs- und Verfassungsprozeßrecht, in: W. Berg/F.-L. Knemeyer/H. J. Papier/U. Steiner, Staats- und Verwaltungsrecht in Bayern, 6. Aufl., Stuttgart 1996, S. 1–97.

Maunz, Theodor/*Zippelius,* Reinhold, Deutsches Staatsrecht, Ein Studienbuch, 30. Aufl., München 1998.

Maurer, Hartmut, Allgemeines Verwaltungsrecht, 12. Aufl., München 1999.

McNeill Whistler, James Abbott, Die feine Art sich Feinde zu machen, Ausg. Zürich 1984.

Meder, Theodor, Die Verfassung des Freistaates Bayern, Handkommentar, 4. Aufl., Stuttgart u.a. 1992.

Meier, Alfred, Buchbesprechung zu: Im Namen des Volkes. Graphische Ansichten von A. Paul Weber, 1982, in: NJW 1983, S. 1176f.

Meyer, Krzysztov, Schostakowitsch – Sein Leben, sein Werk, seine Zeit, Bergisch Gladbach 1995.

Mick, Otmar, Instrumentarien und Grenzen öffentlicher Bau- und Stadtgestaltung im Kultur- und Rechtsstaat, Frankfurt a.M. u.a. 1989.

Mihatsch, Michael, Öffentliche Kunstsubventionierung, Berlin 1989.

Mommsen, Wolfgang, Bürgerliche Kultur und künstlerische Avantgarde – Kultur und Politik im Deutschen Kaiserreich 1870–1918, Frankfurt a.M. u.a. 1994.

Mößle, Wilhelm, Handbuch des Museumsrechts 7: Öffentliches Recht, Opladen 1999.

Mühsam, Erich, Der Künstler im „Zukunftsstaat", Die Fackel Nr. 206 vom 5. Juli 1906, S. 13ff.

Müller, Friedrich, Freiheit der Kunst als Problem der Grundrechtsdogmatik, Berlin 1969.

Müller-Römer, Dietrich, Die neue Verfassung der DDR, 3. Aufl., Köln 1974.

Münch, Paul, Lebensformen in der frühen Neuzeit. 1500 bis 1800, Taschenbuchausgabe, Frankfurt am Main/Berlin 1996.

Nawiasky, Hans, Die Verfassung des Freistaates Bayern, Loseblatt-Kommentar, Stand: 11. Erg. Lfg., München Juli 2000.

Nipperdey, Thomas, Wie das Bürgertum die Moderne fand, Berlin 1988.

Nolte, Jost, Kollaps der Moderne, Hamburg 1989.

Nordemann, Wilhelm, Kunst und Subvention, in: Festschrift für Werner Weber zum 70. Geburtstag, Berlin 1974, S. 217ff.

Oppermann, Thomas, Kulturverwaltungsrecht, Tübingen 1969.

– Ergänzung des Grundgesetzes um eine Kultur(staats)klausel?, in: Festschrift für Otto Bachof zum 70. Geburtstag, München 1984, S. 3ff.

Ossenbühl, Fritz, Vorrang und Vorbehalt des Gesetzes, in: Josef Isensee/Paul Kirchhof (Hrsg.), Handbuch des Staatsrechts der Bundesrepublik Deutschland, Bd. III: Das Handeln des Staates, Heidelberg 1988, S. 315ff.

– Buchbesprechung von: R. Hermes, Der Bereich des Parlamentsgesetzes, 1988, in: DVBl 1990, S. 1123f.

Ott, Sieghart, Kunst und Staat – Der Künstler zwischen Freiheit und Zensur, München 1968.

– Versammlungsfreiheit contra Kunstfreiheit, NJW 1981, S. 2397ff.

Ott, Yvonne, Der Parlamentscharakter der Gemeindevertretung, Baden-Baden 1994.

Otto, Harro, Strafrechtlicher Ehrenschutz und Kunstfreiheit der Literatur, NJW 1986, S. 1206ff.

Palm, Wolfgang, Öffentliche Kunstförderung zwischen Kunstfreiheitsgarantie und Kulturstaat, Berlin 1998.

Panofsky, Erwin, Aufsätze zu Grundfragen der Kunstwissenschaft, 2. Aufl., Berlin 1974.

Pappermann, Ernst, Zu den kulturellen Aufgaben der Kommunen, insbesondere Bibliotheken, Museen, Förderung der Wissenschaft, VR 1983, S. 41ff.

Pappermann, Ernst/*Mombauer*, Peter Michael (Hrsg.), Kulturarbeit in der kommunalen Praxis, 2. Aufl., Köln 1991.

Paret, Peter, Die Berliner Secession – Moderne Kunst und ihre Feinde im Kaiserlichen Deutschland, Tb-Ausg., Frankfurt a.M. u.a. 1983.

– Kunst als Geschichte – Kultur und Politik von Menzel bis Fontane, München1990.

– Die Tschudi-Affäre, in: Johann Georg Prinz von Hohenzollern/Peter-Klaus Schuster (Hrsg.), Manet bis van Gogh, 2. Aufl., München u.a. 1997, S. 396ff.

Pawlowski, Hans-Martin, Methodenlehre für Juristen, Heidelberg/Karlsruhe 1981.

Pernice, Ingolf, Kommentierung von Art. 5 III (Kunstfreiheit), in: H. Dreier (Hrsg.), Grundgesetz-Kommentar, Bd. 1: Art. 1–19., Tübingen 1996.

Petersen, Klaus, Literatur und Justiz in der Weimarer Republik, Stuttgart 1988.

– Zensur in der Weimarer Republik, Stuttgart 1995.

Pfetsch, Frank R., Verfassungsreden und Verfassungsentwürfe. Länderverfassungen 1946–1953, Frankfurt am Main u.a. 1986.

Picasso, Pablo, Über Kunst, Tb-Ausg., Zürich 1988.

Pieroth, Bodo/*Schlink*, Bernhard, Grundrechte Staatsrecht II, 16. Aufl., Heidelberg 2000.

Pietzcker, Jost, Vorrang und Vorbehalt des Gesetzes, JuS 1979, S. 710ff.

– Bundesgrundrechte und Landesgrundrechte, JuS 1988, L 9ff.

Piper, Ernst, Nationalsozialistische Kunstpolitik – Ernst Barlach und die „entartete Kunst“ – Eine Dokumentation, Tb-Ausg., München 1987.

Polgar, Alfred, Handbuch des Kritikers, Wien/Hamburg 1980.

Poulenc, Francis, Korrespondenz 1915–1963, Paris 1967, zit. nach dem Text der Übersetzung für den Arche-Musikkalender, Zürich 1999 (04.–10.01.1999).

Radbruch, Gustav, Rechtsphilosophie, 8. Aufl., Stuttgart 1973.

Raddatz, Fritz J., Revolte und Melancholie, Essays zur Literaturtheorie, Tb-Ausg., Frankfurt a.M. 1982.

Rausch, Heinz/*Stammen,* Theo, DDR – Das politische, wirtschaftliche und soziale System, 3. Aufl., München 1976.

Rave, Paul Ortwin, Kunstdiktatur im Dritten Reich, Berlin o.J.

Reich-Ranicki, Marcel, Die Anwälte der Literatur, Taschenbuchausgabe München Juni 1996.

Reidt, Olaf, Subventionen und Abgaben, Realförderung, in: H.D. Jarass, Wirtschaftsverwaltungsrecht, 3. Aufl., Neuwied u.a. 1997, S. 150ff.

Ridder, Helmut, Freiheit der Kunst nach dem Grundgesetz, Berlin u.a. 1963.

Rittner, Fritz, Wirtschaftsrecht, 2. Aufl., Heidelberg 1987.

Robbers, Gerhard, Hermann Heller: Staat und Kultur, Baden-Baden 1983.

Roelleke, Gerd, Kulturauftrag im staatlichen Gemeinwesen, DÖV 1983, S. 653ff.

– Der Nationalsozialismus als politisches Layout der Bundesrepublik Deutschland, Der Staat 28 (1989), S. 505ff.

Roggemann, Herwig, Die DDR-Verfassungen, 3. Aufl., Berlin 1980.

Romain, Lothar, Die soziale Lage der bildenden Künstler, in: Kulturpolitische Gesellschaft e.V. (Hrsg.), Kunst und Gesellschaft – Tagung am 08./09. September 1978, Dokumentationen – Heft 3, Bonn 1978.

Rosendahl, Erich, Geschichte der Hoftheater in Hannover und Braunschweig, Hannover 1927.

Rottenbach, Bruno, Julius von Soden, in: Hans Otremba (Hrsg.), Würzburger Portraits, Würzburg 1982, S. 74f.

Rühle, Günther, Theater für die Republik, Bd. 1 (1917–1925), Bd. 2 (1926–1933), 2. Aufl., Frankfurt a.M. 1988.

Ruppert, Wolfgang, Bürgerlicher Wandel. Die Geburt der modernen deutschen Gesellschaft im 18. Jahrhundert, Taschenbuchausgabe, Frankfurt am Main 1984.

Schäuble, Frieder, Rechtsprobleme der staatlichen Kunstförderung, Diss., Freiburg 1965.

Scheuner, Ulrich, Staatszielbestimmungen, in: Festschrift für Ernst Forsthoff zum 70. Geburtstag, 1972, S. 325ff.

– Die Bundesrepublik als Kulturstaat, in: Bitburger Gespräche, Trier, Jahrbuch 1977/1978, S. 113ff.

Schick, Paul, Karl Kraus in Selbstzeugnissen und Bilddokumenten, 4. Aufl., Reinbek bei Hamburg 1976.

Schildt, Axel, Konservatismus in Deutschland, Von den Anfängen im 18. Jahrhundert bis zur Gegenwart, München 1998.

Schlaich, Klaus, Neutralität als verfassungsrechtliches Prinzip, Tübingen 1972.

Schmidt-Bleibtreu, Bruno/*Klein,* Friedrich, Grundgesetz-Kommentar, 9. Aufl., Neuwied u.a. 1999.

Schmitz, Walter (Hrsg.), Die Münchner Moderne, Stuttgart 1990.

Schneemelcher, Wilhelm, Stichwort Kultur, in: Evangelisches Staatslexikon, Bd. I, 3. Aufl. 1987.

Schneider, Hans-Peter, Verfassungsrecht der Länder – Relikt oder Rezept, DÖV 1987, S. 749 ff.

Schnerr, Ernst, Staatliche Verwaltung im Bereich der Kunst, BayVBl 1990, S. 304 ff.

Scholz, Rupert, Kommentierung zu Art. 5 III GG, in: Maunz/Dürig/Herzog/Scholz, Grundgesetz-Kommentar, Loseblattsammlung, Stand: 36. Erg. Lfg., München Okt. 1999.

Schöndienst, Eugen, Kulturelle Angelegenheiten – A Theater und Orchester, in: K. Jeserich/H. Pohl/G.-C. von Unruh (Hrsg.), Deutsche Verwaltungsgeschichte, Bd. 4: Das Reich als Republik und in der Zeit des Nationalsozialismus, Stuttgart 1985, S. 373 ff.

Schöneich, Michael, Kultur für wen – Kultur wozu?, der städtetag 1988, S. 388 ff.

– Kulturstaat nicht -hoheit, der städtetag 1988, S. 731 ff.

– Kulturgesetze – nein Danke!, der städtetag 1989, S. 179.

Schreyer, Edith, Pluralistische Entscheidungsgremien im Bereich sozialer und kultureller Staatsaufgaben, Berlin 1982.

Schroeder, Klaus/*Alisch,* Steffen, Der SED-Staat. Partei, Staat und Gesellschaft 1949–1990, München 1998.

Schulz, Wolfgang, Vom Schul- und Jesuitenschauspiel zum Würzburger Stadttheater, Ein Gang durch Würzburgs Theatergeschichte 1600 bis 1945, in: Volker Müller Veith (Hrsg.), Das erste Würzburger Kulturbuch, Würzburg 1992, S. 39 ff.

Schulze-Fielitz, Helmuth, Staatsaufgabenentwicklung und Verfassung, in: Dieter Grimm (Hrsg.), Wachsende Staatsaufgaben – sinkende Steuerungsfähigkeit des Rechts, Baden-Baden 1990, S. 11 ff.

– Art. 35 EinigungsV – Freibrief für eine Bundeskulturpolitik?, NJW 1991, S. 2456 ff.

Schuster, Peter-Klaus, Hugo von Tschudi und der Kampf und die Moderne, in: Johann Georg Prinz von Hohenzollern/ders. (Hrsg.), Manet bis van Gogh, 2. Aufl., München u.a. 1997, S. 21 ff.

Schutte, Jürgen/*Sprengel,* Peter (Hrsg.), Die Berliner Moderne (1885–1914), Stuttgart 1987.

Schütz, Hans J., Verbotene Bücher – eine Geschichte der Zensur von Homer bis Henry Miller, München 1990.

Serke, Jürgen, zuhause im exil, München 1998.

Shustermann, Richard, Kunst leben, Die Ästhetik des Pragmatismus, Frankfurt a.M. 1994.

Sidorow, Alexander, Stalins Kunst aus sowjetischer Sicht, Vorwort zu: Metthew Cullerne Bown, Kunst unter Stalin 1924–1956, München 1991, S. 9ff.

Smend, Rudolf, Das Bundesverfassungsgericht, in: ders., Staatsrechtliche Abhandlungen und andere Aufsätze, 3. Aufl., Berlin 1994, S. 581ff.

Sontheimer, Kurt, Die politische Struktur der Weimarer Republik, in: Karl Dietrich Bracher u.a. (Hrsg.), Die Weimarer Republik 1918–1933, 2. Aufl., Düsseldorf 1988, S. 454ff.

Stammen, Theo, u.a. (Hrsg.), Programme der politischen Parteien in der Bundesrepublik Deutschland, Bd. I: CDU/CSU, Bd. II: SPD, F.D.P., Die Grünen, 4. Aufl., München 1984.

Starck, Christian, Kommentierung von Art. 5 Abs. 3 (Freiheit der Kunst), in: Hermann v. Mangoldt/Friedrich Klein/ders., Das Bonner Grundgesetz, Bd. 1, 4. Aufl. München 1999.

Steinbacher, Franz, Kultur, Begriff – Theorie – Funktion, 1976.

Steiner, Udo, Kulturauftrag im staatlichen Gemeinwesen, VVDStRL 42 (1984), S. 7ff.

– Kulturpflege in: Josef Isensee/Paul Kirchhof (Hrsg.) Handbuch des Staatsrechts der Bundesrepublik Deutschland, Bd. III: Das Handeln des Staates, Heidelberg 1988, S. 1235ff.

Stern, Klaus, Das Staatsrecht der Bundesrepublik Deutschland, Band III/1, München 1988.

Stiller, Wolfgang, Kunstfreiheit und Gleichheitsgebot bei staatlicher Kunstförderung, UFITA 60 (1971), S. 171ff.

Stober, Rolf, Der Vorbehalt des Gesetzes und Verwaltungsvorschriften im Subventionsrecht, GewArch 1993, S. 136ff.

– Besonderes Wirtschaftsverwaltungsrecht, 11. Aufl., Stuttgart u.a. 1998.

Tarkowskij, Andrej, Die versiegelte Zeit, 2. Aufl. Berlin/Frankfurt am Main 1986.

Thallmair, Heribert, Kulturpolitik als Kommunalpolitik, in: E. Frahm/H. Magel/K. Schüttler, Kultur – ein Entwicklungsfaktor für den ländlichen Raum, München 1994, S. 23ff.

Tucholsky, Kurt, Gesammelte Werke,
Bd. 2 (1919–1920),
Bd. 3 (1921–1924),
Bd. 6 (1928),
Tb-Ausg., Reinbek bei Hamburg 1993.

– Gesamtausgabe,
Band 1: 1907–1913, Reinbek bei Hamburg 1997.
Band 9: Texte 1927, Reinbek bei Hamburg 1998.

Unruh, Georg-Christoph von, NJW 1995, S. 2838.

Vlachopoulos, Spyridon, Kunstfreiheit und Jugendschutz, Berlin 1996.

Voigt, Rüdiger, Verrechtlichung – Analysen zur Funktion und Wirkung von Parlamentarisierung, Bürokratisierung und Justizialisierung sozialer, politischer und ökonomischer Prozesse, Königstein/Ts. 1980.

Volkow, Solomon (Hrsg.), Zeugenaussage – Die Memoiren des Dmitrij Schostakowitsch, Tb-Ausg., Frankfurt a.M. u.a. 1981.

Vorländer, Hans, Tagungsbericht, NJW 1983, S. 1175f.

Vorstand der SPD (Hrsg.), Grundsatzprogramm der Sozialdemokratischen Partei Deutschlands, 1989.

Voßkuhle, Andreas, Verwaltungsdogmatik und Rechtstatsachenforschung, VerwArch 1994, S. 567ff.

Waldrich, Hans-Peter, Der Staat – Das deutsche Staatsdenken seit dem 18. Jahrhundert, 2. Aufl., Paderborn 1973.

Warnke, Martin, Hofkünstler. Zur Vorgeschichte des modernen Künstlers, Köln 1985.

– Das Bild als Bestätigung, in: Werner Busch (Hrsg.), Funkkolleg Kunst – Eine Geschichte der Kunst im Wandel ihrer Funktionen, Bd. II (Die politische Funktion von Kunst u.a.), München 1987, S. 483ff.

Weber, Hermann, Geschichte der DDR, Neuausgabe München 1999.

Weck, Bernhard, Buchanzeige zu: Max-Emanuel Geis, Kulturstaat und kulturelle Freiheit, 1990, in: AöR 117 (1992), S. 143ff.

– Wider den „Dreimännerskat der Justitia" – Bemerkungen zur Biographie und Justizkritik Kurt Tucholskys, in: Michael Kilian (Hrsg.), Dichter, Denker und der Staat, Tübingen 1993, S. 157ff.

– „Dada vor Gericht" – Ein Schlaglicht auf den schwierigen Umgang der (Weimarer) Justiz mit avantgardistischer Kunst, NJW 1994, S. 1929f.

Weizsäcker, Richard von, Die politische Kraft der Kultur, Reinbek bei Hamburg 1987.

Wendt, Rudolf, Kommentierung von Art. 5 III (Kunstfreiheit), in: Ingo v. Münch/Philip Kunig (Hrsg.), Grundgesetz-Kommentar, 5. Aufl., München 2000.

Wenger, Karl, Funktion und Merkmale eines verwaltungsrechtlichen Subventionsbegriffs, in: ders. (Hrsg.), Förderungverwaltung, Wien 1973, S. 15ff.

Westerwelle, Guido, Vorwort, in: F.D.P.-Bundesgeschäftsstelle (Hrsg.), Wiesbadener Grundsätze – Für eine liberale Bürgergesellschaft, 1997.

Willet, John, Die Weimarer Jahre – Ein Kultur mit gewaltsamem Ende, Stuttgart 1986.

Willoweit, Dietmar, Deutsche Verfassungsgeschichte, 3. Aufl. München 1997.

Winkler, Heinrich August, Weimar 1918–1933. Die Geschichte der ersten deutschen Demokratie, München 1993.

Wittkower, Margot und Rudolf, Künstler – Außenseiter der Gesellschaft, Stuttgart 1989.

Wölfflin, Heinrich, Über kunsthistorische Verbildung (1909), abgedr. in: Deutsche Essays – Prosa aus zwei Jahrhunderten (Ausgewählt von Ludwig Rohner), Bd. 4, München 1972, S. 165ff.

– Aufsätze – Das Erklären von Kunstwerken (1940), Stuttgart 1972.

Wolbert, Klaus (Hrsg.), Kunst und Faschismus – Tagungsband Gesprächsforum Mathildenhöhe, Band 3, Darmstadt 1995.

Wolff, Hans J./*Bachof*, Otto, Verwaltungsrecht III, 4. Aufl., München 1978.

Wolff, Hans J./*Bachof*, Otto/*Stober*, Rolf, Verwaltungsrecht I, 10. Aufl., München 1984.

Wollmann, Hellmut, Kommunalvertretungen: Verwaltungsorgane oder Parlamente?, in: ders./Roland Roth (Hrsg.), Kommunalpolitik, 2. Aufl., Bonn 1998, S. 50ff.

Wulf, Joseph, Kultur im Dritten Reich, Bd. 1: Presse und Funk, Bd. 2: Literatur und Dichtung, Bd. 3: Die bildenden Künste, Bd. 4: Theater und Film, Bd. 5: Musik, Frankfurt a.M. u.a. 1989.

Würkner, Joachim, Freiheit der Kunst, Persönlichkeitsrecht und Menschenwürdegarantie, ZUM 1988, S. 171ff.

– Das Bundesverfassungsgericht und die Freiheit der Kunst, München 1994.

Zacher, Hans F., Verwaltung durch Subventionen, VVDStRL 25 (1967), S. 308ff.

Zorn, Wolfgang/*Kleiner*, Marcus, Bayern als Kulturstaat, in: Bernd Rill (Hrsg.), Bavaria Felix, Percha am Starnberger See 1986, S. 149ff.

Sachwortregister

FSC
www.fsc.org
MIX
Papier | Fördert gute Waldnutzung
FSC® C083411

Kolibri 360 GmbH
Ferdinand-Jühlke-Straße 7
99095 Erfurt, Deutschland
produktsicherheit@kolibri360.de

Druck:
CPI Druckdienstleistungen GmbH
im Auftrag der
Kolibri 360 GmbH
Ferdinand-Jühlke-Str. 7
99095 Erfurt